Luz

IMPERECÍVEL

COORDENAÇÃO:
Honório Onofre de Abreu

Luz
IMPERECÍVEL

Estudo Interpretativo do Evangelho à Luz da Doutrina Espírita

UEM
União Espírita Mineira

FEB

Copyright © 2022 *by*
FEDERAÇÃO ESPÍRITA BRASILEIRA – FEB

Direitos licenciados pela União Espírita Mineira à Federação Espírita Brasileira
UNIÃO ESPÍRITA MINEIRA – UEM
Rua dos Guaranis, 315 – Centro
CEP 30120-040 – Belo Horizonte (MG) – Brasil

1ª edição – 2ª impressão – 3 mil exemplares – 5/2024

ISBN 978-65-5570-605-5

Todos os direitos reservados. Nenhuma parte desta publicação pode ser reproduzida, armazenada ou transmitida, total ou parcialmente, por quaisquer métodos ou processos, sem autorização do detentor do *copyright*.

FEDERAÇÃO ESPÍRITA BRASILEIRA – FEB
SGAN 603 – Conjunto F – Avenida L2 Norte
70830-106 – Brasília (DF) – Brasil
www.febeditora.com.br
editorial@febnet.org.br
+55 61 2101 6161

Pedidos de livros à FEB
Comercial
Tel.: (61) 2101 6161 – comercial@febnet.org.br

Adquirindo esta obra, você está colaborando com as ações de assistência e promoção social da FEB e com o Movimento Espírita na divulgação do Evangelho de Jesus à luz do Espiritismo.

Dados Internacionais de Catalogação na Publicação (CIP)
(Federação Espírita Brasileira – Biblioteca de Obras Raras)

A162l	Abreu, Honório Onofre de (Coord.)
	Luz imperecível: estudo interpretativo do evangelho à luz da doutrina espírita / Coordenação: Honório Onofre de Abreu. – 1. ed. – 2. imp. - Brasília: FEB; Belo Horizonte: UEM, 2024.
	488 p.; 23cm
	Inclui índice geral, índice dos textos bíblicos comentados nesta obra e índice dos textos bíblicos citados nesta obra: novo testamento e velho testamento.
	ISBN 978-65-5570-605-5
	1. Espiritismo. 2. Novo Testamento – Estudo. II. Federação Espírita Brasileira. III. Título.

CDD 133.9
CDU 133.7
CDE 20.00.00

Epígrafe

"Mas aquele Consolador, o Espírito Santo, que o Pai enviará em meu nome, esse vos ensinará todas as coisas, e vos fará lembrar de tudo quanto vos tenho dito."

JESUS
(João 14:26)

Nota da nova edição

Temos a honra de apresentar ao Movimento Espírita essa importante obra, que objetiva aprofundar o estudo do Evangelho de Jesus, sob a perspectiva do Espiritismo.

Essa nova edição marca o início de uma relevante parceria editorial entre a FEB EDITORA e a UNIÃO ESPÍRITA MINEIRA, com o intuito de ampliar a divulgação e a difusão da Doutrina codificada por Kardec por meio do livro espírita.

Brasília (DF), abril de 2024.
Federação Espírita Brasileira e União Espírita Mineira

Sumário

Apresentação 17
Prefácio 19

1. Clamores da consciência 27
2. Arrepender-se 29
3. Preparar o caminho 30
4. Necessidades básicas 32
5. Ensino universal 34
6. Reinício 35
7. Raça de víboras 37
8. Dinâmica do arrependimento 39
9. Tradicionalismo 40
10. Poda e renovação 42
11. Crescimento e humildade 44
12. Instrumentos de renovação 47
13. Carentes e felizes 49
14. Lágrimas 51
15. Mansuetude e herança 53
16. Fome de justiça 55
17. Clemência 56
18. Limpos de coração 57
19. Pacificadores 59

20	Perseguições	61
21	Ofertas	62
22	Reconciliação	65
23	Ante o próximo	67
24	Reaproximação	68
25	Paternidade Divina	71
26	Dimensão afetiva	74
27	Mais além	76
28	Aperfeiçoar-se	78
29	Posses transitórias	80
30	Posses eternas	83
31	Valores libertadores	85
32	Acessório e essencial	87
33	Diligência Divina	90
34	Limitações humanas	92
35	Lírios do campo	94
36	Beleza e perfeição	96
37	Vestimentas	98
38	Inquietações	100
39	Sabedoria Divina	102
40	Providência Divina	104
41	Eterno presente	106
42	Porta estreita	108
43	Caminho da redenção	110
44	Edificação	112
45	Segurança íntima	115
46	Insensatez	118
47	Quedas	120
48	Hospedagem	122
49	Saudação cristã	125

50	No cultivo da paz	127
51	Suscetibilidade e desajuste	129
52	Acautelai-vos	131
53	Em torno da paz	134
54	Dissensões	135
55	Inimigos e familiares	137
56	Sábios e entendidos	139
57	Proposta Divina	142
58	Pai e filho	143
59	Cansados e oprimidos	145
60	Mansuetude e humildade	147
61	Fardo leve	150
62	Terreno árido	151
63	Casa mental	154
64	Ociosidade e obsessão	156
65	Familiares	158
66	Parentela	162
67	Família universal	164
68	Estendendo a mão	166
69	Vontade Divina e realização	168
70	Mente ociosa	172
71	Semeadura e frutificação	175
72	Insinuações	176
73	Cultivo e vigilância	178
74	Autenticidade	180
75	Colheita	181
76	Filho do Homem	184
77	Concepções pessoais	186
78	Quem é Jesus?	188
79	Descendência Divina	189

80	Revelações	191
81	Alicerce espiritual	193
82	Chaves	195
83	Bom senso	197
84	Escândalo	198
85	Consciência e culpa	201
86	Vida plena	203
87	Capacidade de ver	206
88	Cultivo do Bem	209
89	Salvar	211
90	Prestação de contas	213
91	Talentos	215
92	Dívida e resgate	218
93	Apelo	220
94	Compaixão	222
95	Dívidas	223
96	Nos terrenos da convivência	225
97	Intolerância	227
98	Reações	229
99	Indignidade	231
100	Compensações	233
101	Ao sabor da justiça	235
102	Reciprocidade	237
103	Vitória do Bem	239
104	Escolha	242
105	Afinidade	245
106	Herança	247
107	Mentalidade cristã	250
108	Nudez espiritual	252
109	Nos terrenos da justiça	254
110	Sensibilidade	256

111	Prisões	258
112	Reflexos renovados	259
113	Na aproximação do Mestre	261
114	Deixai vir ...	265
115	Fazer-se criança	267
116	Aconchego espiritual	269
117	Acomodação	270
118	Jesus: filho de Davi	273
119	Perseverar	275
120	Bom ânimo	277
121	Decisão	279
122	Livre-arbítrio e discernimento	281
123	Pelo caminho	283
124	Assepsia da alma	285
125	Interesses	288
126	Casa de oração	290
127	Segurança	294
128	Trama	297
129	Libertação	301
130	Preparativos	304
131	Missões	308
132	Diretrizes	311
133	Planejamento	313
134	Obediência	315
135	Identidade	317
136	Fragilidade espiritual	318
137	Reflexão	320
138	Vulnerabilidade	321
139	Queda e dor	323
140	Assimilação	325

141 Cálice 327
142 Testemunho e renovação 328
143 Vivência 329
144 Elevações 331
145 Júbilo renovado 333
146 Carência 335
147 Separação 337
148 Reconforto 341
149 Riqueza 343
150 Advertências 344
151 Seleção 346
152 Produção 347
153 Tesouro 349
154 Auto-iluminação 351
155 Conhecimento 354
156 Patrimônio espiritual 355
157 Livre-arbítrio e renovação 358
158 Opção pessoal 361
159 Aproveitamento 363
160 A caminho de Jerusalém 365
161 De passagem 367
162 Posses 369
163 Obstáculos 371
164 Recurso de elevação 373
165 Convite 375
166 Júbilo espiritual 377
167 Murmúrio 379
168 Doação e restituição 381
169 Casa mental e renovação 384
170 Reencontro 386

171	Trabalho e redenção	388
172	Atitude vigilante	390
173	Afirmação individual e relacionamento	392
174	Vontade Divina	393
175	Recursos de sustentação	395
176	Testemunho e mudança	396
177	Oração e vigilância	398
178	Levantar-se	400
179	Luz verdadeira	402
180	Desinteresse	404
181	Inaceitação	406
182	Aceitação	408
183	Filhos de Deus	410
184	Verbo e ação	412
185	Universalidade dos ensinos	415
186	Reconhecimento	417
187	Reencarnação e evolução	419
188	Cristalizações	421
189	Reencarnação e aperfeiçoamento	423
190	Reencarnação e direcionamento	425
191	Deslumbramento	427
192	Limitações	428
193	Questionamento	430
194	Mestre e mestres	431
195	Testemunho	433
196	Convicção pessoal	435
197	Diante da justiça	437
198	Acusações	440
199	Lei de amor	442
200	Astúcia	444

201 Sábia sentença 446
202 Serenidade.. 448
203 Auto-análise 449
204 Acusadores 451
205 Reencaminhamento de vida............................ 453
206 Fé em nova dimensão 455
207 Moradas 457
208 Transformação... 460
209 Templo e oração 462
210 Ajustamento... 464
211 Súplicas.. 469
212 Interação 470
213 Esperança 472
214 Dádiva maior 474

Índice geral... 477
Índice dos textos bíblicos comentados nesta obra 482
Índice dos textos bíblicos citados nesta obra
   Novo testamento 484
   Velho testamento... 485

Apresentação

1957. Comemora-se no plano físico e, ainda mais, no espiritual, o centenário de implantação da tão esperada promessa do Cristo. O Consolador era uma realidade, àqueles que possuíam olhos de ver e ouvidos de ouvir.

O trabalho é incessante, sendo grande a seara, portanto, necessitada de braços dinamizadores das sementes de luz, que viriam a ser alimento, arrimo e lenitivo para a vivência dos muitos testemunhos inerentes aos momentos de transição. Movimentava-se um grupo familiar que, de esferas vibratórias distintas, conjugavam seus esforços no sentido de concretizar anseios que remontavam registros inesquecíveis para alguns deles, tendo por suave e doce reminiscência a figura do Mestre como farol de suas vidas a pedir: "apascenta as minhas ovelhas".

Unidos pela força do ideal maior, tal grupo estruturou as bases de um novo núcleo de orações e estudos, focalizando a meta da renovação espiritual. Receberia o nome daquele que tanto tem colaborado para o amadurecimento da Humanidade, nosso irmão maior, que, doando de si, no tempo justo, atinge os nossos corações: Grupo Espírita Emmanuel.

A palavra do Cristo havia sido lançada em terra fértil e frutificou segundo conquistas e dons particulares, sensibilizando a tantos quantos, passando por aqui, incorporaram ensinamentos geradores da segurança e paz interiores.

A lâmpada clareadora do Espiritismo ilumina o Código da Boa--Nova. Percorre os escaninhos mais profundos da letra, dela extraindo o substrato do Amor, vivenciado por Aquele que, projetando-se no tempo e no espaço, é e será sempre, ante os nossos passos, "o Caminho, e a Verdade e a Vida."

A sabedoria e a simplicidade de Emmanuel na abordagem das questões do Evangelho, desde logo identificadas pelo Grupo, inspiraram a implantação do "Miudinho", expressão de conotação afetiva e fraterna para o estudo sistemático do Novo Testamento, que passou a ser frente operacional prioritária, na empreitada gratificante de identificação de caracteres renovadores imprescindíveis ao ser, em sua caminhada consciente nas trilhas da evolução.

Esta obra é o ponto de partida para a apropriação das experiências coletadas ao longo de 40 anos de estudos e reflexões sobre os ensinos de Jesus. Objetiva refletir, ainda que palidamente, a amorável mensagem que tem beneficiado grande número de companheiros que, despertos para o trato dos valores imarcescíveis do Bem, aderem à luta reeducativa que tange a realidade da vida em sua feição imortalista.

Em meio às felizes vibrações que visitam a alma de quantos direta ou indiretamente deram sua cota para que este trabalho viesse a lume, manifestamos nosso respeito e nossa reverência aos seus verdadeiros inspiradores que, dos planos maiores do Espírito Imortal, e sob o amparo do Cristo, são também, sem sombra de dúvidas, seus legítimos e abençoados autores.

José Damasceno Sobral

Prefácio

Justificando...

O Grupo Espírita Emmanuel, de Belo Horizonte, Minas Gerais, congrega militantes da Doutrina Espírita interessados particularmente pelo estudo e divulgação do Evangelho à luz da Codificação.

Reuniões, cursos e estudos intensivos com a finalidade de retirar da letra o "espírito que vivifica" vêm sendo empreendidos com companheiros simpatizantes desta proposta, não só em Belo Horizonte, como também no Estado de Minas Gerais e por toda a extensão do território nacional.

Nesta área, o Grupo tem se constituído no grande laboratório da aprendizagem da mensagem de Jesus, sob as luzes do Espiritismo, dádiva maior recebida pela Humanidade para a atualidade e futuro do mundo em marcha para a Regeneração.

Em meio aos estudos e conclusões reeducativas, companheiros de jornada nos fazem sentir a necessidade de algumas anotações a respeito, alegando que as desejam ao seu alcance, para exame e aplicação, salientando ainda que seria muito conveniente e oportuna mais ampla divulgação do assunto.

Daí a razão desta obra, que nasce do sincero desejo de contribuir para melhor entendimento e vivência da Boa-Nova, sob o novo enfoque da Terceira Revelação.

De inesquecíveis experiências, portanto, emergiram estas páginas, cujos autores, encarnados e desencarnados, encontram-se empenhados na luta incessante de levar para o campo prático, legítimo território de redenção em nome do Amor, os abençoados registros que puderam inscrever em seus corações.

Advertindo...

Eis aqui o nosso trabalho...

Oferecemo-lo aos estudiosos como simples e modesta colaboração.

Cabe-nos advertir que ele não constitui o marco inicial, porque outros já o fizeram e de maneira extraordinária. Nem é o ponto final.

Estamos em evolução. Evoluem as ideias, os métodos, tudo.

Que sirva de inspiração a outros tarefeiros que possam, com a ajuda dos prepostos do Senhor da Seara, desvendar novos caminhos para aprendermos, sentirmos e exemplificarmos as lições do Mestre.

Estudando o Evangelho...

A implantação das reuniões de estudo da Boa-Nova foi adotada como medida capaz de favorecer, pela troca de idéias, a identificação mais lúcida da essência dos ensinos canalizados por Jesus.

Trabalhados pelos discípulos e demais seguidores do Mestre, e apontando para o grande futuro, os registros estão encerrados na forma de alocuções diretas, parábolas, acontecimentos, fatos extraordinários, curas, profecias. Tudo foi carinhosa e inspiradamente apropriado pelos evangelistas que, por seu amor e abnegação, ofereceram à Humanidade o ensejo de conhecer o Meigo Rabi da Galiléia e Sua mensagem libertadora, de que o próprio planeta não poderia prescindir em sua marcha ascensional.

As inspiradas anotações chegaram até aos nossos dias, transportando, em seu bojo, a essência preciosa dos ensinamentos do Cristo que, exteriorizada da letra de que se reveste, abre-se em luzes e bençãos, felicitando corações que se lançam em efetiva jornada para Deus. São tais registros os eficientes instrumentos didáticos, usados com sabedoria pelo Mestre, a fim de que o substrato espiritual pudesse ser conservado em sua pureza.

A integração, a liberdade de expressão, o espírito de pesquisa, com a utilização de obras espíritas e outras respeitáveis, passaram a ser os elementos adotados, com êxito, na atividade de análise interpretativa da Boa-Nova, não faltando, como recursos de inestimável valor, vasto número de obras auxiliares, chave bíblica, diconários.

Num ambiente descontraído, ao embalo do entusiasmo e vontade de aprender, o trabalho é levado a efeito em torno de uma mesa. Com ampla troca de ideias, argumentos, cotejo de referências bíblicas, comparações, pesquisas em livros ou peças avulsas que tratam do assunto, toda a atenção é direcionada para o versículo evangélico escolhido, que verte da letra seu conteúdo sublimado.

Com essa dinâmica e nesse clima de acentuadas vibrações cristãs, surgiram as primeiras reuniões do "Miudinho"[1].

Buscando o Conteúdo Essencial do Evangelho...

Trabalhar o "como estudar o Evangelho" é tarefa difícil, a tocar com suavidade a sensibilidade de cada qual, obedecidos os patamares que já puderam alcançar. Entretanto, muitos têm sido os estudiosos que procuram, com maior ou menor êxito, identificar estratégias para o seu estudo e interpretação, colocando-as ao nosso dispor em todos os tempos.

Como registro ao leitor que se dispõe ao exame deste trabalho, podemos enumerar alguns itens que têm sido adotados, com êxito, na busca da essência para além da letra que a transporta:

a) Empenhar-se no estudo intensivo da Doutrina Espírita, principalmente de seus princípios fundamentais.

b) Ter em conta que o conteúdo espiritual do Evangelho pode ser identificado a partir de um texto completo, de um versículo, de uma frase, de uma expressão ou mesmo de uma só palavra, observado o seu sentido no trecho sob análise.

c) O primeiro passo será sempre entender bem o aspecto literal do texto. Para isso, promover atenciosa leitura, considerando o significado exato de cada palavra, tempo e pessoas dos verbos, lugar, ocasião, circunstâncias, profissões e cargos, expressões e hábitos vigentes à época

---

1 N.E.: O "Miudinho" é a forma carinhosa como ficou conhecido, em Minas Gerais, o Estudo Minucioso do Evangelho à Luz da Doutrina Espírita. As reuniões de "Miudinho" acontecem em Uberaba-MG, no Grupo Espírita Eurípedes Barsanulfo, toda quarta-feira às 19:30, e são transmitidas pelo YouTube, em canal criado para compartilhar o registro em vídeo das atividades semanais.

de Jesus, utilizando-se, se necessário, de dicionários. A par disso, não se pode contentar, contando hoje com os postulados espíritas, com um Evangelho puramente descritivo ou histórico, fixado no tempo e no espaço, mas que ainda é hoje lido com unção por muita gente.

Buscar cuidadosamente o seu conteúdo espiritual. Este é o que dá vida, universalidade e eternidade à Boa-Nova. Tão importante é esse fator que Jesus nos alerta: "...as *palavras que eu vos disse são espírito e vida*". (Jo. 6:63), ao que Paulo acrescenta: "O *que nos fez também capazes de ser ministros de um novo testamento, não da letra,* mas *do espírito; porque* a *letra mata, e o espírito vivifica."* (II Cor. 3:6). Ressalte-se que, nesta busca, contamos com várias obras na vasta literatura espiritista, de autores que primam pelo comentário da Boa-Nova. Dentre estas, várias de Emmanuel, indubitavelmente, o grande inspirador das atividades doutrinárias e evangélicas desenvolvidas por este Grupo e que culminaram com a edição deste estudo interpretativo. Essas fontes irradiadoras da luz do Cristo posicionam-se em linha de utilização juntamente com as que integram o Pentateuco Kardequiano: *O livro dos espíritos, O livro dos médiuns, O céu e o inferno, O evangelho segundo o Espiritismo* e *A gênese*.

Nada obstante a concepção negativa de muitos quanto à "pretensa" proposta de "interpretação" da Boa-Nova, a tarefa vem revelando significativos resultados para quantos a ela se dedicam. Aliás, a interpretação está presente na própria Doutrina Espírita. Em *O evangelho segundo o Espiritismo*, todo o trabalho dos espíritos se encaminha para esse mister. Em seu capítulo XIX – "A fé transporta montanhas" – por exemplo, o texto relativo à "Figueira que Secou" (Mc. 11:12 a 14 e 11:20 a 23) é analisado em detalhes nos seus itens 9 e 10. Como se não bastasse, registre-se uma das primeiras "interpretações" constantes do próprio Evangelho, quando Jesus, segundo Mateus, interpreta para os seus discípulos a "Parábola do semeador" (Mt. 13: 3 a 8 e 13:18 a 23), e a "Parábola do trigo e do joio" (Mt. 13:24 a 30 e 13:36 a 43).

Pesquisando...

Diante de um texto da Boa-Nova, abrem-se, segundo o grau de interesse, de sensibilidade e de determinação, várias janelas pelas quais o aprendiz visualiza todo um território vibracional em que o pensamento do Cristo circula radioso, canalizando os mais suaves valores na direção das profundezas do Espírito imortal.

Quem?...

Os personagens do texto, evidenciados na pergunta didática: "quem", chegam até nós, proporcionando-nos condições de identificá-los ou não em ângulos de nossa personalidade. É por esta estratégia que o aprendiz consciente e sincero pode perceber dentro dele facetas peculiares, por exemplo, a fariseus, saduceus, escribas, cegos, paralíticos, surdos, coxos, mortos, ou ainda, a um Nicodemos, um Zaqueu, um Levi ou um jovem rico. Incorporando-nos às figuras do próprio texto, habilitamo-nos a detectar, em nós próprios, padrões ou atitudes de ordem positiva ou negativa que lhes eram peculiares, a nos sugerirem implementação de recursos ou mudanças de base, nas profundezas da alma. A partir daí, o texto se vivifica. Pela auto-análise e na aplicação do "conhece-te a ti mesmo", levantamos caracteres peculiares àqueles personagens e que podem ou não estar presentes em nossa intimidade, tais sejam: hipocrisia, extremismo fanatizante, conhecimento não acionado, cegueira, paralisia ou surdez espirituais, ou quem sabe, nossa posição cadaverizada na indiferença ou na cristalização, ante a dinâmica da vida. Evidenciam-se, também, o interesse e as inquirições de um "Nicodemos", a determinação de um "Zaqueu" em ver Jesus, as mudanças de um "Levi" ou o medo e a insensibilidade do "jovem rico".

Deus e Jesus, ante a pergunta "quem", ressaltam-se muitas vezes do texto, a indicarem nossa fonte de inspiração e o caminho que efetivamente necessitamos trilhar.

Onde?...

Lugares e ambientes emergem em resposta ao "onde". O Mestre definia acontecimentos em locais didaticamente escolhidos. Jerusalém, Jericó, Samaria, Galiléia, Tiro e Sidon, Cesaréia de Filipo, monte, recebedoria, junto do caminho, Tiberíades, vinha..., são "regiões" ou "ambientes" presentes na extensão territorial de nossa alma, a definirem moradas ou estados de espírito, ante a introjeção das citações do texto sob análise. Mente voltada aos padrões superiores da Vida (Jerusalém), cultivo de interesses materialistas ou transitórios (Jericó), posturas dogmáticas ou intransigências (Samaria), simplicidade (Galiléia), desconhecimento dos padrões reeducativos mais avançados (Tiro e Sidon) são moradas de trânsito ou de maior duração que costumamos escolher nas reencarnações.

Igualmente podemos eleger momentos de elevação do Espírito (monte), acomodação em pontos de culto ao egoísmo contumaz; utilização viciosa dos serviços dos outros para si (recebedoria); próximo, mas ainda fora dos valores espirituais (junto do caminho) ou equilíbrio; oscilações, empenho de arregimentação de valores no mar da vida (Tiberíades).

Podemos contar com gratas emersões que se projetam para a vida imortal, refletindo sobre a "vinha", que sugere videiras, uva, vinho, recolhendo, daí, preciosas indicativas para as realizações edificantes. Ideia do trabalho gratificante. Pela capacidade de testemunho, vamos sentir, em meio ao labor, o surgimento do vinho, substrato abençoado do Amor.

Quando?...

Tempo, circunstância, são respostas à pergunta: "quando?". Os momentos em que se operavam os fatos ou as orientações oferecidas pelo Mestre estão sempre envolvendo ângulos relacionados com o tempo, abrindo perspectivas de registros importantes para o espírito. Dia, noite, tarde, logo, naquele dia, depois disto, inverno, sábado reservam inestimáveis ensinamentos, quando trabalhados com naturalidade no estudo da BoaNova.

O dia é o momento da claridade interior, do discernimento. Às vezes, cultivamos a treva da ignorância e nos acomodamos (noite); momento em que se completam estágios, períodos, provas, ou tempo concedido (tarde). A decisão e as atitudes sem delongas, ao abraçar determinadas indicativas (logo); momento propício de cada qual em atendimento a tempo certo (naquele dia); sequência de fatos, sem amarras com a retaguarda (depois disto); fases de dificuldades (inverno); fim de etapa, momento de aferição (sábado) aparecem em cada texto, sugerindo ao participante "olhos de ver" e "ouvidos de ouvir".

Como?...

Tal indagação integra o sistema simples de se apropriar do melhor no estudo e na interpretação do Evangelho. Normalmente, a resposta vem com os verbos do texto, para o que devemos atentar quanto ao tempo, ao modo, à pessoa a transmitirem a mensagem com exatidão, com propriedade.

Saiu, viu, assentado, chegando, subindo, parando, pescar, correndo, caminhando ...merecerão sempre atenção especial pelas cargas vibratórias que carreiam. A cada momento vemos Jesus, saindo, vendo, chegando, subindo, parando (para continuar), em valiosos apontamentos, sugerindo-nos a adoção de postura operacional sequenciada. De outro lado, vimo-nos, também, inertes ou indiferentes nos circuitos fechados, ao analisar quem está assentado, clamando, pedindo...

Atitudes, gestos residem também nos vocábulos que definem tais posições, inclusive os substantivos, advérbios ou adjetivos, elementos da maior importância que, devidamente dimensionados em seu sentido espiritual, oferecem as mais notórias sugestões para o processo reeducativo.

Refletindo...

O Espiritismo, elegendo a fé raciocinada, capaz de encarar a razão face a face, em todas as épocas da Humanidade, trabalhando o tema "religião" em suas conotações renovadoras, com base no Evangelho, acionado no campo íntimo e a refletir-se para o exterior na forma de "Bem em favor de todos", é sem dúvida, a "chave" que nos leva a retirar da Mensagem de Jesus a sua essência divina.

Dentro dessa ética, a Terceira Revelação, ampliando os horizontes da alma, não nos leva ao tempo de Jesus. Transfere, sim, para hoje, adequando para os dias que passam, as sementes do Amor por Ele lançadas nos ambientes simples que O acolheram há dois mil anos, vitalizando-as no solo do conhecimento e do sentimento, ao nível da fé raciocinada, para que elas germinem, cresçam, medrem e frutifiquem na intimidade dos que se despertam e se lançam no rumo do futuro radioso, pela ação da Caridade.

Agradecendo...

Finalmente, devemos agradecer pelo que somos e por tudo que nos seja dado realizar no mundo.

Com relação a este livro, nossos agradecimentos transcendem os limites da Terra.

Sentimo-nos no dever de fazê-lo aos companheiros de Doutrina, quanto às valiosas ideias, colaborações e apontamentos que nos forneceram.

Cumpre-nos registrar, também, a nossa gratidão aos Espíritos a cuja inspiração atribuímos todo e qualquer mérito em sua execução.

E mais. Aos que, direta ou indiretamente, se empenharam na compilação desses registros, muitas vezes com o sacrifício de suas atividades pessoais e de seu tempo, mas sempre com carinho, dedicação e paciência, transferimos, desde já, cada vibração e cada sorriso de quantos possam usufruir de seu conteúdo, em seu esforço de conhecer, viver ou divulgar os ensinos de Jesus, ao enfoque da sublime Doutrina dos Espíritos.

Belo Horizonte (MG), outubro de 1997.
HONÓRIO ONOFRE DE ABREU
Coordenador da Obra

1
CLAMORES DA CONSCIÊNCIA

Mt. 3:1

"E, naqueles dias, apareceu João Batista, pregando no deserto da Judéia."

"E, NAQUELES DIAS, APARECEU JOÃO BATISTA" – Aqueles dias a que se refere o evangelista expressa o momento favorável da manifestação dos episódios, cuja figura do Precursor seria chamada para consecução das tarefas programadas. Há hora para tudo.

Joao Batista "apareceu" para o cumprimento de sua missão e, em decorrência das peculiaridades de sua ação e notórias atitudes, pode ser percebido de forma ostensiva no seio da sociedade de então.

Historicamente, foi ele primo de Jesus, filho de Zacarias e Izabel, nascido em circunstâncias extraordinárias, já que sua mãe, a representar, figuradamente, a extensão dos milênios vividos, necessários para se alcançar o ápice das conquistas básicas da evolução, era avançada em idade.

Convocados na atualidade ao trabalho da reeducação com vistas a sentir Jesus no coração, "aqueles dias" visitam-nos a intimidade, elegendo-nos verdadeiros precursores, em luta íntima, no preparo do caminho do Senhor. João Batista surge, então, como o exemplo vivo do esforço pessoal, no rumo da nova vida com o Cristo.

"PREGANDO NO DESERTO DA JUDÉIA" – Trazendo a responsabilidade de despertar corações para os conceitos a serem erguidos por Jesus, a pregação realizada pelo Batista no "deserto da Judéia" evidencia a verdade dos clamores da consciência, frente a um vasto terreno vazio e árido, a exigir sólidas construções nos fundamentos do Amor, capazes de assegurarem segurança e reconforto ao espírito, na rota da imortalidade. Sob esse prisma, nos é possível entender que toda pregação se faz no "deserto". Num clima de edificações espirituais, quando a aridez dos corações for trabalhada e transformar-se na terra fértil à frutificação, já não há mais pregação, mas sim exemplificação.

2
ARREPENDER-SE

Mt. 3:2

"E dizendo: Arrependei-vos, porque é chegado o Reino dos Céus."

"E DIZENDO: ARREPENDEI-VOS, PORQUE É CHEGADO O REINO DOS CÉUS." – A mensagem do Batista externo ou interno é idêntica: "arrependei-vos". Só precisa arrepender-se quem fez o que não devia ou andou por onde não era aconselhável. André Luiz, em sua obra, nos ensina: "arrepender-se é caminhar para o Céu." Quem vinha descendo, caindo de erro em erro, quando se arrepende, pára, deixa de comprometer-se para iniciar o retorno pela renovação.

Falando em arrependimento, João justifica: "porque é chegado o Reino dos Céus".

Até João, a paz interior estava dependente das muitas obrigações de natureza religiosa, ligadas ao culto exterior. Sacrifícios, holocaustos, ofertas, observação do sábado em sentido puramente literal e das numerosas tradições.

Com Jesus, passaríamos a entender que Deus não se vincula apenas a um templo de pedra, construido por mãos humanas, mas se faz presente em todos os escaninhos do Universo, especialmente no íntimo de cada um. É a religião verdadeira, em que o Bem se faz a toda hora e em qualquer circunstância, sem tempo determinado.

João preparava o caminho para que Jesus nos pudesse dar a chave do Reino dos Céus, nos ensinasse a trilha para o alcance da harmonia pessoal, estabelecendo o Reino de Deus no coração.

3
PREPARAR O CAMINHO

Mt. 3:3

"Porque este é o anunciado pelo profeta Isaías, que disse: Voz do que clama no deserto: preparai o caminho do Senhor, endireitai as suas veredas."

"PORQUE ESTE É O ANUNCIADO PELO PROFETA ISAÍAS, QUE DISSE:" – A menção da profecia nos mostra que os acontecimentos que se relacionam com as revelações, fugindo a qualquer idéia de eventualidade, são resultantes de programações elaboradas nos milênios por aqueles que, em nome do Criador, se responsabilizam pelos mecanismos evolutivos. O esclarecimento do próprio evangelista Mateus é mais uma citação das muitas que fez, ligadas ao Velho Testamento. Esta é de Isaías (Is. 40:3).

Além da elucidação histórica, vale ressaltar que todos os fatos na jornada de cada um serão sempre a concretização de ideias, projetos e estudos, por vezes delineados nos séculos. O caráter pré-anunciador das conquistas que hão de vir, ainda hoje, oculta ou ostensivamente, está presente nas palavras a profetizarem: "serei melhor amanhã"; "hei de vencer este vício"...

"VOZ DO QUE CLAMA NO DESERTO:" – A voz, como exteriorização, é o sinal inconfundível do que se passa dentro de nós. E, diante das amplas necessidades de redenção, não são poucos aqueles que, frente às paisagens agrestes, não cultivadas no espírito, são convocados não apenas a falar, mas a clamar quanto à adoção de atitudes firmes e inadiáveis, na busca do caminho libertador.

"PREPARAI O CAMINHO DO SENHOR, ENDIREITAI AS SUAS VEREDAS." – O justo clamor de quem é capaz de enxergar com discernimento aqui está expresso na afirmativa de Mateus. Se, de um lado, não são poucas as veredas que temos percorrido, acalentados pelas tendências imediatistas, a exigirem retificação e acerto pelas vias da reeducação, de outro, o imperativo "preparai" nos convida a estruturar uma nova vida a embasar-se no Amor. Assim, voltando-nos para os interesses espirituais, pela valorização do próximo e pela mudança das tendências no empenho de melhoria íntima, estaremos nos ajustando ao verdadeiro roteiro de libertação, personalizado naquele que é o "Caminho, e a Verdade, e a Vida".

4
NECESSIDADES BÁSICAS

Mt. 3:4

"E este João tinha o seu vestido de pelos de camelo, e um cinto de couro em torno de seus lombos; e alimentava-se de gafanhotos e de mel silvestre."

"E ESTE JOÃO" – Referência específica e individualizada àquele que, em testemunho da verdade e das convicções que nutria, buscava adotar simplicidade no empenho de edificação. Por isso, vemos nele sobriedade no modo de vestir, comer e falar. Revivendo experiências cultivadas quando em reencarnação anterior como Elias, adotava o mesmo regime de restringimento das necessidades, como depreendemos nos registros do Velho Testamento: "E ele lhes disse: Qual era o traje do homem que vos veio ao encontro e vos falou estas palavras? E eles lhe disseram: Era um homem vestido de pelos, e com os lombos cingidos dum cinto de couro. Então disse ele: É Elias, o tisbita." (II Reis 1:7 e 8).

"E este João" é ainda bem presente na individualidade que, adotando o esforço de mudança interior, prepara-se para recolher, um dia, no próprio coração o Cristo, em toda a sua grandeza.

"TINHA O SEU VESTIDO DE PELOS DE CAMELO," – Dando pouco valor à apresentação exterior, João Batista cobria-se, abrigava-se com o mínimo. Analisando-se, no entanto, este fato, vamos identificar este mínimo como suficiente a todos que, empenhados na empresa reeducativa, adotam o essencial na eleição dos padrões de segurança efetiva. É a utilização dos "pelos de camelo" adequados às intempéries do ambiente árido e ensolarado do deserto, região pela qual estarão transitando espíritas ou não, que se dispõem, à custa de sacrifício e lutas ásperas, a atingir os objetivos mais altos da espiritualização com Jesus.

"E UM CINTO DE COURO EM TORNO DE SEUS LOMBOS;" – Em sua Epístola aos Efésios, Paulo nos fala sobre a armadura de Deus: "No demais, irmãos meus, fortalecei-vos no Senhor e na força do seu poder. Revesti-vos de toda a armadura de Deus, para que possais estar firmes contra as astutas ciladas do diabo" (Ef. 6:10 e 11).

Aprendemos que convém estarmos cingidos com a verdade que nos dá equilíbrio.

Se o cinto de couro em torno de seus lombos assegurava a sua fortaleza, o revestimento da personalidade com os padrões da verdade assegurará, nas mais variadas circunstâncias, o êxito nas lutas da renovação.

"E ALIMENTAVA-SE DE GAFANHOTOS E DE MEL SILVESTRE." – Até hoje o povo daqueles lugares ainda come estes insetos. É uma espécie diferente. Assam ou secam ao sol. Este fato leva-nos a conceber que, apesar da existência de uma planta carnosa, de folha macia e medicinal, também denominada "gafanhoto", não fica descartada a hipótese de que aquele inseto foi mesmo a alimentação utilizada, junto com o mel silvestre, pelo Batista. Quando cumpridores dos deveres e capazes de nos adequarmos ao pensamento e vontade do Criador, estaremos recebendo o suficiente ao suprimento de nossas necessidades. Se cada trabalhador, no registro evangélico, é digno de seu salário (Mt. 10:10), não só as circunstâncias trazem os recursos de alimentação, nesta passagem expressos nos "gafanhotos", mas também o trabalho, a gerar fortalecimento e capacitação, assegura os nutrientes para o Espírito, ali configurados no mel silvestre.

5
ENSINO UNIVERSAL

Mt. 3:5

"Então ia ter com Ele Jerusalém,
e toda a Judéia, e toda a província
adjacente ao Jordão;"

"ENTÃO IA TER COM ELE JERUSALÉM, E TODA A JUDÉIA, E TODA A PROVÍNCIA ADJACENTE AO JORDÃO;" – Naquele tempo, qualquer pregador sempre despertava grande atenção pública. O fato de irem até Ele pessoas de várias procedências e de diversas posições lembra o alcance de sua responsabilidade. À medida que se desenvolvem em alguém as disposições de se educar e servir, a própria Lei, pelas vias da sintonia, faz aproximar, desse candidato, corações que se mostrem carentes ou interessados na mensagem de que se faz portador.

A autoridade inerente ao expositor das verdades espirituais, sempre que fundamentada na vivência dos valores que veicula, não apenas sensibiliza o ouvinte, mas, também, abre terreno à adesão prática de cada um no caminho do progresso.

Digna de registro é a elasticidade das pregações que, quando veiculadas com Amor, reservam facetas específicas de natureza universal, a atingirem todas as camadas, independentemente do grau de assimilação e de conquistas que lhe sejam peculiares. Daí o fato de as pregações de João interessarem desde aqueles à margem do Jordão até àqueles guindados aos padrões superiores expressos na figura "Jerusalém".

6
REINÍCIO

Mt. 3:6

"E eram por ele batizados no rio Jordão, confessando os seus pecados."

"E ERAM POR ELE BATIZADOS NO RIO JORDÃO, CONFESSANDO OS SEUS PECADOS." – Na Doutrina Espírita não há batismo. No caso de João, antes de a pessoa se fazer batizar, ela confessava publicamente os seus pecados. O seu batismo era o da água, para o arrependimento. Podemos ver, neste ato, um símbolo da reencarnação, enquanto que, o de Jesus, do fogo e do espírito, focaliza a renovação.

A imersão na água faz lembrar o mergulho nos líquidos intrauterinos, quando o espírito parte do plano espiritual com os propósitos de evolução e retificação, excluídos, naturalmente, aqueles casos em que o retorno à carne se processa compulsoriamente e o espírito disso nem tem consciência. Assim concebendo, não é difícil compreender o chamamento de João para a transformação moral, estando a criatura em pleno desenvolvimento de sua vida no plano físico.

Seria o alerta e o convite: não espere a morte para arrepender-se e retornar à reencarnação; intente a passagem pelas águas, num compromisso público, como processo de reinício da experiência em novas bases, com a fixação de novos objetivos.

Ainda hoje, matriculados na escola do aprendizado espiritual, estamos, a todo momento, convocados ao reexame da importância reencarnatória, "confessando", ante nós mesmos, os erros perpetrados, alimentando o firme propósito de superá-los.

Ao retornar à experiência terráquea, a individualidade conta com ampla soma de fatores a possibilitarem o êxito à concretização dos compromissos firmados.

O esquecimento do seu passado, como medida didática, promove verdadeiro bloqueio dos valores impressos em seu psiquismo, abrindo renovadas esperanças para a implementação de novas linhas de ação no encaminhamento do destino.

A partir daí, cabe ao espírito, ciente de suas responsabilidades, valorizar cada elemento e cada passo na nova experiência, transformando abençoados propósitos formulados à guisa de confissão, em caracteres efetivamente vivenciados.

7
RAÇA DE VÍBORAS

Mt. 3:7

"E, vendo ele muitos dos fariseus e dos saduceus, que vinham ao seu batismo, dizia-lhes: Raça de víboras, quem vos ensinou a fugir da ira futura?"

"E VENDO ELE MUITOS DOS FARISEUS E DOS SADUCEUS", – Fariseus e saduceus – pertenciam, os últimos, a seitas derivadas da arraigada tradição que reinava no seio do povo judeu. A dos fariseus era considerada das mais importantes e se fundava no fato de que só se devia depositar fé nas escrituras. Rígidos cumpridores das práticas exteriores do culto, cheios de ardente zelo de proselitismo, inimigos dos inovadores, afetavam grande severidade de princípios. Ocultavam costumes dissolutos, muito orgulho e excessiva ânsia de dominação. Acreditavam ou diziam acreditar na Providência, na imortalidade da alma, na eternidade das penas e na ressurreição dos mortos.

Quanto aos saduceus, não criam na imortalidade nem na ressurreição, crendo, no entanto, em Deus. A satisfação dos sentidos físicos era tida por objetivo essencial da vida. Atinham-se ao texto da Lei antiga, não admitindo a tradição, nem interpretações. Caracterizavam-se portanto, como materialistas, deístas e sensualistas da época. Tais notas registradas pela História e incluídas na introdução de *O evangelho segundo o Espiritismo* nos informam da existência, já à época de Jesus, das lutas e dissensões religiosas ainda vigentes em nosso tempo.

Espiritualmente, estão eles personificados naqueles que, ainda apegados a expressões exteriores, cristalizações e interesses imediatistas, fazem da religião trampolim para o atendimento de seus objetivos imediatistas. Não foi sem razão que o Mestre orientava: "Na cadeira de Moisés estão assentados os escribas e fariseus. Observai, pois, e praticai tudo o que vos disserem; mas não procedais em conformidade com as suas obras, porque dizem e não praticam;" (Mt. 23:2 e 3).

"QUE VINHAM AO SEU BATISMO," – Apesar de suas ideias normalmente afastadas das reais metas da edificação espiritual, a voz do profeta, como trombeta a despertar as criaturas, acordou o interesse daqueles que o buscavam. Dentre os muitos que se dirigiam a João, como entre os muitos chamados hoje pelas vozes dos espíritos, são poucos os que se dispõem às mudanças indispensáveis. A estes abrem-se as portas de uma etapa que será estruturada a partir do arrependimento e do firme propósito de uma nova vida.

"DIZIA-LHES: RAÇA DE VÍBORAS," – Por sua capacidade de realização, embasada em firme vontade, tinha o Precursor suficiente autoridade para assim se dirigir àqueles elementos.

"Raça de víboras" expressão forte e também usada por Jesus, é uma forma de tocar a criatura adormecida e envolvida pela crosta de valores do mundo, a permanecer nos séculos dissociada dos efetivos interesses do espírito imortal.

A víbora, simbolicamente personificando as forças inferiores, por sua característica astuta a rastejar no piso físico, expressa, em todo seu potencial, a mentalidade característica de quem vive exclusivamente em termos materialistas, apegado ao chão do mundo.

"QUEM VOS ENSINOU A FUGIR DA IRA FUTURA?" – Se humildade e confiança caracterizam a vida de quem está em paz interior, no cumprimento de seus deveres, a apreensão, a cautela e a desconfiança revestem a personalidade de quem permanece à margem da reta conduta. "Fugir da ira futura" envolve luta e atenção constantes, no sentido de reduzir ou tentar iludir a manifestação plena da Lei a que todos estamos sujeitos.

8

DINÂMICA DO ARREPENDIMENTO

Mt. 3:8

"Produzi, pois, frutos dignos de arrependimento;"

"PRODUZI, POIS, FRUTOS DIGNOS DE ARREPENDIMENTO;" – É preciso que acionemos o arrependimento, reparando os erros cometidos.

Arrepender-se é uma maneira de sentir. Não podemos ficar só com os sentimentos; necessitamos de trabalho, pois cada um receberá segundo suas obras. Por que, após tantos milênios, permanecermos empenhados no jogo de obrigações e direitos na engrenagem da Justiça, quando o Amor nos espera, a fim de nos assegurar a plena liberdade de ação e movimento para frente e para o alto?

Diante das propostas que se lhe abrem no plano da consciência, em decorrência do passado culposo, sente-se o espírito, quando empenhado em sincero arrependimento, induzido ao esforço renovador, instrumento adequado a respaldar definitivamente os desequilíbrios da alma.

9

TRADICIONALISMO

Mt. 3:9

"E não presumais, de vós mesmos, dizendo: Temos por pai a Abraão; porque eu vos digo que mesmo destas pedras Deus pode suscitar filhos a Abraão."

"E NÃO PRESUMAIS, DE VÓS MESMOS, DIZENDO: TEMOS POR PAI A ABRAÃO;" – Era muito importante para os fariseus dizerem-se filhos de Abraão, e mesmo uma vaidade por eles acalentada. "E não presumais de vós mesmos" é alerta austero, a definir que, mais importante que a descendência, é a afirmação, pela vivência dos postulados d'Aquele que nos inspira e nos felicita no caminho a que estamos nos vinculando. Na extensão dessa realidade, identificamos muitos que se sentem lisonjeados pela descendência da família tradicional, da amizade importante, dos relacionamentos suscetíveis de favorecê-los...

"PORQUE EU VOS DIGO QUE MESMO DESTAS PEDRAS DEUS PODE SUSCITAR FILHOS A ABRAÃO." – Diante desta afirmativa, temos que nos valer da Lei de Evolução para entendê-la melhor. O princípio espiritual existente na pedra, no reino mineral, caminha, evolui nos outros reinos, até individualizar-se no homem, e mais, no homem que crê, no homem que aceita a Divindade como seu Pai Eterno, no verdadeiro filho de Abraão.

A cristalização é sempre uma posição bastante triste. Muitos, apesar de toda uma gama de informações recebidas, a cultivam, num atestado de petrificação da alma, mantendo-se presos ao convencionalismo, aos valores materiais, e ao culto do personalismo.

No entanto, os mecanismos do Criador, capazes de guindar aos planos angelicais o princípio espiritual a dormir nas faixas mais densas, acionam também, em nome da Misericórdia, recursos suficientes a desarticular o envolvimento de sombras mantenedoras das prisões da retaguarda, projetando, em nome do Amor, verdadeiros réprobos às faixas luminescentes da vida maior.

10

PODA E RENOVAÇÃO

Mt. 3:10

"E também agora está posto o machado
à raiz das árvores; toda árvore,
pois, que não produz bom fruto,
é cortada e lançada no fogo."

"E TAMBÉM AGORA" – Diante da verdade que a cada instante determina um novo estado de consciência, a criatura está sempre convocada a diferentes posicionamentos na tábua das opções pessoais. "Agora" é o momento mais importante para a concretização dos mais seguros e sinceros ideais.

"ESTÁ POSTO O MACHADO À RAIZ DAS ÁRVORES;" – Os ensinos de João, emoldurados em vibrações renovadoras, são os instrumentos de que nos utilizamos ou devemos utilizar no corte dos valores negativos, constitutivos de uma personalidade que ainda reflete os interesses inferiores. É através desses ensinamentos que nos munimos dos elementos retificadores, na busca de melhores experiências sob a égide do Cristo.

"TODA ÁRVORE, POIS, QUE NÃO PRODUZ BOM FRUTO, É CORTADA E LANÇADA NO FOGO." – Se a pregação do Precursor, assimilada, nos capacita a extirpar vícios e paixões nos terrenos do coração, a indiferença aos seus ditames acarretará, em razão dos conflitos interiores, a perda da estabilidade e a consequente instauração de sofrimentos. Ainda tem sido esta a escolha menos feliz de muitos. Submetendo-se ao rigor das chamas em repetições milenares, nossas edificações continuam a gerar, na pauta das causas e efeitos, sofrimentos e frustrações de toda ordem, até que nos sensibilizemos para os padrões edificantes do Amor. É o corte dos recursos e das oportunidades oferecidas e não dinamizadas na produção dos bons frutos e consequente aplicação da inarredável verdade: "é cortada e lançada no fogo", isso dentro das próprias reencarnações.

11
CRESCIMENTO E HUMILDADE

Mt. 3:11

"E eu, em verdade, vos batizo com água, para
o arrependimento; mas aquele que vem
após mim é mais poderoso do que eu;
cujas alparcas não sou digno de levar;
Ele vos batizará com o
Espírito Santo, e com fogo."

"E EU, EM VERDADE, VOS BATIZO COM ÁGUA, PARA O ARREPENDIMENTO;" – A água lava o corpo. No seu símbolo, entendemos lavar o espírito de seus erros. O espírito também parte para a reencarnação com igual propósito: purificar-se.

No Espiritismo não há batismo, nem ritual de qualquer espécie. E o que é a reencarnação senão a imersão do ser nas faixas físicas em que a água é o elemento preponderante? O batismo de João, portanto, cresce em seu simbolismo, apontando àqueles que se dirigiam ao Batista a necessidade de mudança de pensamentos e conceitos para o Bem, já que aquela cerimônia significava uma verdadeira "reencarnação" dentro da própria reencarnação. E, dispondo-se a adotar propósitos dignos de arrependimento, a criatura partia para uma nova vida, como o espírito, ainda no plano espiritual, se entrega confiante e esperançoso à nova empreitada no terreno reencarnatório.

"MAS AQUELE QUE VEM APÓS MIM" – Jesus. O Batista lembra a sua condição de Precursor. No campo íntimo, o processo vem se repetindo: o erro, o arrependimento; as providências saneadoras; finalmente o Cristo, no Reino de Deus, na consciência redimida.

Caminhamos para isso em caráter global. No momento, o conseguimos em alguns instantes e noutros não. Porém, no que realizamos, experimentamos a presença de Jesus, após a passagem do Batista, sóbrio, rude, austero...

"É MAIS PODEROSO DO QUE EU;" – De fato, o emissário tem uma influência e um campo de ação relativos. De certa feita, o próprio João assinalou: "É necessário que Ele cresça, e que eu diminua" (Jo. 3:30). Precisamos deixar que Jesus cresça em nós. Para tanto, precisamos diminuir, o que não significa desaparecimento da individualidade, mas ajustamento da personalidade aos padrões do Amor em trabalho, cooperação e especialmente simplicidade.

"CUJAS ALPARCAS NÃO SOU DIGNO DE LEVAR;" – Extraordinário o símbolo. Ele não se julgava digno de levar o que colocava Jesus no contato com o pó do mundo... O que era até dispensável, pois, com alparcas ou não, Jesus cumpriria a sua missão integralmente.

Evocando a figura autêntica e austera de João, somos convocados a medir o grau de humildade que já podemos deter. Mais do que nunca, cabe-nos indagar: estaremos, pelos valores adquiridos, capacitados a discernir, a valorizar o próximo, a reconhecer nossa pequenez diante da grandeza do universo?

"ELE VOS BATIZARÁ COM O ESPÍRITO SANTO," – Por Espírito Santo podemos entender a plêiade de Entidades Superiores que já superaram as faixas da retaguarda e se posicionam na extensão da bondade e da misericórdia do Criador.

O Espiritismo, na concretização da promessa de Jesus, foi codificado e estruturado sobre as bases do Cristianismo e continua o seu trabalho pela ação benfeitora do Consolador, o Espírito de Verdade.

João Batista expressava, com o batismo do arrependimento pela água, o papel renovador da reencarnação.

Jesus, que vamos identificar por nossa vivência espontânea no bem de todos, é o libertador de nossas vidas, outorgando-nos os padrões da libertação, pelas disposições constantes de santificação do espírito imortal.

"E COM FOGO." – Provas e expiações representam o fogo que nos colhe no encadeamento das ações menos felizes que perpetramos, ao longo do caminho e pelas vias das circunstâncias.

O batismo de Jesus, com "fogo", está sempre presente nas atitudes decisivas que adotamos no âmbito da vida mental, pela mudança de conceitos e concepções, coroada pelas consequentes ações renovadoras. Alimentada com a chama da vontade, a nova posição mental, em sintonia com o Cristo, se encarrega de queimar os resíduos das experiências superadas, no erguimento das colunas sólidas, necessárias à sustentação do Amor.

12
INSTRUMENTOS DE RENOVAÇÃO

Mt. 3:12

"Em sua mão tem a pá, e limpará a sua eira, e recolherá no celeiro o seu trigo, e queimará a palha com fogo que nunca se apagará."

"EM SUA MÃO TEM A PÁ," – João apresenta-nos Jesus como um homem do campo, em plena atividade, a trabalhar a terra. Tal fato nos leva a refletir sobre o campo dos corações. O terreno dos sentimentos. É aí, na intimidade do ser, que o Cristo vai agir no cultivo das sementes do Amor, cuja produção sustenta a todos indistintamente.

A pá é o instrumento simples, mas eficiente, para a preparação da terra, cultivo e recolhimento dos frutos, limpeza e transporte dos detritos.

Introjetando a mensagem, vamos identificar a ação silenciosa ou ostensiva do ser direcionando os acontecimentos, sob a tutela do Alto. Por ela somos capazes de movimentar positivamente toda a instrumentalidade física e psíquica com que contamos para as tarefas mais dignificantes da reeducação e da colaboração, na grande escola de nosso aperfeiçoamento.

"E LIMPARÁ A SUA EIRA," – A pá, nas mãos do Cristo, pode operar eficientemente. Se nos dispomos a dela nos munir, poderá, acionada com a disposição e a perseverança que Ele recomenda, promover a "limpeza da eira" dos corações que, em razão das dificuldades do passado, ainda permanecem carentes das providências saneadoras imprescindíveis ao recolhimento e ao preparo da colheita.

"E RECOLHERÁ NO CELEIRO O SEU TRIGO," – Quando adotamos os postulados do Evangelho, revigorados pelo conhecimento espírita, uma nova dinâmica deve vigorar. Só com Ele pode a criatura movimentar os instrumentos da libertação, sanear o campo interior, "recolher" os resultados nos celeiros da casa íntima, imprescindíveis à alimentação do espírito em sua atividade incessante.

"E QUEIMARÁ A PALHA COM FOGO QUE NUNCA SE APAGARÁ." – Em toda colheita, é necessário separar o fruto do seu envoltório. A essência é sempre o que permanece como padrão conquistado e inalienável. É preciso destruir o acessório, que no seu tempo foi útil, e para tanto, a mensagem de João nos aponta o "fogo" como o elemento para esta eliminação.

O apego ou a sintonia com esses valores transitórios tem sido causa de sofrimento e desilusões. Infelizmente, ainda nutrimos a tendência de nos prendermos aos interesses materiais, ao corpo, às paisagens, aos ambientes, às situações e coisas de feições passageiras.

Quantos sofrem com a decomposição do corpo após o desencarne? O fogo que Jesus manipula e de que Ele se faz portador é agente da renovação consciente. Por ele, a criatura identificada com o Seu Evangelho elimina, pelo combustível da decisão e da vontade, tudo quanto não integre a essência verdadeira.

Ao nos propor "sede vós pois perfeitos, como perfeito é o vosso Pai que está nos Céus"(Mt. 5:48), o Mestre reserva a cada um a linha do aprendizado constante, fato que não poderá abolir a presença dessa chama "que nunca se apagará", garantindo o êxito do Espírito Imortal em seu progresso.

13

CARENTES E FELIZES

Mt. 5:3

"Bem-aventurados os pobres de espírito, porque deles é o Reino dos Céus."

"BEM-AVENTURADOS" – Felizes sob o aspecto espiritual, felizes aos olhos de Jesus. Sob o ponto de vista material, são tidos como venturosos os que contam vitórias sobre vitórias no conceito do mundo. São os que aparecem portando riquezas e bens, cujas origens nem sempre são caracterizadas como dignas. Afortunados apenas do momento, quando não sabem conquistar e administrar com justiça, assegurando paz ao coração e bem ao semelhante. Nestas condições, os valores materiais passam a ser valiosos instrumentos para extensão do trabalho e do Amor, sob as bênçãos do Criador.

No entanto, nem sempre temos sido "felizes" na condução dos recursos que detemos por empréstimo, transformando-os, sob a sombra do egoísmo, em algemas que nos escravizam, retardando a marcha pela criação de elementos geradores de lágrimas e sofrimentos.

"OS POBRES DE ESPÍRITO," – Ante a multidão, "pobre de espírito" pode ser compreendido como a individualidade que adota posição de descrente e insensato, sendo excluído dos benefícios do Reino dos Céus por eleição pessoal, enquanto se mantiver nesta faixa vibratória. Definida tal posição, acionam-se os componentes da Lei de Causa e Efeito, quando o ser passa a colher dores e amarguras que se transformam em molas mestras de fatores indutores, levando-o a visualizar ângulos conscienciais superiores.

Na ótica evangélica, pobres de espírito são os humildes. Os que, examinando-se, sentem o peso e a extensão das próprias necessidades de renovação, são os que se reconhecem sempre necessitados dos valores espirituais.

A identificação desses padrões pessoais é necessária a cada um que se posicione dentro do versículo. Assim, poderá perceber se é ou não "carente" das orientações de que o Cristo é o Sublime Doador.

"PORQUE DELES É O REINO DOS CÉUS;" – Este é estado de alma. Estará no Reino dos Céus aquele que usufruir de equilíbrio, verdade, amor, trabalho e humildade, acima de tudo.

Ora, o pobre de espírito nutre o princípio de que todos podem ser melhores, mais instruídos e mais experientes do que ele. Daí sua prudência, em todas as circunstâncias, e em qualquer lugar.

Fala baixo, porque admite que outros desfrutam de mais autoridade. Ocupa os últimos assentos, porque aceita que há outros mais importantes. Tem opiniões próprias, mas não as impõe, porque cada um pode ter suas idéias.

Sofre resignado, porque Deus é justo. Quando erra, constata mais uma vez a presença das próprias imperfeições. Perdoa sempre, porque constantemente carece de ser perdoado. Ajuda sempre, porque reconhece que não consegue viver sem a colaboração de terceiros. A todo momento dá graças a Deus, porque são muitas as expressões de misericórdia em sua existência...

Nem por isso, contudo, deixa de ser a luz do mundo, o sal da Terra.

14
LÁGRIMAS

Mt. 5:4

"Bem-aventurados os que choram, porque eles serão consolados."

"BEM-AVENTURADOS OS QUE CHORAM," – O Sermão do Monte é um dos mais lindos discursos de Jesus, canalizando aos corações alentadas esperanças de sustentação e consolo.

Até a vinda d'Ele, a marginalização era a vala comum dos pobres e desvalidos. A partir de então, abrem-se as válvulas de uma nova visão como investimento pleno em dias melhores.

A austeridade da Lei, sem perda de sua legitimidade, cede lugar, dentro dela mesma, aos dispositivos da misericórdia, até aquele momento sufocada pela intolerância.

Os que choram serão consolados. Muito mais gratificante quitar que adquirir-se novas dívidas nos meandros do destino. A mensagem evangélica, apontando as verdadeiras sementes da felicidade, de colheita a tempo certo, traz também os instrumentos da consolação, capazes de minorar a dor, sanear a tristeza, secar o pranto vertido por aqueles que se abrem para uma vida em bases mais gratificantes.

Quem consegue visualizar com clareza a marcha do progresso já pode depreender que as lágrimas, de acordo com a vibração que as emolduram, não apenas lavam o coração. Descem pelo rosto, limpando as marcas que o desfiguram, sugerindo ao espírito sofrido abrir-se para o Sol e para as oportunidades de um novo día.

Lavando os olhos, instrumentos abençoados de nossa interação com os seres e as coisas, proporcionam-nos uma ética mais nítida da existência.

A observação mais ampliada da Divindade não apenas favorece a identificação de recursos de reconforto, mas aponta, com nitidez, várias frentes de trabalho, a aguardarem a sensibilização do coração, sofrido e embatido, para as empreitadas de ação no Bem, acionadas a partir de si mesmo, na extensão do Amor. Descobre-se, nesse instante, o caminho certo da alegria espiritual, disponível a todos os presentes nos diversos parâmetros do Universo.

"PORQUE ELES SERÃO CONSOLADOS." – A consolação é atitude cristã que alivia o que sofre e engrandece o que a sustenta e canaliza. Seria ela, no entanto, ação exterior que, pelo veículo da verbalização, canalize apenas lenitivo de curta duração?

A Doutrina dos Espíritos, concretizando o advento do Consolador, projeta mais amplamente o tema. O ato de consolar não pode ficar restrito a momento de balsamização de emergência. Representa a introjecção de conteúdo que alivia e de elementos que promovam o necessitado e entristecido para os patamares de trabalho, assegurador indiscutível da libertação definitiva com o Cristo. O "fora da caridade não há salvação", aforisma básico do Espiritismo, é e continuará a ser, segundo as sábias orientações da Espiritualidade, o roteiro seguro de saúde, segurança e reconforto para todos que, mesmo aflitos nos embates da jornada, buscam consolar e acionar a esperança junto dos mais sofridos, no âmbito das experiências cotidianas.

15
MANSUETUDE E HERANÇA

Mt. 5:5

"Bem-aventurados os mansos, porque eles herdarão a terra;"

"BEM AVENTURADOS" – Felizes, venturosos, afortunados. A bem-aventurança ou a felicidade espiritual vem sendo prometida no decorrer dos séculos e aguardada com ansiedade por todos que se aproximam dos interesses espirituais que com eles se identificam. Sem uma perfeita ação de como conquistá-la, muitos a esperam ou a buscam mediante afirmativas ou posicionamentos puramente exteriores.

A Doutrina Espírita, abrindo perspectivas otimistas quanto ao entendimento da mensagem evangélica, nos aponta que qualquer conquista nesse terreno é sempre resultado do trabalho perseverante, com base na firme disposição de reeducar-se.

"OS MANSOS," – Brandos, pacíficos, serenos. Só podem ser mansos os que são menos egoístas, que pensam menos em si mesmos. Os contentes com o que possuem. Os não ambiciosos. Haverá paz íntima quando não houver luta externa com caráter de posse. Isso não significa, no entanto, ausência de ânimo, de disposição para progredir.

"PORQUE ELES HERDARÃO A TERRA;" – Herdar é receber por herança. E é isso o que realmente tem acontecido. Desfrutamos, por misericórdia, inclusive da benção de viver neste orbe.

De principio, "terra" dá a entender a parte materializada do mundo. Observamos que uma pessoa, quanto menos quer, mais desfruta. Quando há altruísmo, desprendimento, mais pessoas confiam nela.

Só com serenidade podemos pensar e resolver bem e, assim exercer a condução das situações.

A herança do Reino de Deus tem sido a promessa do Cristo a todos aqueles que se aproximam de sua mensagem de Amor. E é "nas terras" interiores que estaremos trabalhando conscientemente no sentido de usufruirmos dos bens eternos que o Criador, como Pai, tem reservado aos filhos que d'Ele se aproximam, os quais, por sua vez, se transformam em polos distribuidores da Luz Maior.

16

FOME DE JUSTIÇA

Mt. 5:6

"Bem-aventurados os que têm fome e sede de justiça, porque eles serão fartos;"

"BEM-AVENTURADOS OS QUE TÊM FOME E SEDE DE JUSTIÇA" – Com a evolução, já são muitos os que, desprendendo-se das preocupações em face da Lei, observam, com felicidade, as faixas do Amor que, sem sombra de dúvida, é a Justiça em toda a sua grandeza e que assegura a cada um o que é seu.

A Lei de Causa e Efeito tem reservado aos que não têm conseguido ajustar-se ao Bem, angústias, dores, frustrações. Os que tem "fome e sede" de Justiça, são, portanto, todos esses, infelizes nas vivências reencarnatórias que, cansados e saturados, levantam-se, famintos e sedentos de valores que possam, clareando o seu entendimento, posicionar seus espíritos na direção de metas mais seguras e consoladoras.

"PORQUE ELES SERÃO FARTOS;" – Fartos, satisfeitos, saciados. Quando fazemos justiça, abrindo, com isto, condições a que outros sejam justos conosco, sentimo-nos como que alimentados, espiritualmente falando. Quando há injustiça, experimentamos uma sensação de carência.

17
CLEMÊNCIA

Mt. 5:7

"Bem-aventurados os misericordiosos, porque eles alcançarão misericórdia;"

"BEM-AVENTURADOS OS MISERICORDIOSOS," – Os que têm misericórdia, isto é, compaixão pela miséria alheia. A misericórdia normalmente atesta ausência de egoísmo. É fruto do sentimento da fraternidade, da compreensão e reflete entendimento de que todos nos encontramos em evolução, sujeitos a erros. Assim, ser misericordioso não é apenas dar prova de sabedoria, expressa, ainda, espírito de doação espontânea. É a plena disposição de dinamizar, em todas as modalidades, os vastos aspectos da compaixão, reflexo da bondade inesgotável do Criador.

"PORQUE ALCANÇARÃO MISERICÓRDIA;" – Somos tão carentes de misericórdia que precisamos exercê-la para com todos: parentes ou não; amigos e inimigos; superiores e subalternos.

Para nos fortalecer nesse sentido, precisamos lembrar que é dando que recebemos. Do que oferecemos à vida ela nos retribui.

Exercendo a clemência, o perdão, experimentamos o consolo de sermos perdoados, uma vez que, também, como devedores perante a Lei, a misericórdia por nós exercida redundará em benefício, atenuando, no foro da consciência, a extensão de nossos débitos. É a adoção objetiva das palavras de Pedro: "... a caridade cobrirá a multidão de pecados" (I Pe. 4:8).

Também, no caso inverso, funciona a mesma Lei de reciprocidade.

18

LIMPOS DE CORAÇÃO

Mt. 5:8

"Bem-aventurados os limpos de coração,
porque eles verão a Deus;"

"BEM-AVENTURADOS OS LIMPOS" – Sem mancha, puros. O esforço de purificação do psiquismo, através das reencamações, é o objetivo essencial de todos os seres em seu plano de aperfeiçoamento.

A bem-aventurança fala-nos da felicidade pela identificação com o Criador, quando assumimos, conscientemente, a disposição de empreendermos a higienização ou limpeza da alma das marcas que ainda trazemos do pretérito milenar.

Urna superfície limpa é capaz de refletir, por exemplo, a luz solar. Quanto mais limpa, mais nítido o reflexo. Por que motivo, na expressão de Jesus, serão felizes os que se depuram? Depreendemos que, no encadeamento da evolução, fazendo mau uso do livre-arbítrio, acabamos por nos macular, passando à condição de espíritos impuros.

E a palavra de Jesus, concluímos, chega a ser literal, pois, não apenas nos sujamos moralmente; palmilhamos as veredas da delinquência ou da criminalidade e, com isso, podemos comprometer a pureza do nosso perispírito. Nele imprimimos as provas dos delitos, de tal modo que passamos a ser livros abertos que podem ser lidos a qualquer momento por entidades desencarnadas.

"DE CORAÇÃO," – Aprendemos que o coração é o órgão que funciona como bomba, impulsionando o sangue para a pequena e grande circulações, isso fisicamente falando. Espiritualmente focalizado, não obstante ser a alma que sente, todas as emoções repercutem no sistema cardiovascular, que trabalha ao comando do centro cardíaco localizado no perispírito, alterando profundamente as condições do indivíduo. Tanto são salutares a alegria, o otimismo e o Amor, como desastrosos os sentimentos de tristeza, pessimismo e ódio. Há casos de emoções violentas que podem levar até mesmo ao desencarne[2].

Coração limpo é o destituído de maldade, capacitado a sentir e perceber o bem, a caridade e o desempenho da evolução em todos os ângulos da criação.

Para tanto, somos concitados, pelos registros do Evangelho e da Doutrina Espírita, ao esforço de burilamento dessa válvula do sentimento, que representa a face do espelho da alma, permitindo que ela reflita, em todas as direções, a grandeza e a bondade do Criador.

"PORQUE ELES VERÃO" – Fazendo uma afirmativa, Jesus, como de hábito, a justifica, dentro da lógica, da razão e do bom senso.

"Eles", ou seja, os que preenchem os requisitos, "verão", porque, para chegar a tal conquista, utilizaram tempo, interesse e perseverança no trabalho de burilamento pessoal.

Todos estamos em evolução e é natural que, à medida que nos aperfeiçoemos, se nos ampliem a visão e o discernimento.

"A DEUS;" – A visão que o homem possui da Divindade vem se alterando: Deus a princípio, foi apontado pelos profetas como Senhor dos Exércitos; depois, no Evangelho, Jesus a Ele se referiu como Pai; mais tarde, o apóstolo e evangelista João afirmou: "Deus é Amor". Mudou Deus? Não, Ele é imutável. Evoluiu, aperfeiçoou-se o entendimento humano. Quando isso acontece com alguém, esse alguém, naturalmente, se coloca a caminho desta bem-aventurança. Ora, se Deus é o Bem, o Amor, a Caridade e o Progresso Real em todas as coisas, reconhecendo tudo isso, estamos vendo-o. Apenas assim, estaremos percebendo o Criador presente em todos os aspectos de Sua obra, a partir de nós mesmos.

Deus deixa de ter forma, como costumamos atribuir-Lhe, pois "Deus é Espírito"(Jo. 4:24).

---

[2] N.E.: O Volp – Vocabulário da Língua Portuguesa – registra a palavra desencarnação. Por decisão editorial, manteve-se a forma original escolhida pelo autor.

19
PACIFICADORES

Mt. 5:9

"Bem-aventurados os pacificadores, porque eles serão chamados filhos de Deus;"

"BEM-AVENTURADOS OS PACIFICADORES," – O pacífico é um amigo da paz.

O pacificador é aquele que, além de pacífico, trabalha, age em favor da paz.

Bom ser pacífico; melhor ser pacificador. O pacífico pode ser passivo; o pacificador tem que ser ativo, atuante.

Como quem acende uma lâmpada é o primeiro a se beneficiar, o mesmo acontece com aquele que luta pela paz.

Jesus, aceitando por Amor a cruz do Calvário, foi pacífico. Perdoando os seus algozes, os agentes da crucificação, Ele se fez pacificador.

Em meio aos conflitos que marcam a atualidade em todas as áreas a que estamos ajustados, sobressai a todo aquele que procura reeducar-se a necessidade de sindicar no seu dia-a-dia a posição que adota ante os apelos de sua consciência.

As convulsões, a diagnosticarem as reações do planeta em processo de mudança são, também, o campo operacional em que atua o ser interessado em exercitar seus recursos de cooperação e de pacificação no empenho de construir, a partir de si mesmo, um mundo de maior segurança.

"PORQUE ELES SERÃO CHAMADOS FILHOS DE DEUS;" – Deus é Pai de todos. Muitas vezes o homem, por orgulho, por amor próprio, tem dificuldade de aceitar a Paternidade Divina.

Procurando viver como irmãos uns dos outros, estamos admitindo Deus como Pai. Os pacificadores – por causa da sua atuação, estendendo a partir de si mesmos as dádivas da Fonte Maior – serão chamados, serão reconhecidos como filhos de Deus.

O trabalho de pacificação deve inspirar-se num profundo Amor aos semelhantes, sem peias ou sentimentalismos, mas sim com sentimento esclarecido e equilibrado que só se manifesta, plenamente, quando alicerçado na paz que conseguimos edificar em nós mesmos. "E, quando entrardes nalguma casa, saudai-a; e, se a casa for digna, desça sobre ela vossa paz..." (Mt. 10:12 e 13).

João, o Evangelista, escreve: "Mas, a todos quantos o receberam, deu-lhes o poder de serem feitos filhos de Deus; aos que creem no seu nome"(Jo.1:12).

Jesus é a "porta" para sairmos do ateísmo, do materialismo, para a condição de Filhos de Deus, e mais, de nos alegrarmos com essa condição. Para tanto, é preciso crer. Não por uma crença mística, contemplativa, mas por atitude operosa, alimentada pela fé raciocinada, capaz de promover, com a renovação do mundo interior, também a do exterior, com os exemplos e benefícios que espalha.

20
PERSEGUIÇÕES

Mt. 5:10

"Bem-aventurados os que sofrem perseguição por causa de justiça, porque deles é o Reino dos Céus;"

"BEM-AVENTURADOS OS QUE SOFREM PERSEGUIÇÃO POR CAUSA DA JUSTIÇA," – Num plano onde predomina a injustiça – como ainda na Terra, mundo de Expiações e Provas – é compreensivel a perseguição por causa da Justiça.

Se não há efeito sem causa, tudo tem uma razão de ser. Antes, egoístas, materialistas, escravos de paixões, demos abrigo e asas à injustiça. Natural que soframos agora. E, felizmente, por causa da "Justiça". Tal ocorrência, que se expressa nos meandros da Lei de Ação e Reação, não apenas evidencia a Justiça Divina, como também nos desvincula dos grilhões da culpa, oportunizando a visualização e o encaminhamento para empreitadas mais gratificantes..

Por isso é que Jesus fala: "bem-aventurados".

"PORQUE DELES É O REINO DOS CÉUS;" – O "Reino dos Céus" deixa de ser aqui uma promessa futura, mas sim realidade presente para os que, sabendo porque estão sofrendo, conseguem se ajustar aos padrões indicados pelo Cristo, em seu Evangelho de Luz, traduzindo-se por resignação dinâmica.

Se uma perseguição que nos atinge é injusta, torna-se evidente que estamos certos, que permanecemos com o justo, que ficamos com o Bem. Isso é o bastante para assegurar a presença da verdade, da tranquilidade no coração.

Podem todos estar contra nós; se estamos com a consciência em paz, sentimos Deus conosco.

21
OFERTAS

Mt. 5:23

"Portanto, se trouxeres a tua oferta ao altar,
e aí te lembrares de que teu irmão
tem alguma coisa contra ti,"

"PORTANTO, SE TROUXERES A TUA OFERTA" – O início da orientação de Jesus é conclusivo, deixando ao livre-arbítrio a decisão, quanto às nossas ofertas a Deus.

Muitas oferendas se faziam naquele tempo, de acordo com a circunstância e a condição financeira do doador que, por ser pobre, não ficava impedido de realizá-las. Sempre de feição individual, decisão própria e caracterizando renúncia.

As ofertas variavam desde os mais simples produtos da terra até animais de grande porte, como bois.

Espiritualizando-se a religião, sabemos que muito mais significativo para Deus é oferecermos o trabalho, dando do que somos nos vários campos em que podemos atuar, com vistas à assistência e ao bem-estar do semelhante e à sua edificação.

"AO ALTAR," – A Terra pode ser considerada um altar onde se operam esforço e progresso.

O núcleo das atividades espirituais pode também ser encarado como um altar.

Precisamos estar atentos com relação ao modo de agir, em todos os ambientes.

Essencialmente o altar, por excelência, é a mente, o coração, razão pela qual precisamos manter pensamentos retos e sentimentos equilibrados.

Há muitos altares na Terra erigidos a Deus, a Jesus, aos "santos", aos bons espíritos; todavia, existem altares destinados à vaidade, aos vícios, a certos tipos de transações, à satisfação dos sentidos. A que altar temos levado a nossa oferta?

"E AÍ TE LEMBRARES DE QUE TEU IRMÃO TEM ALGUMA COISA CONTRA TI," – Cada lugar, além do ambiente visível, conta com vibrações específicas.

O altar íntimo do ser evidencia, segundo as cargas dos desejos e emoções, padrões positivos ou negativos. Aí circulam as ondas de alegria ou de tristeza, de euforia ou de constrangimento, de harmonia ou de remorso, bem como o fio das causas que as alimentam.

Na proposta de pacificação interior diante do Criador, é preciso nos lembrarmos dinamicamente da postura a adotar perante pessoas, situações e coisas. Identificando os porquês, poderemos, adotando humildade e discernimento, abrir canais conscientes para a estabilização do piso firme que nos garantirá a segurança e a harmonia nos refolhos da alma.

Como filhos de Deus, todos somos irmãos. A família espiritual cresce à medida que nos esclarecemos e evoluímos, formando, pelos níveis de sintonia, os grandes grupos, cujos componentes se identificam por objetivos e ideais.

As ocorrências que interessam aos que nos cercam podem variar ao infinito, em quantidade ou em ressonância. Determinado fato pode ser maior ou menor, de acordo com a suscetibilidade de cada qual ou do esclarecimento de que possa ser portador.

Em razão disso, o Mestre não discrimina, generaliza. Apela a que busquemos adotar a lisura do "sim, sim; não, não" dentro dos parâmetros do respeito para com os semelhantes, de modo a assegurar os direitos que lhes cabem no grande contexto de que participa para sua aprendizagem.

Em Sua Sabedoria Ele define: "contra ti". Quantas vezes avocamos[3] problemas e situações de terceiros fora das faixas da normal vinculação, enovelando dificuldades, distanciando soluções e penetrando em áreas que não nos competem?

---

3 N.E.: Sinônimo de evocar, chamar a si.

No entanto, Ele propõe exame de circunstâncias, a fim de que elas expressem um posicionamento íntimo, destituído de qualquer peia ou algema que nos prenda negativamente a alguém que possa ter sido por nós prejudicado. Esse alguém é o ponto de referência em que se fecha o grande e primeiro mandamento "amarás o Senhor teu Deus de todo o teu coração, e de toda a tua alma, e de todo o teu pensamento" e "amarás o teu próximo como a ti mesmo" (Mt. 22:37 e 39).

22

RECONCILIAÇÃO

Mt. 5:24

"Deixa ali diante do altar a tua oferta, e vai reconciliar-te primeiro com teu irmão, e depois vem e apresenta a tua oferta."

"DEIXA ALI DIANTE DO ALTAR A TUA OFERTA," – Utilizando-se da imagem de um fato amplamente adotado no meio em que se movimentava, Jesus doa recursos para reconhecimento pleno do que significa ter tranquilidade no coração.

Se o altar mostra-nos o lugar mais apto a um relacionamento com o Criador, a consciência, como ponto de referência de nossas ligações com Ele, deve estar perfeitamente harmonizada, a fim de que haja ressonância das propostas de realização ante a Grandeza Divina. Esse altar da consciência acolherá a essência das melhores propostas de vida, garantindo-nos condições de recompor as vias do destino, expressando-se em estabilidade interior.

Somos assim, portanto, concitados a "deixar ali, diante do altar" o melhor de nossos propósitos, para buscarmos os instrumentos indispensáveis de pacificação interior junto daqueles a quem, porventura, maltratamos ou ferimos.

"E VAI RECONCILIAR-TE PRIMEIRO COM TEU IRMÃO, E DEPOIS VEM E APRESENTA A TUA OFERTA." – A harmonização, o entendimento inseridos no "vai reconciliar-te primeiro", constitui-se princípio fundamental de identificação com a lei de fraternidade vigente no Universo. É através do próximo que encontramos o Criador. Como buscá-lo ou reverenciá-lo em altares, cânticos e preces se é ali, no semelhante, que Ele se posiciona objetivamente a nos convocar para a grande integração com as forças do Amor que equilibram a Sua criação infinita? Por isso mesmo, a reconciliação passa a ter absoluta preferência no painel de opções na edificação espiritual. Sem esse esforço, os propósitos de elevação se converteriam em pura expressão exterior sem qualquer objetividade.

A luta de libertação implica coragem e perseverança, a desafiarem inteligência e capacidade de planejamento. O plano reencarnatório é vasto palco de companheiros ávidos de paz com Deus, em sua maioria desafiados pela necessidade de reconciliação com adversários de outras eras. A proposição de Jesus "e depois vem a apresenta a tua oferta" é extremamente consoladora. Compreendendo esse fato, incumbe-nos refletir sobre a bênção da experiência física de que hoje usufruímos. Através dela, busquemos valorizar e aproveitar, ao máximo, o ensejo de reaproximação com muitos que, apesar de menos simpáticos nos terrenos da convivência, representam a grande chance de equilíbrio pessoal a abrir leira fértil de alegrias espirituais, na busca de um futuro melhor.

23
ANTE O PRÓXIMO

Mt. 5:43

"Ouvistes que foi dito: Amarás o teu próximo e aborrecerás o teu inimigo."

"OUVISTES QUE FOI DITO:" – Referência ao Velho Testamento. É uma linguagem relativa ao passado. Normalmente, a emersão dos valores anteriormente assimilados se expressa de modo a exigir renovação. A criatura consciente da necessidade do progresso está sempre atenta para as modificações de conceitos e pensamentos, quando essas se fazem indispensáveis à sua estabilidade, ao seu equilíbrio espiritual.

"AMARÁS O TEU PRÓXIMO" – Singular, porque decorrente de uma atitude individual. Futuro, porque está na dependência da evolução, do entendimento de cada um. "Teu", porque cada um tem o seu compromisso, que é sagrado e intransferível. "Próximo", exprime semelhante. Emmanuel fala no "próximo mais próximo". É o parente, o amigo, o colega, cujo destino está ligado ao nosso. Prevalece o Mandamento Divino do Amor, trazido do passado e reafirmado no presente, com vistas à construção do futuro.

"E ABORRECERÁS O TEU INIMIGO." – Isto era o comum. Naquela época não podia tal recomendação ser prescrita, porque a mente do povo de então não comportava. No entanto, a seu lado, já estava germinando a Lei do Amor: amarás o teu próximo. Se tudo fosse reformulado de uma única vez, nada seria aceito.

24
REAPROXIMAÇÃO

Mt. 5:44

"Eu, porém vos digo: Amai a vossos inimigos, bendizei os que vos maldizem, fazei bem aos que vos odeiam, e orai pelos que vos maltratam e vos perseguem;"

"EU, PORÉM, VOS DIGO:" – A conjunção "porém" represa o fluxo do sentido do ensinamento para lhe dar outra direção. Sobrepunha-se à antiga modalidade uma nova disposição, a ser ensinada e vivida por Jesus.

"AMAI A VOSSOS INIMIGOS," – Presente. Imperativo. Não era amar o amigo, o próximo, mas o inimigo. Um verdadeiro escândalo para a época. No entanto, não se deve esquecer que só pode ser nosso inimigo quem já foi o amigo[4]. A inimizade, certamente, surge também de um amor egoístico, quando pretendemos que o próximo seja como somos, uma projeção do nosso eu. Por isso, não há inimigos verdadeiramente falando, mas criaturas vinculadas que estão olhando a vida, as situações, as pessoas, por prismas diferentes.

Impõem-se, portanto, que aqueles que se apresentam como nossos inimigos – encarnados ou desencarnados – sejam encarados como amigos, já que efetivamente o são.

Os "inimigos" nos vigiam; apontam defeitos, fatos estes que contribuem de modo decisivo para o nosso aperfeiçoamento.

---

4 N.E.: Entende-se da redação original que, muitas vezes, pode ser nosso inimigo quem já foi o amigo.

Somos filhos de Deus, em consequência, irmãos uns dos outros. Assim, toda e qualquer inimizade, quando alimentada, é contrária à lei do Amor e traz problema de consciência.

É válido ter em conta o que afirmou Jesus: "os inimigos do homem serão os seus familiares." (Mt. 10:36), o que nos leva a refletir sobre aqueles que, em nossos lares, quase sempre desafetos do passado, retornam, pela benção da reencarnação, ao nosso convívio em valiosa oportunidade de mútuo reajuste em nome do Amor.

Neste mesmo plano de idéias, somos convocados a identificar os potenciais que alimentam os desregramentos e vícios, ferrenhos inimigos a residirem dentro de nós, canalizando-os para novos propósitos, já que, no fundo, o gérmen das paixões é positivo, surgindo as viciações e as paixões no excesso ou no mau uso que fazemos dessas energias.

"BENDIZEI OS QUE VOS MALDIZEM," – Diante dos que veiculam o mal, devemos falar o bem, porque, assim agindo, não permitimos que se estabeleça o círculo vicioso de onde se origina uma série de males. Dizendo sempre o bem, especialmente acerca dos que dizem o mal, anulamos as suas vibrações, os seus sentimentos contrários ao Amor. É como um fogo que estava aceso e que tende a se apagar por falta de combustível.

"FAZEI BEM AOS QUE VOS ODEIAM," – Jesus define aí o valor da ação. Só a realização edificante é suficientemente forte para neutralizar o ódio. No entanto, é preciso saber aguardar a oportunidade para que a atitude, ante a necessidade, possa ser adotada com possibilidade de êxito.

O Pai é sábio em Suas Leis, em permitir que passemos por fases de carência que acabam por favorecer tais reaproximações, as quais devem ser aproveitadas de forma hábil, humilde e consciente, com a utilização, se preciso, do auxílio de terceiros.

"E ORAI PELOS QUE VOS MALTRATAM E VOS PERSEGUEM;" – Com a prece, em primeiro lugar, nos protegemos, nos fortalecemos. Atraímos uma assistência espiritual salutar. Com relação aos que maltratam e perseguem, poderá também ajudá-los, pois, nas tréguas de sua atuação negativa, ela vai se insinuar, abrindo brechas para a luz, para a ação das entidades espirituais que buscam pacificar encarnados e desencarnados.

Oração é fator de equilíbrio. Os que perseguem e maltratam carecem dela para não se exorbitarem, podendo mesmo alcançar, pela ação dela, veiculada em seu favor, instantes de reflexão, capazes de conduzilos à mudança de seu estado de ânimo.

25

PATERNIDADE DIVINA

Mt. 5:45

"Para que sejais filhos do vosso Pai que está nos Céus; porque faz que o seu Sol se levante sobre maus e bons, e a chuva desça sobre justos e injustos."

"PARA QUE SEJAIS FILHOS DO VOSSO PAI" – Deus é Pai de todos. Nem sempre, porém, O temos como tal. Se agimos de modo diferente das Suas determinações, estamos negando tal filiação; dispensando-O da condição de Pai. Quanto mais observamos a Sua Lei, mais nos tornamos dignos de ser Seus filhos. Logo, se o Pai é Amor, é Misericórdia, é Perdão, incumbe-nos, para que sejamos filhos d'Ele, nas bases em que Jesus nos mostra, de adotar no dia a dia a fidelidade às suas leis, através de pensamentos, palavras e ações que reflitam tais atributos.

Na oração dominical, Jesus fala "Pai Nosso" – expressão em que Ele mesmo se inclui, se nivela a nós. Outras vezes Ele diz "Meu Pai" – questão de entendimento; aí Ele se refere àquele Pai na dimensão que só Ele pode dar, muito acima de nossas limitadas concepções.

No trecho em estudo, Jesus menciona "Vosso Pai", deixando a cada um a iniciativa de busca da Paternidade Divina no nível de consciência compatível com a sua evolução e com a idéia que já pode esboçar do Poder Divino.

"QUE ESTÁ NOS CÉUS;" – Céus no plural, porque Deus está em toda parte. Por "céus", necessitamos entender não lugar, mas estado de alma que, em sua feição positiva, é sempre paz, harmonia e alegria espiritual. Tais valores poderão manifestar-se em todas as criaturas, sejam quais forem suas gradações evolutivas, desde que sintonizadas com os princípios da Lei de Amor.

"PORQUE FAZ QUE O SEU SOL" – Muito significativo o possessivo "seu". Pelas propriedades pode-se perceber o poderio, o prestígio do dono. O Sol é a estrela central do nosso sistema planetário. Sol: vida, luz, esclarecimento. Deus se faz conhecido pelas suas obras. Assim como o Sol, fisicamente considerado, é a matriz da vida para o nosso sistema, a plêiade dos Espíritos Superiores, prepostos do Criador, consubstancia-se na fonte de amor a derramar sobre todos os seres os seus raios de luz, de esperança e de indução ao progresso espiritual das criaturas.

"SE LEVANTE SOBRE MAUS E BONS," – A ordem das palavras é de muita importância neste versículo.

Quem mais precisa de arrimo, de fortalecimento? Não são os maus? E é justamente sobre eles que o Sol se levanta em primeiro lugar. O próprio Jesus diz que veio para os enfermos, pois são eles que precisam de médico. A lição: quanto mais carente uma pessoa, mais carece de ajuda. Quanto aos bons, estes já se encontram no meio, falando e dando exemplos. Não procede, portanto, a desculpa de quem se diz só, no esforço pelo bem.

Se o Sol não se levantasse sobre os maus em primeiro lugar, o trabalho na Terra ficaria impraticável para os bons.

Pouco ou nada valeria o esclarecimento se não lançasse raios, inicialmente, nos pontos trevosos ou viciados de nossa personalidade, já que, segundo aprendemos, é imperioso que a luz resplandeça nas trevas.

"E A CHUVA DESÇA SOBRE JUSTOS E INJUSTOS." – Aqui podemos encarar a chuva como algo desfavorável, que representa a dose de impecilhos, dificuldades, problemas para os quais os justos já deverão estar preparados.

Consideremos os justos em plano relativo. Alguém – qualquer um de nós – quando com a consciência tranquila, é um justo.

No seu preparo, ante as adversidades do percurso, do ambiente, os justos podem e devem dar exemplos. Jesus sintetiza bem o assunto, dizendo:

"Assim resplandeça a vossa luz diante dos homens, para que vejam as vossas boas obras e glorifiquem a vosso Pai, que está nos Céus." (Mt. 5:16).

É a responsabilidade de quem tem algum conhecimento, alguma prática, alguma vivência. Ainda que vinculados às faixas da injustiça em decorrência das imperfeiçoes, é imperioso sejamos compreensivos e resignados nas provas, colaborando, de modo decisivo, com o próximo que ainda se mostra incerto nos caminhos do mundo.

Aliás, é o que colhemos de todos aqueles que, confiantes e serenos, nos momentos difíceis, nos levam a abraçar com maior coragem a luta da redenção espiritual com Jesus.

26
DIMENSÃO AFETIVA

Mt. 5:46

"Pois, se amardes os que vos amam, que galardão havereis? Não fazem os publicanos também o mesmo?"

"POIS, SE AMARDES OS QUE VOS AMAM," – Sempre que Jesus dava um ensinamento – uma vez que suas lições fugiam à rotina – Ele explicava por que. Assim, após aconselhar o amor aos inimigos, coloca em evidência que amar os que nos amam não é suficiente. Em verdade, não passa de uma obrigação, de um dever dos mais elementares, que não atende mais àqueles que, vencendo os parâmetros da simples Justiça, já vislumbram valores de convivência em faixas de Amor.

"QUE GALARDÃO HAVEREIS?" – A mensagem de Jesus direciona-se aos corações trabalhados no tempo a se predisporem a um novo sistema de integração com os valores mais altos da Vida. Empenhados nos milênios, na busca de recompensas, de características exteriores, o ser aporta em novo patamar com concepções renovadas de felicidade. As propostas se modificam, as metas são refeitas. A partir de então, empenha-se na busca de respostas asseguradoras de paz interior. Nesta hora, passa a admitir que as vitórias no terreno do Espírito assegurarão o galardão ou o prêmio da consciência tranquila e das posssibilidades mais intensas de servir.

"NÃO FAZEM OS PUBLICANOS TAMBÉM O MESMO?" – Nas áreas da afetividade, até os publicanos que falavam e nem sempre exemplificavam se empenhavam em, pelo menos, amar àqueles que os amavam. Tal conduta estende-se na horizontalidade do relacionamento entre os seres no dia-a-dia.

    Amparados e inspirados pela orientação evangélica, somos concitados a algo mais oferecer. Não mais nos terrenos das reações alimentadas pelos interesses imediatistas. Agora, o ato de amar se expressa sem exigências, de modo a que circulem a partir de quem ama, as vibrações e os recursos d'Aquele que, sintetizando o Amor em si mesmo, irradia-se, felicitando todo o Universo.

27

MAIS ALÉM

Mt. 5:47

"E, se saudardes unicamente os vossos irmãos, que fazeis de mais? Não fazem os publicanos também assim?

"E, SE SAUDARDES UNICAMENTE OS VOSSOS IRMÃOS," – Aquele que já compreende que todos somos membros de uma só família espiritual, filhos do mesmo Pai, não fará acepção de quem quer que seja no ambiente em que está situado. Devemos ser fraternos e atenciosos com todos e não apenas com aqueles que comungam com os nossos pontos de vista. O ensino de Jesus alerta, também, a todos os que se vinculam a doutrinas ou filosofias religiosas, quanto àqueles que, "privilegiados", se julgam salvos, superiores aos demais ou detentores de verdades absolutas. Importante compreender, portanto, seja qual for o nível de conhecimento e de realizações já atingido, que todos somos ainda carentes de entendimento, de colaboração, de renovação e de Amor.

"QUE FAZEIS DE MAIS?" – Sempre que nos fechamos em determinado círculo, acabamos por nos distanciar da realidade. Se se trata de um grupo de estudo sem abertura para o campo prático, somos teóricos; se circunscritos na faixa de administração, podemos ser excelentes burocratas; se adstritos às obrigações religiosas mal compreendidas, somos misantropos. E assim, sucessivamente. Esse fato nos leva ao isolamento de grupo, condicionando-nos a saudar exclusivamente àqueles que pensam e agem por nossos conceitos. Desse modo, nada "de mais" estaremos oferecendo à vida e àqueles que, em regime de evolução, aportam ao plano de trabalho que se amplia por toda a Humanidade.

"NÃO FAZEM OS PUBLICANOS TAMBÉM ASSIM?" – Jesus não nos quer chamar de hipócritas. Deseja que, ao nos situarmos na mensagem, verifiquemos, por nós mesmos, se o nosso procedimento é também "assim". Esta conscientização é altamente benéfica a fim de que possa cada um, para o próprio bem, promover a mudança de atitudes se essa necessidade for constatada. Uma postura consciente nos terrenos do Espiritismo proporciona, sem maiores dificuldades, a percepção de que dele se espera algo mais.

Os limites acanhados que delimitavam a caminhada consciencial de realizações rotineiras abrem-se pela força mesma do entendimento que se amplia.

Com o Evangelho a sustentar novas iniciativas, assimilamos a extensão da pergunta de Jesus: "não fazem os publicanos também assim?".

28

APERFEIÇOAR-SE

Mt. 5:48

"Sede vós pois perfeitos, como é perfeito o vosso Pai que está nos Céus."

"SEDE VÓS POIS" – Jesus indica, com Sua autoridade, o que é bom, o que é mais conveniente para nós. É o que vai realmente se dar, pois a evolução é lei inderrogável, queiramos ou não. Importante, por isso, aproveitar tempo e oportunidade, adotando organização e método na melhor administração da vida, dispondo-nos a seguir a orientação d'Ele, a fim de que esta proposta, contando com a atuação decisiva de progredir no Bem, possa nos assegurar, no campo íntimo, a harmonia que podemos visualizar na Obra do Criador.

"PERFEITOS, COMO É PERFEITO" – Jesus estabelece uma comparação. Meditando nela, chegamos à conclusão de que não podemos admitir um fim, um ponto final no processo de aperfeiçoamento. Ele é constante, crescente, eterno. Como ponto de referência da perfeição para a criatura, Jesus apresenta a do Criador. Por muito que façamos, as perspectivas estarão sempre ampliadas no encaminhamento para a perfeição.

Tal fato não encontra respaldo no desânimo. Define a amplitude da Providência Divina a assegurar a continuidade do aprendizado, que traz em sua estrutura os valores suficientes ao entendimento e à sustentação da vida em suas manifestações de Amor. Não há limite nem restrições de bênçãos e alegrias espirituais para aquele que jornadeia confiante para Deus.

"O VOSSO PAI" – O Criador segundo o nosso entendimento. As metas só podem ser estabelecidas dentro do que conhecemos. Jesus, no caso, não disse: "Meu Pai", porquanto o Pai de Jesus – embora sendo o mesmo – foge, na sua dimensão ao nosso alcance. Sem dúvida, na medida em que progredimos, dilata-se a capacidade de percepção, não apenas na horizontalidade do conhecimento, mas, também, na verticalização do sentimento e da intuição. O Deus que concebemos permanecerá, sempre, Sábio e Justo, a nos envolver pelos caminhos que percorremos. No entanto, nesse mesmo percurso vamos conquistando visão clara, habilitando-nos a compreendê-lo de modo cada vez mais sublimado.

"QUE ESTÁ NOS CÉUS." – "Céus" no plural, a expressar o bem, o belo, o bom, na consciência e no coração das criaturas. O verbo estar encontra-se no presente: "Está nos Céus." Por isso, Deus é onipresente, isto é, manifesta-se em todas as faixas do Universo onde a evolução palpita oculta ou ostensiva, latente ou desperta. Do verme ao anjo, pode ser detectada a presença d'Ele, garantindo o equilíbrio nas bases de Seu Amor, valendo ressaltar que o "inferno" não é mais que reflexos transitórios das criaturas encarnadas ou desencarnadas, que ainda se acomodam às linhas de seu pretérito, das quais não se animam desprender, enovelados nas teias do egoísmo.

29
POSSES TRANSITÓRIAS

Mt. 6:19

"No ajunteis tesouros na terra, onde a traça e a ferrugem tudo consomem, e onde os ladrões minam e roubam;"

"NÃO AJUNTEIS TESOUROS NA TERRA," – Ora, para ajuntar, para reunir, somos inspirados pela disposição de colocar um ao lado do outro, de amealhar, o que, não raro, fazemos sem nos ser necessário e, muitas vezes, em detrimento do semelhante. Assim, à medida que crescem os nossos bens, crescem a nossa responsabilidade e os nossos débitos, pois, com essa maneira de proceder, quase sempre lesamos os direitos do próximo. E o que detemos hoje, além das necessidades, amanhã – fatalmente – teremos que devolver acrescido de juros e correção monetária, isto é, em valor correspondente à época.

Quando falamos em tesouros, não podemos pensar só em bens materiais e de grande valor. O tesouro pode ser coisa insignificante, já que o valor somos nós que lhe atribuímos. Desse modo, há portadores de milhões e de preciosos recursos, desapegados, como existem miseráveis escravos de bagatelas, as quais encaram como seus tesouros. Quem dá a condição de tesouro ou não às coisas é seu próprio possuidor, independente do valor real que elas, efetivamente, possuam. Questão de foro íntimo.

Na Terra, isto é, no planeta, no plano físico. Porque tudo no orbe se reveste de caráter transitório, se desgasta, se decompõe, se torna superado e se destina a proporcionar aos seres, aqui em evolução, o aprendizado de que carecem. Se o próprio corpo fica na retaguarda quando do desencarne, quanto mais os bens que se encontravam na esfera de nossa ação.

"ONDE A TRAÇA E A FERRUGEM TUDO CONSOMEM," – A traça e a ferrugem simbolizam os agentes naturais que promovem a destruição e a consequente renovação de tudo no planeta. A traça age nos elementos que não oferecem resistência; a ferrugem ataca aqueles que parecem resistir ao tempo. Única maneira de se conservar algo é usá-lo; do que podemos deduzir uma Lei – a do "Uso" – só devemos possuir o que nos é necessário, o que passa disso começa a gerar dificuldades – no mínimo, a da conservação.

"E ONDE OS LADRÕES" – São vários os tipos de ladrões. Os homens, os encarnados que alimentam o vício de se apropriar das coisas alheias.

Como portamos vários reflexos – produto de numerosas encarnações – algumas crescem, se agigantam, transformando o que poderia ser motivo de bem-estar, de progresso, em causa de lutas, de perseguições, de usura, de escravidão... são os ladrões que trazemos dentro de nós mesmos. Eles promovem o desvio das finalidades.

Os ladrões podem ser também desencarnados que, com insinuações menos felizes – acolhidas no coração – fazem dos tesouros uma geratriz do sofrimento, provocando discórdias, vinganças, conflitos.

"MINAM" – Minar quer dizer consumir, corroer, solapar; prejudicar clandestinamente. Ação imperceptível ou quase. Daí o fato de os possuidores de tesouros materiais se virem situados na posição de vigias, ao invés de serem usufrutuários de tais bens com equilíbrio e discernimento. Já deixam de ser senhores para serem escravos.

"E ROUBAM;" – Nada foi feito para permanecer com um só indivíduo ou uma só família, constantemente. Se não os perdemos pela força, a própria vida se encarrega de entregar a outros, de passar a outras mãos as nossas posses.

São incêndios, falências, herdeiros perdulários, entre outros, os instrumentos dessas transferências. Outras vezes, todos os bens são entregues a médicos e organizações hospitalares por quem busca a cura de uma enfermidade ...

Há ainda os casos de casamentos em família, para preservar os tesouros no clã, até que se conscientizem de que os filhos de tais consórcios nem sempre são capazes de gerir as heranças...

São estas algumas das providências que podem "roubar" o que tem conotação exterior, dentro dos princípios da Lei da Mudança, chamada a impulsionar os seres às conquistas efetivas dos bens espirituais. Todo tesouro material, por ser exterior, está sujeito a mudar de mãos, de donos.

30

POSSES ETERNAS

Mt. 6:20

"Mas ajuntai tesouros no Céu onde nem a traça nem a ferrugem consomem, e onde os ladrões não minam nem roubam."

"MAS AJUNTAI" – Até hoje as referências eram de feição material; de agora em diante, de natureza espiritual, mostrando a sua excelência.

Na Terra, todas as coleções estão sempre incompletas, fazendo a infelicidade dos seus proprietários. A moeda rola; a nota voa... Com relação ao que é espiritual, devemos nos empenhar em reunir, em ajuntar, porque jamais será em detrimento de alguém, em prejuízo de alguma coisa.

Lucra não apenas quem ajunta virtudes, mas também os seus circunstantes.

"TESOUROS NO CÉU," – Há tesouros materiais e tesouros espirituais. Os primeiros são aqueles cujo valor é somente o que lhes atribuimos. Os segundos valem, mas sim porque sua importância é intrínseca, real, verdadeira. Valem aqui e em qualquer lugar, na Terra e no Espaço. O tesouro constituído por bens espirituais é, portanto, inalienável, intransferível. Acompanha a criatura onde quer que ela se encontre.

"O céu" não é lugar, mas estado íntimo. Quando há paz de consciência, tranquilidade no coração, existe céu. A prática do bem que vamos amealhando no coração dá uma sensação de plenitude. É o céu ação, realização, com benefício geral.

Luz Imperecível

"ONDE NEM A TRAÇA NEM A FERRUGEM CONSOMEM, E ONDE OS LADRÕES NÃO MINAM NEM ROUBAM." – De fato, as construções espirituais e as conquistas de igual teor não conhecem destruição.

É a falta de lastro que atrai o ladrão. É a posição falsa de autorrealização. Estamos falando de tesouro real, autêntico. Esse está fora do alcance de qualquer agente destrutivo ou da ação de ladrões, porque, quando nossas virtudes são ainda duvidosas, constituem mistos de sombra e luz, de verdade e mentira, o ladrão da desconfiança, do desânimo, pode insinuar-se...

31

VALORES LIBERTADORES

Mt. 6:21

"Porque onde estiver o vosso tesouro, aí estará também o vosso coração."

"PORQUE ONDE ESTIVER O VOSSO TESOURO, – Sempre que Jesus recomendava algo, mencionava o motivo, para desenvolver em cada um dos seus discípulos um conhecimento raciocinado, uma fé consciente.

Na Terra ou nos planos espirituais, nas coisas materiais ou espirituais, Jesus propõe motivo para séria reflexão e até para modificação de conduta, do modo de encarar a existência.

Encarnados na Terra, precisamos nos lembrar de que não iremos ficar aqui eternamente. Que, antes de sermos criaturas humanas, somos espíritos imortais. O que é material pode nos satisfazer por um certo tempo e até certo ponto; porque um dia as necessidades espirituais irão se impor, como urgentes e imprescindíveis.

Usando o livre-arbítrio, podemos colocar onde quisermos, onde preferirmos, o nosso tesouro, ou ainda fazermos o que desejarmos dele. Questão de escolha. O que tem valor para um, quase ou nada vale para outro. Dependendo sempre do grau de evolução e, naturalmente, do entendimento de cada qual.

"AÍ ESTARÁ" – Jesus fala no futuro, dando a entender uma decorrência do procedimento escolhido.

"TAMBÉM" – Além de outras coisas, como o zelo, o interesse, a preocupação.

"O VOSSO CORAÇÃO." – Coração simboliza sentimento. Simboliza apenas, pois o que sente é o Espírito. Envolveu-se o coração nisso, porque é o órgão material que se constitui verdadeiro termômetro das emoções e que, na verdade, está na dependência do centro vital chamado cardíaco – situado no corpo perispiritual – que age sobre a circulação do sangue e da emotividade.

Ora, se o nosso sentimento está como satélite de coisas inferiores, também inferiores serão as nossas ações e reações.

Um sentimento polarizado por algo menos bom pode desfigurar toda uma existência. Ao contrário, tudo será diferente, se o tesouro for de natureza espiritual, constituído de bens reais, virtudes, porque o sentimento, nessas circunstâncias, só poderá produzir bons frutos, para a felicidade de todos.

Com o sentimento nos vinculamos. Se o fazemos às coisas materiais, continuamos apegados ao mundo, à matéria, até mesmo depois de desencarnados. Se ele gira em torno do que é espiritual, estamos a caminho da libertação integral.

Onde estamos pondo o nosso coração?

32
ACESSÓRIO E ESSENCIAL

Mt. 6:25

"Por isso vos digo: Não andeis cuidadosos quanto à vossa vida, pelo que haveis de comer ou pelo que haveis de beber; nem, quanto ao vosso corpo, pelo que haveis de vestir. Não é a vida mais do que o mantimento, e o corpo mais do que o vestido?"

"POR ISSO VOS DIGO: NÃO ANDEIS CUIDADOSOS" – Novamente, o ensino do Mestre convoca-nos à separação do essencial e do acessório. Os cuidados que elegemos costumam expressar, antes que atendimento aos valores efetivos, simples manifestações de práticas ou posições às vezes exageradas ou mesmo dispensáveis. Lógico que, para nos educarmos, efetivamente, necessitamos eleger cuidados específicos para que sejam atingidas as metas propostas. Dentro desses costumes, cabe-nos adotar o critério da seleção, verificando até onde cada hábito se justifique. No caso em pauta, temos valiosos apontamentos sem os quais acabamos por tumultuar ou onerar a vida, sem quaisquer razões justas.

"QUANTO À VOSSA VIDA," – A vida, no enfoque da soma de experiências, estende-se à coletividade, gerando situações, conquistas e redirecionamento dentro de muitos temas. No entanto, em se tratando dos elementos espirituais, mais do que nunca ela se volta à própria individualidade.

Cada ser deve, na medida que cresce, examinar os elementos de que se utiliza para manter-se. Jesus, evidenciando tal fato, esclarece o papel que aqui veio desempenhar, buscando abrir, em toda a sua abrangência, a ótica de percepção do equilíbrio, consoante sua afirmativa "eu vim para que tenham vida, e a tenham com abundância." – (Jo. 10:10).

"PELO QUE HAVEIS DE COMER OU PELO QUE HAVEIS DE BEBER;" – Existir é realidade indiscutível. Dentro da existência, cabe-nos eleger a vida que represente toda a diligência e misericórdia do Criador em nos dotar desta faculdade. Para tanto, é fator inarredável elegermos sistemas que assegurem a sua manutenção.

Alimentando-nos a nível biológico, espiritual ou moral, cabe-nos selecionar os valores que assegurem o atendimento das necessidades, segundo metabolismo adequado. O texto nos mostra tal fato como condição indispensável a assegurar o tônus vivificante que nos é dispensado.

Adotando discernimento, escolheremos, sem apreensões ou exageradas preocupações, a alimentação que se faz necessária. No plano físico, o mínimo a proporcionar o entretenimento das células. No plano moral, o pão, consubstanciado no próprio Cristo, a garantir a harmonia e a paz da consciência. Aprendemos com Ele que a sustentação da vida é algo imperioso.

"NEM QUANTO AO VOSSO CORPO, PELO QUE HAVEIS DE VESTIR." – O corpo representa o templo a abrigar o espírito em suas linhas evolutivas. Através dele interagimos no contexto a que nos ajustamos. E por ele recolhemos elementos de sensibilização e de indução para o nosso crescimento. Cuidar dele será sempre medida indispensável, se quisermos garantir seu equilíbrio, a fim de atender aos nossos anseios. No entanto, se o corpo, relativamente à veste, é o componente essencial, vale atenção no sentido de mantermos discernimento, para que o revestimento não venha a abafar a importância do instrumento encarregado de assegurar a manifestação da vida. No foro íntimo, mais que a vestidura das palavras, vige o corpo de idéias, conhecimento e propostas que cultivamos.

"NÃO É A VIDA MAIS DO QUE O MANTIMENTO, E O CORPO MAIS DO QUE O VESTIDO?" – A conclusão trazida pelo Mestre é de um significado da maior transcendência. Em todos os tempos os homens vêm se digladiando sobre as presas de ressonância periférica. Ainda hoje, os fatos se perpetuam. Quantas vezes desajustamos o íntimo no atendimento de valores exteriores e, até mesmo, dispensáveis?

Induzindo-nos à reflexão, o Cristo como Mestre, e no pleno respeito ao patamar em que ainda nos situamos, faz-nos ponderar, sem maiores complexidades, quanto à grandeza da vida e da importância inestimável dos veículos que garantem a sua plena manifestação.

33

DILIGÊNCIA DIVINA

Mt. 6:26

"Olhai para as aves do céu, que nem semeiam, nem segam, nem ajuntam em celeiros; e vosso Pai celestial as alimenta. Não tendes vós muito mais valor do que elas?"

"OLHAI PARA AS AVES DO CÉU," – O Mestre, em sua didática inconfundível, levanta dados relacionados com nossas preocupações e diligências, convidando-nos à utilização do recurso da comparação. "Olhai" é solicitação valiosíssima a nos proporcionar condições de nos auto-sindicar na busca da serenidade, da confiança e da esperança nas trilhas do progresso. "Aves do céu" é figura a sensibilizar o nosso espírito quanto à simplicidade. Vinculadas aos terrenos da retaguarda, as aves contam, no entanto, com toda a assistência das leis, a assegurarem o indispensável à sua sobrevivência. Tal identidade com a própria Criação vincula-as ao "céu".

Apequenando-nos de nossa vez, candidatamo-nos, sem qualquer dúvida, à sintonia com as mesmas fontes que as abastecem.

"QUE NEM SEMEIAM, NEM SEGAM, NEM AJUNTAM EM CELEIROS;" – Após nos convidar a examinar, Jesus aponta conclusões a nos auxiliarem no ajuste ao mecanismo do crescimento.

Compreendendo que aves não "semeiam", o homem, com suas conquistas, precisa ater-se a esta providência, já que se torna, pelo usufruto da razão, copartícipe no encaminhamento dos valores inerentes à evolução. Convidados também à semeadura, incumbe-nos colher, e, na extensão do trabalho, como instrumento de elevação e dimensionamento na busca da felicidade, lícito será até mesmo recolher em celeiros. No entanto, entre as providências justas e razoáveis, e as atitudes inconsequentes e acomodatícias, existe distância incomensurável.

"E VOSSO PAI CELESTIAL AS ALIMENTA." – Semear, colher e ajuntar em celeiros, atitudes inerentes ao homem, não afetam a extensão da Misericórdia no atendimento às "aves do céu". O piso evolutivo já alcançado projeta-nos a novas perspectivas, carreando fatores a que devemos estar atentos, a fim de que desmedidas apreensões não venham, em nome de falsa diligência, empanar a irradiação da Presença Divina nas lutas de libertação.

"NÃO TENDES VÓS MUITO MAIS VALOR DO QUE ELAS?" – Ao mencionar o valor intrínseco dos elementos em ação, Jesus clareia de vez a nossa mentalidade diante da Providência, sempre presente na sustentação e no direcionamento da vida.

Recolhendo, pela ação da Lei, efeitos decorrentes da má administração da existência, temos feito deduções errôneas da Sabedoria e da Justiça de Deus. Agora, amplamente felicitados pelas orientações da Terceira Revelação, o Criador passa a ser visto, na Sua expressão de Amor e de equidade, quanto ao desenvolvimento do aprendizado nos vários escaninhos do Universo. A partir de então, a mente se capacita a compreender em profundidade a indicativa de Jesus: "não tendes vós muito mais valor do que elas?", revestida de moldura consoladora.

34

LIMITAÇÕES HUMANAS

Mt. 6:27

"E qual de vós poderá, com todos os seus cuidados, acrescentar um côvado à sua estatura?"

"E QUAL DE VÓS PODERÁ, COM TODOS OS SEUS CUIDADOS," – A pergunta formulada pelo Cristo nos leva, sem dúvida, a reflexões capazes de nos favorecerem no levantamento de nossas limitações. Se, de um lado, os recursos de que somos dotados podem e nos têm projetado para faixas a se ampliarem cada vez mais, de outro lado é imperioso estarmos conscientes da existência de componentes cuja presença está inteiramente à mercê dos desígnios celestes. Ajudandonos a compreender este fato, o texto evangélico registra com sabedoria, "com todos os seus cuidados".

Esclarece, também, quanto ao imperativo de discernirmos quanto ao que nos cabe fazer, e quanto ao que é de atribuição exclusiva da Vontade e da Misericórdia do Criador.

"ACRESCENTAR UM CÔVADO A SUA ESTATURA?" – A imagem didática de Jesus é incisiva, capaz de separar com nitidez a diligência ou cuidados de nossa competência, com a medida sábia das fontes que nos dirigem. Se de nossa parte emerge a necessidade de cultivar, cuidar e provisionar para que os fatos se encadeiem, de outro lado não podemos esquecer que o mecanismo do crescimento extrapola totalmente nossas acanhadas possibilidades de realização.

No cerne de todos os fatos e acontecimentos está presente a providência d'Aquele que nos conduz, enquanto em nossas mãos, como elaboradores, segundo os sistemas da Evolução, estão entregues instrumentos, tempo, condições, ambiente e materiais suficientes a que a evolução possa ter seu curso, garantindo a cada qual a cota de participação nas engrenagens da vida.

Auxiliando-nos no entendimento deste tema, Paulo já afirmava: "Eu plantei, Apolo regou; mas Deus deu o crescimento."(I Cor. 3:6).

35
LÍRIOS DO CAMPO

Mt. 6:28

"E, quanto ao vestido, por que andais
solícitos? Olhai para os lírios do
campo, como eles crescem:
não trabalham nem fiam;"

"E, QUANTO AO VESTIDO, POR QUE ANDAIS SOLÍCITOS?" – No encadeamento da Evolução, descobre o homem que, além do simples agasalho, está presente, como fator de conquista e de elaboração de crescimento ético, o ato de vestir-se. Desde então, passa a trabalhar com componentes que acabam por definirem a personalidade, refletindo o caráter em seu contínuo plano de ascensão. No entanto, as oscilações presentes na luta de afirmação acabam por nos posicionar em ângulos que, segundo as convicções, os interesses e os patamares alcançados, expressam o grau de consciência que cultivamos. Dentro desta ótica, oscilamos desde a adoção do essencial até ao exagero nos terrenos da apresentação pessoal.

Na medida que sintonizamos com o necessário, compreendemos que, se o progresso nos induz à busca da vestimenta, exigindo-nos solicitude e providências adequadas, o conhecimento dos valores do Espírito, incrustados no painel do sentimento, sugere a adoção da confiança no poder da Divindade que a tudo prevê, de modo a garantir o indispensável e o equilíbrio nas bases da vida verdadeira.

"OLHAI PARA OS LÍRIOS DO CAMPO," – Utilizando-se dos registros que cada um ostenta, recolhidos lentamente através dos séculos, o Mestre evidencia o imperativo de verificação, com maior profundidade, dos lírios do campo. Se na observação geral eles sugerem a beleza e o perfume, no exame mais amplo acabam por nos convocar à reflexão quanto à grandeza, à sabedoria e à Providência inerentes ao Todo Sábio. Apesar de posicionados, como vegetais, em faixa de retaguarda na escala evolutiva, distantes dos padrões da inteligência e da razão, recebem eles da Misericórdia de Deus o cuidado, o alimento, e a delicadeza artística, de modo a recolherem os caracteres associados à progressão do ser, sempre em perfeita sincronia com a ordem e com o belo.

"COMO ELES CRESCEM:" – Digna de evidência a expressão "crescem". Encerra a perspectiva da subida, objetivo fundamental do ser cujo equilíbrio, tangendo a felicidade, sintetiza o pensamento do Criador como Pai.

Sua providência visa sempre dotar os filhos do que lhes seja suficiente ao crescimento. Refletindo dentro deste enfoque, nos é possível alcançar, ainda que em parte, a amplitude dos valores que nos são canalizados, a fim de que a glorificação do Senhor possa ser atestada na capacidade do ser em exemplificar a mensagem universal do Amor.

"NÃO TRABALHAM NEM FIAM;" – O Evangelho, a cada momento, nos convoca a ângulos renovados para reflexão e aplicação prática do seu conteúdo.

O trabalho é condição inarredável de harmonia e integração da criatura com as fontes superiores do Universo.

O ato de "fiar" aponta-nos o preparo dos componentes utilizados na elaboração do tecido que nos possa revestir, no atendimento às necessidades básicas.

Às criaturas que pensam e raciocinam estão reservadas responsabilidades consonantes com tais valores arregimentados no espaço e no tempo. Nas linhas da retaguarda, o serviço, a expressar ação instintiva, prefigura o alcance da capacidade de operar conscientemente. Realmente os "lírios" não "trabalham" nem "fiam", mas mostram, no mecanismo que lhes é próprio, o aspecto subjetivo da atividade e da arte d'Aquele que é, não apenas o Criador, mas o Artista, dotando todo o Cosmo de infinitas manifestações de Bondade e Grandeza.

36
BELEZA E PERFEIÇÃO

Mt. 6:29

"E eu vos digo que nem mesmo Salomão,
em toda a sua glória, se vestiu
como qualquer deles."

"E EU VOS DIGO QUE NEM MESMO SALOMÃO, EM TODA A SUA GLÓRIA," – A história de Salomão acha-se registrada no Velho Testamento (I Reis cap. 1 a 11). Como terceiro rei de Israel e construtor do templo de Jerusalém, seu reinado foi de opulência e glórias. Considerado como um dos elementos mais sábios, os registros a ele atribuídos são amplamente consultados, especialmente os "Provérbios". Fazendo referência a este vulto do Velho Testamento, evidenciando a sua riqueza e glória, Jesus considera toda a sua primorosa e rica indumentária muito aquém da vestidura magnificente de um lírio. Simples e belo, numa inigualável estruturação elaborada pela Natureza, o lírio torna-se inexcedível ante qualquer glorificação moldada ou estruturada pela mente acanhada do homem, ainda insipiente para as coisas do Espírito.

"SE VESTIU COMO QUALQUER DELES." – Toda planta, quando examinada, revela tanta perfeição nas mínúcias que está sempre a desafiar a capacidade criativa do homem.

O que é natural, por si só, se afirma. O resto é artificial: o próprio nome indica. Jesus referiu-se às flores do campo.

Não se referiu a coisas mais complexas da Natureza que, a cada dia que passa, a ciência vem descobrindo e revelando.

O Universo fala da grandeza do Criador que Jesus exalta, projetando novas percepções quanto à sabedoria e à harmonia que nele imperam. Toda a Natureza se veste com simplicidade e beleza, a tanger a sensibilidade de quem tem "olhos de ver" para mais eloquentes e inquestionáveis provas da existência de Deus.

37

VESTIMENTAS

Mt. 6:30

"Pois, se Deus assim veste a erva do campo,
que hoje existe e amanhã é lançada no forno,
não vos vestirá muito mais a vós,
homens de pouca fé?"

"POIS, SE DEUS ASSIM VESTE A ERVA DO CAMPO," – Novamente faz Jesus alusão aos valores que cercam e engrandecem a obra do Criador. As expressões dos planos maiores se fazem presentes, refletindo a Sabedoria Divina nas coisas mais simples, nos vários reinos da Natureza. A erva do campo, com sua função de mantenedora da vida no orbe, veste-se exuberantemente, mostrando a cada um o alcance da Bondade e da Sapiência do Senhor.

"QUE HOJE EXISTE E AMANHÃ É LANÇADA NO FORNO," – À primeira vista parece inconsequente o fato de alguma coisa que se reveste de diversificados e sofisticados componentes ser, em tempo determinado, destruída pelo impositivo da evolução. No entanto, integram a dinâmica da vida não apenas a beleza e a arte, mas, principalmente, a objetividade e o sentido de utilidade. Somente as leis de renovação e de perpetuidade dos seres, na sua essencialidade, poderão atender e equacionar tal realidade.

Ajustando-se a esse imperativo, agora em plano de consciência, é que alcançaremos os degraus da libertação. A nós, em marcha evolutiva, em campos mais alargados do psiquismo, cabe compreender a transitoriedade de cada acontecimento, de cada fato, de cada reencarnação e de cada tarefa, sabendo conduzir, com humildade e, sem perda dos objetivos propostos, os elementos que remanescem como substrato das experiências vividas.

Tal percepção abre o entendimento quanto às lutas, as intempéries e obstáculos defrontados nos trâmites da aprendizagem, a se refletirem no plano prático da vida. O recurso que hoje existe e que amanhã se estiola ou se retempera ao "calor" do "forno", pela destruição dos envoltórios, é o passo imprescindível a que se projetem para o futuro apenas a essência dos componenetes que subsistirem ao mecanismo aferidor.

"NÃO VOS VESTIRÁ MUITO MAIS A VÓS, HOMENS DE POUCA FÉ?" – Confortadora a mensagem transmitida pelo Mestre, envolvendo-nos na esperança e mesmo na certeza de que somos cercados pela Misericórdia. Por intermédio de instrumentos que operam sob a Vontade Superior e dos acontecimentos portadores e indutores, da progressão do espírito, canaliza-se o conteúdo didático que, devidamente trabalhado, segundo as disposições e peculiaridades de cada qual, formará a vestimenta vibratória que caracterizará a manifestação do ser no ambiente a que esteja ajustado. Faltando-nos a fé, na moldura do raciocínio, deixamos de operar dentro dessa realidade, permitindo que o desinteresse e a indiferença, ao lado da incredulidade, nos mantenham alienados da grandeza e do amparo de Deus, embora cercados, em todos os instantes, pela extensão de Sua Bondade.

38

INQUIETAÇÕES

Mt. 6:31

"Não andeis, pois, inquietos, dizendo: Que comeremos, ou que beberemos, ou com que nos vestiremos?"

"NÃO ANDEIS, POIS, INQUIETOS, DIZENDO:" – O ato de dizer é uma constante do caminho. Expressa verbalização, recurso inerente a todos os seres. Por ele, consciente ou inconscientemente, veiculamos aquilo que detemos e os ideais que cultivamos. "Dizendo", vivemos cada instante da experiência. Refletindo antes de dizer, usando da faculdade de pensar, habilitamo-nos a externar o melhor, segundo os padrões que alimentamos.

Exteriorizando o que sentimos, estamos lançando sementes a germinarem no ambiente, influenciando positiva ou negativamente o campo e os seres a que estamos jungidos.

Selecionando pensamentos, à luz do Evangelho, passamos a veicular, por consequência, elementos mais nobres que, vertidos nas bases da existência, acabam por assegurar um padrão mais feliz de vida.

A partir daí, também, candidatamo-nos a fugir da "inquietação" que, apesar de amplamente presente na atualidade, tem sua participação no plano da existência, através dos milênios.

À época de Jesus, ela já se insinuava, minando a segurança e a alegria de muitos.

Felicitados hoje pelo conhecimento do Espiritismo, grande número de criaturas vem conseguindo administrar com equilíbrio os minutos, descobrindo a importância de cada fato e o papel que cada um desenvolve no espaço e no tempo, segundo os ditames do

Criador. Valorização das horas, diligência, aproveitamento inteligente de cada fato, são iniciativas a definirem crescimento. Enquanto alguns se valem de suas faculdades de discernimento, não são poucos os que, chumbados na desconfiança ou no desânimo, ociosos ou indiferentes, agasalham-se nas teias da inconformação e da inquietude, lançando, na esteira dos séculos, os gérmens da desilusão, com que fatalmente terão que se defrontar no momento certo.

"QUE COMEREMOS, OU QUE BEBEREMOS, OU COM QUE NOS VESTIREMOS?" – Com a consciência em paz, não precisamos andar preocupados com o que comer, beber ou vestir. Há muitas necessidades artificiais e reais, produto da propaganda ou do espírito de competição. Quanto menor o campo de abrangência das necessidades, maior o reconforto íntimo pela natural eliminação das preocupações e das inquietações. Por que poderemos estar tranquilos? Porque há a Lei de Causa e Efeito. Privando o semelhante daquilo que por direito lhe pertence, a carência que então advém leva-o ao sofrimento. Os que hoje passam fome, sede ou estão ao desabrigo criaram, no passado, situação idêntica para alguém ou mal administraram os recursos divinos à sua disposição.

Ao lado dessas injunções, decorrentes da Lei, está também a presença de criaturas dentro das mesmas dificuldades, aceitando os testemunhos de privações no fortalecimento de corações visitados pelas provacões maiores.

39

SABEDORIA DIVINA

Mt. 6:32

"(Porque todas estas coisas os gentios procuram). Decerto vosso Pai Celestial bem sabe que necessitais de todas estas coisas;"

"(PORQUE TODAS ESTAS COISAS OS GENTIOS PROCURAM)." – "Gentios" quer significar aqueles que, por não serem hebreus, eram considerados estrangeiros, divorciados da certeza da existência do Criador, que é Justo e Bom.

Na antiguidade, só os israelitas criam num Deus Único. A mais alta revelação da Divindade chegou até nós através desse povo. A Misericórdia Divina é sempre diligente, agraciando-nos na medida daquilo que necessitamos. Tal fato conduz nossa existência dentro de princípios que definam trabalho e crescente confiança na Providência Superior, levando-nos a discernir que mais vale a vida que o alimento. Até que se alcance tal convicção, permanecerá a luta tenaz da sobrevivência, com desmandos através dos tempos, reeditando-se, a cada instante, a prática de viver para si no cultivo imoderado do personalismo e da luta pelo transitório. Tal situação está bem definida na imagem do gentio que, apesar de ainda incipiente para adotar novos padrões de conduta, sabe diligenciar, gerando a aquisição daquilo que lhe assegure o essencial no atendimento do corpo que perece.

"DECERTO VOSSO PAI CELESTIAL BEM SABE QUE NECESSITAIS DE TODAS ESTAS COISAS;" – A Sabedoria Divina abrange todos os setores do Universo, direcionando desde os elementos mais tangíveis à intimidade mais profunda das consciências. Ciente das carências fundamentais, permite que, através daqueles que dinamizam os Seus recursos e das leis que expressam Sua vontade, os seres se habilitem às mais expressivas conquistas, quando identificados com Suas fontes de Bondade, presentes em todo o Cosmo. Em nossa visão, ainda acanhada e circunscrita a parâmetros reduzidos, achamo-nos impossibilitados dessa percepção de que Jesus nos dá notícias. Sem dúvida, a partir da identificação do trabalho levado a efeito pelo meigo Rabi da Galiléia, não nos tem sido difícil, inspirados em Sua tarefa, calcada no Amor direcionado para a eternidade, penetrar nos terrenos de uma maior compreensão quanto àquilo que O Pai nos tem reservado no grande desiderato da redenção.

40

PROVIDÊNCIA DIVINA

Mt. 6:33

"Mas buscai primeiro o Reino de Deus, e a sua justiça, e todas estas coisas vos serão acrescentadas."

"MAS BUSCAI PRIMEIRO O REINO DE DEUS E A SUA JUSTIÇA" – Para se buscar algo, necessário saber o quê e como, a demandar trabalho, renúncia, perseverança. Essa indicação de preferência tem sido muito mal interpretada, levando centenas de pessoas, movidas pelo interesse de espiritualização, a se afastarem do mundo numa fuga das obrigações essenciais. Não podemos nos esquecer de que, pelas reencarnações, somos colocados como, com quem, onde e quando mais nos convém, e mais interesse à nossa evolução de espíritos imortais.

Assim, temos a função mais adequada; esposo ou esposa, filhos, amigos, chefes e colegas que merecemos; local que mais nos favorece; época mais conveniente. Podem acorrer, é claro, as mudanças que as circunstâncias indicarem, já que devemos reconhecer nelas o pensamento sábio de Deus, que vige soberano.

Já entendemos que "PRIMEIRO" indica grau de importância, delineando, neste caso, a melhor filosofia de vida: busca do Reino de Deus e da Sua Justiça. Nesse empenho, seremos pais de família responsáveis; empregados diligentes; chefes dinâmicos, mas compreensivos; amigos dedicados; criaturas cônscias de suas responsabilidades em qualquer aspecto, tudo isso dentro de um sentido claro nas lides do progresso. O Reino de Deus não é lugar, nem vem com aparência exterior, pois se encontra no íntimo de cada um. É estado de alma.

Certamente, por estar o Reino de Deus dentro e não fora de cada criatura, será através da conduta renovada, pela aceitação da orientação de Jesus, que ele virá a exteriorizar-se. E a Sua Justiça – sem retidão de conduta, alicerces do Amor, não haverá manifestação do Reino de Deus, porque falta o básico: uma consciência tranquila.

"E TODAS ESTAS COISAS VOS SERÃO ACRESCENTADAS." – Dentro do princípio exposto no Evangelho, encontra a criatura os componentes que lhe assegurarão a vitória de seus mais caros ideais. Emersos de sistemas cristalizados, temos caminhado ao sabor das emoções, adotando soluções e ajustes periféricos até que, elegendo nova mentalidade, consigamos empreender providências reeducativas a direcionarem o destino no rumo dos patamares do equilíbrio e da paz. As atitudes repetitivas de feições relativas e ineficientes cedem lugar às mudanças de base.

A partir de então, passa o ser a compreender a extensão da bondade de Deus, na medida em que vai identificando os recursos que se lhe acrescem em seu campo de ação. Aderindo mentalmente aos planos do trabalho e da fé raciocinada, acaba por penetrar nos terrenos de uma verdadeira conversão, decorrente da retirada do véu de desinformação que, até então, impedia a visão clara do sentido da vida.

41

ETERNO PRESENTE

Mt. 6:34

"Não vos inquieteis, pois, pelo dia de amanhã, porque o dia de amanhã cuidará de si mesmo. Basta a cada dia o seu mal."

"NÃO VOS INQUIETEIS, POIS, PELO DIA DE AMANHÃ," – Somos criaturas de fé ainda incipiente. Por isso, apesar de todo o amparo, podemos ser visitados pela inquietude, pela preocupação. Devemos ser previdentes, nunca, porém, inquietos, preocupados, sofrendo em decorrência de uma imaginação doentia, criando fantasmas que não existem...

Façamos o melhor hoje, na certeza de que teremos o melhor amanhã. O destino está nas nossas mãos. Deus existe. É justo e bom. Há uma Lei de Causa e Efeito. Temos livre-arbítrio. Façamos o melhor para abreviar a passagem das sombras de um pretérito mal vivido e mal aproveitado, antecipando o amanhecer de um novo dia...

Ajustando-nos aos planos abençoados que nos são sugeridos pelo Cristo, passamos a viver em condições dignas, decorrentes da aceitação das Leis Superiores em meio aos efeitos daquilo que lançamos no solo da evolução, sabendo promover os fundamentos que nos assegurarão melhores dias. Pela conscientização que caracteriza o espírito que progride, capacitamo-nos a transformar inquietação em esperança, visualizando não mais o simples encadeamento do tempo nas faixas restritas de passado, presente e futuro. A rotina da sucessibilidade se dobra ante a evidência da eternidade.

"PORQUE O DIA DE AMANHÃ CUIDARÁ DE SI MESMO." – O dia de amanhã pode ser o outro dia, o futuro longínquo ou mesmo o próximo minuto que nos aguarda. Cada hora tem suas características, traz as suas exigências, problemas, desafios, alegrias. Se começamos a detalhar o que há de vir, passamos quase sempre a sofrer com antecedência e em função de coisas que, possivelmente, jamais acontecerão, senão em nossas mentes desviadas do sentido positivo.

Mesmo porque a eternidade é vivida instante a instante. Vivemos num eterno presente. O passado é experiência. O futuro, oportunidade.

"BASTA A CADA DIA O SEU MAL." – Cada tempo traz o seu conteúdo. O MAL aqui deve ser entendido como desafio, como obstáculo necessário ao progresso. A vida é constituída de provas. Por outro lado, cada problema deve ser enfrentado na sua hora. Precisamos, às vezes, nos destacar do contexto da existência, a fim de equacionar de modo mais claro e seguro os problemas que nos envolvem. Nada de torná-los mais cruciantes, com recordações amargas do passado ou com a imaginação de um porvir sombrio, que poderá ou não concretizar-se.

Identificados com nossas responsabilidades, vivamos o instante presente em intensidade e plenitude.

42

PORTA ESTREITA

Mt. 7:13

"Entrai pela porta estreita; porque larga é a porta, e espaçoso o caminho que conduz à perdição, e muitos são os que entram por ela;"

"ENTRAI PELA PORTA ESTREITA;" – Mais um imperativo apontado por Jesus. Segui-lo ou não dependerá do uso que fizermos do livre arbítrio. Uma coisa é certa: Jesus, como melhor amigo, só nos aconselha ou nos induz para o que é conveniente. Por outro lado, imperioso considerar que, constrangidos pela vida, sempre seremos levados a entrar nesta ou naquela porta. São as situações apresentadas no dia a dia a nos apontarem portas largas ou estreitas. Se são muitas as opções, a porta estreita é sempre aquela cujo acesso nos exige a redução dos interesses imediatistas, sem o que não será possível transpô-la. Por exigir renúncia, sobriedade em todos os aspectos, desapego e outras atitudes a trabalharem o campo educativo, nem sempre temos optado por ela. A renovação que a Doutrina Espírita propõe a todos reflete, sem dúvida, a indicativa ora em exame, a aguardar firme decisão.

"PORQUE LARGA É A PORTA, E ESPAÇOSO O CAMINHO" – Se estreita é a porta da renúncia, o apego às coisas materiais, aos valores de toda ordem que arregimentamos sem seleção, a nos fixarem nas engrenagens da vida transitória, expressa a porta larga pela qual temos transitado no decorrer dos séculos.

Além de representar opção menos feliz, é ela também ponto de acesso a veredas que conduzem a situações difíceis, ao sabor das desilusões. Tanto a porta larga quanto o caminho espaçoso apresentam facilidades para entrar e continuar. Emmanuel, o notável instrutor espiritual, nos adverte que devemos desconfiar das facilidades... Tudo tem o seu preço, todavia, o que é bom é alto custo; exige esforço, trabalho e perseverança.

A vida está repleta de caminhos. Importante averiguar a natureza do que estamos palmilhando. Não podemos esquecer de que Jesus é o Caminho que, não obstante difícil e estreito, será sempre a escolha segura para quantos se dispõem adotar, sem reservas e de modo determinado, a luta incessante no rumo do grande futuro.

"QUE CONDUZ À PERDIÇÃO," – Toda vereda leva a algum lugar. Para onde está nos conduzindo o caminho que espontaneamente temos escolhido? Se foge às normas do Evangelho, por que não mudar? Se insistimos no menos conveniente, impõe-se recordar que há leis reguladoras da vida e de suas manifestações, e elas costumam aceitar desafios. As veredas que levam à perdição são os geradores da desgraça, desventura, infelicidade... Se optamos pela porta larga e, em consequência, pela rota espaçosa, é natural que essa seja a resposta da vida. A perdição, contudo, não é eterna, irremissível. Saturados na dor, passamos a sentir a necessidade de mudar. Quanto mais depressa o fizermos, melhor. Por isso, a Doutrina Espírita nos induz a reformular a idéia sobre o sofrimento, reconhecendo quanto ele é útil e importante para o despertamento. Ele colabora conosco no sentido de sairmos da morte do erro para as alegrias da imortalidade gloriosa.

"E MUITOS" – Tudo que requer trabalho e constância é para poucos. Muitos querem fazer isto ou aquilo, porém, como entre o querer e o fazer se colocam o trabalho, a decisão e a firmeza, que faltam à maioria, muitas obras ficam inacabadas ou não saem do campo das idéias...

"SÃO OS QUE ENTRAM POR ELA;" – Por ser fácil passar pela porta larga, ela é a preferida. É incrível o número de acomodados físicos, mentais e espirituais. Por tal motivo, encontraremos pessoas em sérias dificuldades ou envolvidas em situações difíceis, simplesmente porque buscam as ilusões das facilidades. Enganados estão os que nos asseveram que no vale profundo respiraremos ar puro e contemplaremos paisagens distantes e belas. André Luiz nos aconselha a abandonarmos a ilusão antes que a ilusão nos abandone[5].

---

5   N.E.: Fala do Instrutor Eusébio, livro *No mundo maior*, cap. 2. FEB Editora.

43

CAMINHO DA REDENÇÃO

Mt. 7:14

"E porque estreita é a porta, e apertado o caminho que leva à vida, e poucos há que a encontram".

"E PORQUE ESTREITA É A PORTA," – Continua o Nazareno a enumerar as razões pelas quais devemos escolher a porta estreita.

Quanto mais conscientizada, mais forças a criatura pode ter para superar os desafios, as dificuldades. De agora em diante, Ele passa a falar da porta estreita. Daquela passagem que, embora exija sacrifícios, é a que nos admite num novo terreno de realizações onde saciaremos objetivamente a fome de redenção dos males a que ainda nos encontramos sintonizados.

"E APERTADO O CAMINHO" – Nada de supor que, ultrapassada a porta, se pode prosseguir, à vontade. O processo seletivo continua, porquanto apertado é o caminho. Não basta entrar; indispensável a perseverança na realização do programa auto-educativo que não pode ser interrompido, para o bem da criatura em sua busca de redenção.

"QUE LEVA" – Se toda estrada conduz a algum lugar, torna-se imprescindível ter-se convicção quanto a que estamos seguindo. Dispensável percorrê-la toda para sabermos aonde vai. Basta que auscultemos o íntimo ou busquemos nos informar a respeito. O espírita, então, é mais responsável, pois não lhe faltam informações pelas vias mediúnicas, por parte de encarnados e desencarnados, e pela lógica e segurança que os ensinos da Terceira Revelação proporcionam.

"À VIDA" – Acerto, paz, harmonia. Se o pecado é morte, fazer bem no que estiver ao nosso alcance é vida. Espiritualidade também é vida. Neste particular, é válido refletir nas palavras de Emmanuel: "Vida é a experiência digna da imortalidade". (Palavras de Vida Eterna – cap. 104)

"E POUCOS HÁ QUE A ENCONTRAM." – Somente encontra quem procura. No entanto, a procura, para ser objetiva, necessita ser direcionada, porque a existência se revela plena e feliz aos que diligenciam com equilíbrio e buscam com perseverança. Muitos, mesmo bem intencionados, percorrem caminhos errados, adotam métodos inadequados. Portanto, humildes e imbuídos do propósito da exemplificação do Evangelho, estaremos identificando, pelas linhas da auto-renovação, a direção correta.

E, num mundo materialista como o nosso, estes são "poucos", porque reduzido é o número dos que buscam as questões espirituais.

44

EDIFICAÇÃO

Mt. 7:24

"Todo aquele, pois, que escuta estas minhas palavras e as pratica, assemelhá-lo-ei ao homem prudente, que edificou a sua casa sobre a rocha;"

"TODO AQUELE, POIS," – Sem exceção. A orientação, quando de natureza reeducativa, se dirige à pessoa particularmente.

A conjunção "pois" expressa, sem dúvida, uma conclusão. A manifestação de Jesus deixa evidenciado que qualquer mudança de rota implica assimilação do novo propósito e decisão prática para que se efetive.

"QUE ESCUTA ESTAS MINHAS PALAVRAS" – Que ouve com atenção, que assimila. Em meio aos muitos sons que percebemos ao mesmo tempo, somos capazes de selecionar o que nos interessa. Em se tratando de imagens que tangem os terrenos do crescimento espiritual, não podemos ficar apenas na escuta. Importante será acionar tal conteúdo no plano prático.

Vale ressaltar que a audição se torna cada vez mais sutilizada, à medida que se ampliam os recursos apreendidos. Aliás, o próprio Evangelho indica: "a qualquer que tiver será dado, e terá em abundância" (Mt. 25:29), ampliando-se obviamente o grau de responsabilidade de quem muito recebe.

Este fato nos permite melhor compreender o registro evangélico: "Disse-lhes Jesus: Se fôsseis cegos, não teríeis pecado; mas como agora dizeis: Vemos, por isso o vosso pecado permanece." (Jo. 9:41)

"E AS PRATICA," – A exemplificação dos ensinos de Jesus tem sido o desafio maior aos que deles se aproximam no transcurso dos milênios. Ajustados, quase sempre, a um plano eminentemente religioso, retemos a orientação e não a colocamos em prática no exercício da ciência da alma.

Nos meandros das reencarnações, não nos tem sido difícil identificar as oportunidades de adoção do Amor. No entanto, nem sempre as apropriamos adequadamente para os lances decisivos da redenção.

Enquanto não se efetivam tais caracteres, reflitamos naqueles que, através dos tempos, vêm nos acolhendo em seus corações generosos em momentos difíceis da jornada. São eles: pais, mães, filhos, ou amigos que, em meio às tempestades da ironia e da ingratidão, do sacrifício e da incompreensão, souberam edificar em seus espíritos verdadeiras fortalezas de bondade. Sempre sensíveis, solícitos e caridosos, sabem abri-las ao toque dos aflitos e sofredores, atentos ao Bem e ao imperativo do Evangelho contido em Mateus: "...era estrangeiro, e hospedastes-me." (Mt. 25:35).

"ASSEMELHÁ-LO-EI AO HOMEM PRUDENTE," – A expressão "assemelhá-lo-ei" nos mostra, mais uma vez, o senso didático de Jesus. Citando um fato comum, de conhecimento geral, estabelece uma comparação, tornando compreensível uma verdade transcendental. Nos campos da evolução, existem os loucos e os prudentes. Sabendo que nos convém fazer o que é bom, e deixando de realizá-lo, estaremos procedendo como loucos. Escutando a mensagem e assimilando-a, situuamo-nos dentro da lógica e do bom senso; se a exemplificamos, evidenciamos a condição de prudência, decorrente de uma postura comedida, cautelosa, previdente, discreta.

"QUE EDIFICOU A SUA CASA SOBRE A ROCHA;" – Edificar a casa de modo seguro e adequado é a meta do progresso espiritual. Para que tal solidez seja alcançada, necessitamos de componentes selecionados, de disposição para o trabalho, perseverança e projeto bem definido.

Cada qual a constrói ao longo das múltiplas reencarnações. No entanto, por falta de discernimento, vivemos o dissabor de vê-la derruir-se. Os valores Evangélicos e Doutrinários de que hoje podemos dispor em muito podem auxiliar o êxito dessa edificação em termos definitivos.

E, se soubermos identificar o piso seguro, nos fundamentos inabaláveis do Cristo, a casa edificada atenderá não apenas o nosso Espírito, mas a todos quantos a ela recorrerem na busca de reconforto e segurança.

45

SEGURANÇA ÍNTIMA

Mt. 7:25

"E desceu a chuva, e correram rios, e assopraram ventos, e combateram aquela casa, e não caiu, porque estava edificada sobre a rocha."

"E DESCEU A CHUVA," – A chuva é um abençoado fenômeno regido pelas leis naturais. Através dela estendem-se os componentes de germinação, de irrigação, de sustento, de trabalho, a dinamizar os mais valiosos segmentos da vida.

A afirmação de Jesus "e desceu a chuva" nos leva a ponderar também sobre aspectos diversos em que ela acorre como instrumento aferidor na aprendizagem do Ser.

Experiências inerentes a todos apontam momentos e situações, a exigirem efetivos recursos e diligência redobrada, ante o impacto das forças da Natureza, encadeadas na forma de chuvas torrenciais.

A figura "desceu a chuva" sugere, também, a necessidade do posicionamento decisivo e seguro que nos cabe adotar, sempre que as provas, como elementos avaliadores das aquisições realizadas, intensifiquem-se nos terrenos que percorremos. São os testemunhos que se encandeiam, às vezes de modo "torrencial", transformando-se de fantasma ameaçador em agente destruidor da estabilidade e da harmonia, quando encontra brecha de penetração em nosso ânimo, decorrente da acomodação ante o trabalho e da incerteza no poder soberano do Criador, que a tudo provê.

"E CORRERAM RIOS," – Os rios são as correntes condutoras do líquido mais precioso para a vida. Ao tempo em que canalizam as águas, distribuem os valores germinativos no processo de expansão e fluidificação dos recursos imprescindíveis à existência.

Os círculos responsáveis por suas alterações têm por fim manter a harmonia do ambiente. Quando suas águas se reduzem, surgem carências, convite ao método, à economia. Quando se avolumam, desencadeiam prejuízos, provas difíceis, perdas às vezes irreparáveis. Tal figura reflete os ensinamentos do Cristo, alertando-nos quanto aos impactos dos acontecimentos a nos visitarem na pauta das circunstâncias.

Decorrentes de causas anteriores menos felizes, ou de propostas concretas indutoras da evolução, as torrentes volumosas dos fatos a testarem nossa resistência surgem, a exigirem construção firme, inabalável, com a qual garantiremos os abençoados planos da redenção.

"E ASSOPRARAM VENTOS," – Os ventos purificam a atmosfera que respiramos, tornando possível a vida neste mundo. Devemos pensar nos ventos da renovação, que varrem os caminhos da jornada dos seres que penetram mentes e corações. Às vezes brandos, verdadeiros zéfiros. Às vezes furacão. Outra hora um simum. Por isso, carecemos sempre da razão, da lógica e do bom senso para encararmos novas idéias, novos costumes e novas experiências, só aderindo àquilo que é válido e que possa trazer proveito ao Espírito.

O ensino do Cristo nesta passagem evidencia o cuidado quanto à segurança da casa em edificação, deixando claro que os "ventos" seriam as pressões e acontecimentos circunstanciais a medirem a sua resistência.

"E COMBATERAM AQUELA CASA," – As lutas são naturais. Fazem parte da existência, assegurando a evolução.

Participam dela encarnados e desencarnados que, por não entenderem o nosso modo de ser e de viver, tentam reduzir ou neutralizar todo o encaminhamento de crescimento e edificação implementado.

Pertinazes combatentes são os inimigos internos, a representarem a personalidade que animamos em existências pregressas, ainda não esmaecidas e que teimam em manter sua permanente hegemonia através dos séculos.

"E NÃO CAIU," – Sem dúvida, toda edificação erguida sobre a rocha da fé raciocinada, na base da realização discernida e perseverante, estará firmemente ajustada, capacitada às mais violentas e insidiosas arremetidas do mal.

A par desta busca segura de construção, impõe-se ainda a permanente necessidade da oração e da vigilância.

A análise do assunto nos conduz a refletir que o Evangelho dinamizado nas ações diárias é o roteiro seguro na luta contra o "homem velho", resultando em inestimáveis vitórias nos embates que venhamos a empreender sob a tutela do Cristo.

"PORQUE ESTAVA EDIFICADA SOBRE A ROCHA." – A rocha amplamente citada no Evangelho consubstancia a estrutura inabalável do Cristo interno, que deve fundamentar todo o propósito de edificação espiritual.

Sempre que direcionamos nossas perspectivas de crescimento sobre os alicerces da Boa-Nova, asseguramos não apenas a indispensável solidez da construíção. Penetramos, também, nos escaninhos da renovação, ajustando-nos com naturalidade aos impositivos da Sabedoria Divina nos parâmetros ampliados da evolução.

46

INSENSATEZ

Mt. 7:26

"E aquele que ouve estas minhas palavras, e as não cumpre, compará-lo-ei ao homem insensato, que edificou a sua casa sobre a areia;"

"E AQUELE QUE OUVE ESTAS MINHAS PALAVRAS," – As palavras de Jesus continuam a ressoar através dos séculos, atingindo a acústica de sábios e insensatos.

Expressam verdades substanciais que cada um poderá assimilar segundo suas disposições de aprendizado.

Projetando novos ângulos de apreciação dos valores educativos no sistema de evolução, o Mestre apresenta indicativas sábias, as quais somente atuarão com eficácia se adotadas em nível prático.

Por todos os continentes do Planeta vamos encontrar o Evangelho, pregado, estudado e ouvido por milhões e milhões de seres. No entanto, não poderá ele atingir os objetivos colimados, se seus ensinos não forem acionados de modo prático, em foro operacional no dia a dia.

"E AS NÃO CUMPRE," – O grande desafio no terreno do progresso espiritual reside na capacidade de aplicação dos recursos recebidos. A esse fato soma-se o grau de assimilação do aprendiz, a refletir numa maior ou menor responsabilidade em suas atitudes. Observados tais limites, o não cumprimento, portanto, dos padrões incorporados, instaura caminho aberto às dificuldades na plena evidência da insensatez que ainda, infelizmente, nos domina.

"COMPARÁ-LO-EI AO HOMEM INSENSATO," – A didática de Jesus apresenta a todo instante ângulos de profunda ressonância quanto à praticidade no encaminhamento da aprendizagem. Nada obstante a não adoção das orientações evangélicas atestar insensatez do aprendiz no trato das questões transcendentais do Espírito, Jesus, com Sua Sabedoria e respeito para com o discípulo, preferiu adequar tal dificuldade àquele que operou de modo infeliz na edificação de sua casa. Permanece, assim, o chamamento pleno da responsabilidade de cada um que, convocado às novas empreitadas do crescimento consciente, necessita diligenciar providências suficientes a promoverem harmonia, paz e segurança em sua jornada.

"QUE EDIFICOU A SUA CASA SOBRE A AREIA;" – Movediços são sempre os elementos que expressem, a plano periférico, aspectos unicamente intelectuais, resultantes das propostas que o mundo oferece, segundo a posição que venhamos a desfrutar na Terra. Não são poucos os que, apesar das amplas informações recolhidas, teimam em permanecer em sistemática e repetitiva atitude de construção relativa e transitória, edificando caros e alentados ideais, sobre o piso oscilante das convenções materialistas.

A par disso, o interessado no crescimento passa a investir na fé que, à medida que ocorrem experiências transcendentais, vai se afirmando e se intensificando, a ponto de transformar-se na rocha inquebrantável e eterna, apta a garantir a verdadeira e segura edificação espiritual.

47

QUEDAS

Mt. 7:27

"E desceu a chuva, e correram rios, e assopraram ventos, e combateram aquela casa, e caiu, e foi grande a sua queda."

"E DESCEU A CHUVA," – O ensino de Jesus, mais uma vez, evidencia a simplicidade do Mestre, direcionando a Sua Mensagem através de instrumentalidade perfeitamente inteligível.

Se a chuva é portadora de recursos positivos, somada a outros componentes, expressa também elementos avaliadores das propostas de construção que estão sendo efetivadas.

A casa, símbolo da edificação espiritual, necessita de firmeza, proporcionando conforto e paz àqueles que abriga. Em decorrência disso, torna-se imperioso aferir cada passo da edificação que se leva a efeito, ponderando-se, principalmente, quanto ao grau de resistência nos momentos em que as circunstâncias trarão os elementos aferidores de nossas atitudes, consoante as leis que nos regem.

"E CORRERAM RIOS, E ASSOPRARAM VENTOS, E COMBATERAM AQUELA CASA," – Toda conquista somente se concretiza em bases seguras, se completada e provada. Muitos são os que, atingindo o ápice de difíceis empreitadas, vivem a desilusão de verem derrubados os mais autênticos ideais.

Os rios e os ventos correspondem às correntes mentais e às emoções, a vibrarem na moldura dos condicionamentos passados e para os quais necessitamos manter firmes posições de vigilância.

Sempre que há fracasso, acabamos por perceber que os assuntos transcendentes da vida imortal foram tratados na pauta do personalismo e das convenções transitórias, tão bem simbolizadas na areia oscilante, e por isso mesmo ineficiente, a servir de piso aos lídimos processos de construção definitiva para Deus. Repetem-se os tentames levados a efeito sem o discernimento, fora do sedimento inabalável da Justiça e do Amor.

"E CAIU, E FOI GRANDE A SUA QUEDA." – A história da Humanidade, que é o somatório das experiências de cada um, traz também uma fieira de quedas a gerarem dor e lágrimas.

Ao embalo das sensações e dos interesses humanos, temos operado de modo ineficiente, abrindo leira fértil às quedas e decepções, desprezando os sólidos enunciados da Lei, que devem nortear os ditames da consciência, no amplo contexto evolutivo.

48

HOSPEDAGEM

Mt. 10:11

"E, em qualquer cidade ou aldeia em que entrardes, procurai saber quem nela seja digno, e hospedai-vos aí até que vos retireis."

"E, EM QUALQUER CIDADE OU ALDEIA" – Sem preferência, sem levar em conta a preocupação da localização, o discípulo foi instruído a ir a todos os locais: pobres, prósperos, grandes ou não. Assim também somos convocados, quando identificados com a mensagem de Jesus, a agir sem discriminações, seguindo a determinação do Alto nas vias das circunstâncias.

Cidade lembra lugar organizado, com população e infraestrutura asseguradora da sobrevivência, dispondo de, pelo menos, o essencial para as facilidades dos habitantes. Aldeia recorda lugar primitivo, com pessoal geralmente simples, ligado à Natureza. Espiritualmente focalizada a questão, encontramos homens-cidades e homens-aldeias. Tudo depende da condição íntima e evolutiva de cada um. Assim, convivemos com as mais diversificadas pessoas, ou grupo de pessoas, quanto aos valores que carreiam, ao longo do caminho...

"EM QUE ENTRARDES," – Quanto aos locais, durante a peregrinação do ser pela Terra, vai ele registrando os mais simples e os mais significativos no encaminhamento de sua aprendizagem e de suas possibilidades de cooperação. Ainda que ficasse, como raramente acontece, em um só lugar, toda uma existência, ver-se-ia obrigado a entrar em contato, em sintonia com todo tipo de criaturas.

Relacionamo-nos, desse modo, com as mais diversas modalidades de vibrações, de interesses, de influências, penetrando, pelas vias da simpatia, que naturalmente nos aproxima uns dos outros, no coração de muitos seres, sejam eles esposos, filhos, pais, amigos, irmãos... Se, na distribuição e dinamização dos recursos espirituais, somos convocados a sair de nós mesmos, na solução e superação dos problemas que nos são inerentes, necessitamos "entrar" território a dentro da aldeia íntima, selecionando conceitos, pensamentos e tendências para o que não podemos prescindir da vigilância.

"PROCURAI SABER QUEM NELA SEJA DIGNO," – Compete a cada um a iniciativa de saber, pois os padrões morais variam de criatura para criatura. O que é justo para uma deixa de ser para outra. Agora, para saber, devemos olhar, observar, nos aproximar, atentos às reações que são elementos grandemente reveladores. A orientação não implica na seleção de privilegiados, mas na identificação daquele que se dispõe em reeducar-se. Não se deve esquecer que o próprio discípulo, apesar de seguidor do Mestre, ele o faz como portador de numerosas fraquezas e imperfeições. Seja no trato com os semelhantes ou no exame de seus valores, é imperioso distinguir o que seja digno. Digno é aquele que se afirma no Bem, ou aquilo que, eticamente, revela Bondade.

No entanto, ante a filosofia do Cristo, faz-se digno até mesmo o celerado ou o delinquente que quer se libertar, bem como o vício, ou a paixão com que nos identificamos, e cujas energias sentimos, podem ser revertidas ou canalizadas para ângulos positivos.

"E HOSPEDAI-VOS AÍ" – Hospedar um viajante era um dever, um hábito de todos os judeus. Muito louvável, porque representava um ato de caridade, numa época em que eram raras as pensões.

Hospedar implica em acomodar, estabelecer. Espiritualmente, expressa a permanência na pauta da cooperação. É abrigar-se sob o teto dos pensamentos e atitudes dignas, com discernimento, perseverança e bom ânimo, a fim de que os objetivos sejam alcançados.

"ATÉ QUE VOS RETIREIS." – Uma vez atingidos os objetivos de auxílio no campo de relação ou vencida a luta de superação dos problemas que nos são afetos, é lícito e mesmo imperioso que se parta para novas experiências. O apego, a ausência de capacidade de desvincular-se tem sido fatores de escravização milênios afora. Se somos convocados ao ajuste, a nos hospedar, a conviver, somos também convidados aos processos da separação ou da retirada no momento justo. Quando não o fazemos, somos levados, às vezes, a verdadeiras cirurgias, portadoras de apreensões e sofrimentos. São as mudanças, os afastamentos bruscos, as desencarnações.

49

SAUDAÇÃO CRISTÃ

Mt. 10:12

"E, quando entrardes nalguma
casa, saudai-a;"

"E, QUANDO ENTRARDES NALGUMA CASA," – Diante de uma decisão, devemos agir de modo consciente, isto é, responsável e respeitável, sempre que originária e determinada pelas circunstâncias. Entrando em alguma casa, colocamo-nos em relação ou sintonia com seus moradores. A sintonia será tanto maior quanto maiores forem os laços de simpatia recíproca.

Se a todo momento permitimos que criaturas penetrem em nosso mundo interior, esperando delas compreensão e equilíbrio, também nós, em meio aos embates da existência, estamos sempre a bater às portas da casa íntima de muitos que, por sua vez, aguardam uma presença amiga e fraterna, sem os impactos da violência e da irreverência que ainda dominam os mecanismos do relacionamento entre os homens.

"SAUDAI-A;" – É tônica deixarmo-nos atrair pelos componentes do ambiente a que nos vinculamos. Saudar é felicitar, dar testemunho de respeito, louvar pelo que se nota de positivo, de criativo, de caráter edificante nas pessoas e nas coisas. Ora, entrando, seja numa residência, seja na intimidade afetiva de quem nos acolhe, tudo há de contribuir para que o Bem seja evidenciado. Às boas intenções juntam-se as dos outros, fortalecendo a corrente da bondade ou agindo de modo a neutralizar expressões negativas que ainda permaneçam em sombra, no aguardo da luz que possa saneá-las.

Luz Imperecível

A saudação indicada por Jesus, para além das convenções sociais, portando os ingredientes do Amor e do respeito, pode ser a portadora da assepsia, do bálsamo, do esclarecimento ou do apaziguamento, no ambiente físico ou mental de muitos corações que se abrem à nossa presença a cada instante.

De bom alvitre que, ao entrarmos na casa física ou vibratória de alguém, ter olhos para ver somente o que é bom, ouvidos para ouvir o que é útil. Adotar discrição ou mesmo silêncio, ante os padrões do mal porventura ali reinantes, será sempre atestado de Sabedoria. Nas criaturas que nos cercam, cumpre-nos valorizar o seu lado positivo. Só desse modo as resistências e os obstáculos diminuem, podendo ser com êxito vencidos ou ultrapassados.

50

NO CULTIVO DA PAZ

Mt. 10:13

"E, se a casa for digna, desça sobre ela a vossa paz; mas, se não for digna, torne para vós a vossa paz."

"E, SE A CASA FOR DIGNA," – O conceito de dignidade nos padrões do Evangelho extrapola os sociais. Deixa de ser uma condição que toca o exterior, para penetrar a realidade espiritual. Quantos publicanos e pecadores, viciados e meretrizes souberam fazer-se dignos à presença do Cristo? Quando sabemos discernir, não nos é difícil reconhecer se a casa é digna ou não. Somos convocados a adotar "olhos de ver" na tarefa de cooperação, a fim de identificar os que se predisponham à luta educativa e não sermos distribuidores insensatos de "pérolas aos porcos".

"DESÇA SOBRE ELA A VOSSA PAZ;" – Questão de sintonia. Desejamos o melhor. Haverá um "casamento" de vibrações, quando a emissão encontra ressonância. Paz não apenas como votos, como predisposição para a harmonia, mas um trabalho efetivo e permanente nesse sentido, na extensão da alegria de conviver.

"MAS, SE NÃO FOR DIGNA," – Por quanto tempo cultivamos a indignidade em nossa casa, mantendo-a refratária aos valores do Espírito? E, ainda hoje, quantos caracteres alimentamos, nutrindo tais barreiras em nosso psiquismo? Nem por isso, temos sido violentados em nosso livre-arbítrio. Nem por isso, aqueles que nos acompanham do Plano Maior, confiantes e pacientes, perderam a sua paz. Embasados nesse fato, cabe-nos compreender e amar, respeitando as condições e o sentimento de cada qual.

"TORNE PARA VÓS A VOSSA PAZ." – É a Lei: emitindo-se o que é bom, não temos o que temer nem o que perder. Se não encontra eco, volta para nós, acrescido das vibrações de natureza semelhante. O mesmo se dá com o mal. Felizes seremos se conseguirmos nos abster de veiculá-lo e mesmo de resistir a ele.

Fala-nos o Evangelho: "Pode porventura o cego guiar o cego?" (Lc. 6:39).

Há quem menospreze a proposta do aprendizado, entregando aos impulsos e às emoções a atitude de ajudar. É por essa ausência de esclarecimento e capacidade reeducativa que muitos, na pretensão de exercer a caridade, têm perdido o equilíbrio e a serenidade, empenhados em tudo resolver. O benfeitor esclarecido sabe operar com humildade, sem exigências ou constrangimentos, garantindo, em quaisquer circunstâncias, a paz que cultiva na moldura do entendimento e da compreensão.

51
SUSCETIBILIDADE E DESAJUSTE

Mt. 10:14

"E, se ninguém vos receber, nem escutar as vossas palavras, saindo daquela casa ou cidade, sacudi o pó dos vossos pés."

"E, SE NINGUÉM VOS RECEBER," – No relacionamento cotidiano, podem as pessoas se trancar diante de nossa presença, ante nossas atitudes e nossos hábitos. Até mesmo o global de nossa personalidade reage em face das disposições que a vontade propõe na luta que prossegue. A partir do momento em que procuramos nos ajustar aos postulados que norteiam a educação, inicia-se nova fase em que os semelhantes passam a ser considerados componentes mais nítidos na área em que operamos. Desperta-se proposta de auxílio e favorecimento na direção do bem-estar e da segurança daqueles que se vinculam aos nossos destinos. Nessa hora, destaca-se a necessidade de se discernir até onde as propostas tenham valor no entendimento daqueles que estejam na pauta de nossas vibrações. É importante ter-se em conta que nem sempre as melhores intenções são compreendidas. Diante desse fato, fala a afirmativa sábia de Jesus: "e, se ninguém vos receber...".

"NEM ESCUTAR AS VOSSAS PALAVRAS," – Se a primeira recusa é para a pessoa, a segunda é para as lições de que ela se constitui portadora. Se não nos recebe, podemos até admitir reflexos desagradáveis de problemas passados, de outras reencarnações, que nos tornam menos simpáticos perante muitos. Uma coisa, porém, é justa: que separemos a pessoa das palavras, o veículo da mensagem, de tal modo que, por causa do instrumento, não venhamos a perder o conteúdo. Vale, a partir de então, o sentimento que circulou em nossa verbalização, seja pelas palavras, das atitudes, dos gestos, ou pelo próprio pensamento. Por isso somos induzidos pelos ensinos, que hoje nos clareiam, a expressar continuamente o bem, independentemente de que seja ou não acolhido por aqueles a quem nos dirigimos.

"SAINDO DAQUELA CASA OU CIDADE," – Nos terrenos da comunicação, estão sempre atuantes os valores de atração ou repulsão, a definirem aceitação ou rejeição de idéias e atitudes. Na segunda hipótese, manifesta-se o impositivo da retirada física ou vibratória do plano ambiente. Isso se torna aconselhável diante da possibilidade de, pela insistência, virmos a violentar alguém, avançando de modo infeliz pelas raias do constrangimento. Recuar, retirar-se pode significar aplicação de bom senso, ainda que as melhores disposições de auxílio ou cooperação fiquem adiados.

Em muitas ocasiões, somos levados a nos afastar, tendo que deixar o tempo ajudar na difícil empreitada de se conseguir a simpatia e a confiança de corações, a exemplo de Jesus, que nos tem aguardado nos milênios, ensinando-nos a arte de saber esperar para conquistar, nas faixas inexcedíveis do Amor.

"SACUDI O PÓ DOS VOSSOS PÉS." – Os pés nos põem em contato com o mundo. Sacudir o pó é não levar mágoas nem ressentimentos. É esquecer todas as lembranças infelizes. Agindo de modo diferente, ao invés de nos libertar pelo trabalho, acabamos por nos comprometermos, já que um dos principais objetivos do cristão é entender a realidade de que somos todos filhos de Deus e, portanto, irmãos.

Todas as vezes que reflexos menos felizes são carreados em razão de suscetibilidade, deixamo-nos envolver por elementos corrosivos a minarem as bases da paz, de que podemos ser usufrutuários e portadores no dia-a-dia.

Felizes seremos quando nos capacitarmos a trabalhar, doando efetivamente, sabendo desonerar o coração de toda e qualquer mágoa ou decepção que porventura venham a insinuar-se nas faixas de nossas relações. Por falta deste cuidado, temos aportado em ângulos de desajuste ou decepções, fazendo, dos miasmas da incompreensão ou de pontos de vista de terceiros, agentes nocivos, diluidores do equilíbrio.

52

ACAUTELAI-VOS

Mt. 10:17

"Acautelai-vos, porém, dos homens; porque eles vos entregarão aos sinédrios, e vos açoitarão nas suas sinagogas;"

"ACAUTELAI-VOS, PORÉM, DOS HOMENS;" – Não são poucas as colocações evangélicas a nos alertarem quanto à necessidade da vigilância.

Instruindo os seus discípulos para uma atividade sistematizada no Bem, abrindo perspectivas novas para os planos de conscientização, sugere Jesus não apenas trabalho coerente e abnegado: propõe como imperiosa a atitude de resguardo quanto aos envolvimentos suscetíveis de desvirtuarem ou mesmo neutralizarem as iniciativas mais nobres.

Nesta hora, o conhecimento espírita, iluminando o raciocínio para um melhor entendimento dos mecanismos do crescimento interior, aponta os elementos passíveis de nos desarticularem, presentes na estrutura psíquica. Esclarecendo quanto à correta interpretação da Boa-Nova, leva-nos a ponderar nos "homens" que trazemos no psiquismo, representantes das experiências milenares, coletadas através de reencarnações incessantes. Essa soma de valores compõe o vasto terreno do subconsciente, a exigir severo e cuidadoso senso administrativo, a fim de que suas emersões, ante circunstâncias e acontecimentos de cada instante, não venham a nos precipitar, no embalo do automatismo, em situações de constrangimento ou de desajuste.

"PORQUE ELES VOS ENTREGARÃO AOS SINÉDRIOS," – Esclarecendo de modo incisivo a seus discípulos, quanto à necessidade de um relacionamento seguro e cristão, Jesus aponta "os sinédrios" como instituição de caráter intimidativo e mesmo punitivo, impedindo a livre movimentação do ser em sua jornada natural. Não foram poucos aqueles que tiveram silenciadas as possibilidades de manifestação, apesar dos ideais cultivados. Os tempos passam e as conotações de um sinédrio, a vigorar na consciência, se fazem presentes.

Na medida em que agimos dentro dos parâmetros do equilíbrio e da segurança, consoante o entendimento evangélico e o discernimento cristão, os caminhos se mostram, apesar de às vezes tortuosos, aptos a assegurarem o alcance do objetivo redentor.

As turbulências e os tropeços normalmente se insinuam quando, abandonando o roteiro que recebemos de cima, elegemos padrões de características pessoais, permitindo que emoções e cristalizações do personalismo ditem, de modo escravizante, atitudes que podem tisnar o equilíbrio do ser. A partir daí, aciona-se o sinédrio do campo íntimo.

E, ao peso das leis vigentes e já assinaladas, lavram-se sentenças a perdurarem no espaço e pelo tempo necessário ao processo de reajuste, permitindo, em meio às experiências mais difíceis, o retorno à harmonia, quando se reinicia, em bases renovadas, o atendimento às propostas de libertação, segundo a mensagem da Boa-Nova.

"E VOS AÇOITARÃO NAS SUAS SINAGOGAS;" – A luta daqueles que assumiram o compromisso de auxiliarem o Mestre no lançamento das sementes do Evangelho atinge, em determinados momentos, expressões representativas dos mais difíceis testemunhos. Não foram poucos os açoites em cenas de martírio.

Dentro desses quadros, Jesus alerta o cooperador e projeta para o futuro os episódios a que estaremos sujeitos ante a invigilância e o predomínio da insensatez ou da inércia.

Lesando a consciência, o ser escolhe a natureza das dificuldades e o campo onde elas se farão presentes nas teias do destino. Normalmente, somos visitados pelos fatos menos felizes, em meio a posições e situações onde depositamos os mais expressivos interesses e as mais cálidas esperanças.

A "sinagoga", como templo de identificação com os padrões superiores, é o território psíquico onde cultivamos os melhores anseios, reflexos da harmonia emanada do Criador; é, também, o campo onde se estendem os fatores de aferição ou de recomposição da vida.

Partindo do interior para o periférico, o açoite na "sinagoga" ocorre na mente, quando visitada por preocupacões, decepções, abatimento ou tristeza; no corpo físico, templo da alma, quando açoitado por enfermidades a abaterem ou reduzirem a normalidade da existência; no lar, a arregimentar corações de calorosas vibrações afetivas, quando visitado pelo terremoto das incompreensões ou da intolerância; na oficina, eleita como centro maior das conquistas pelo trabalho, quando torpedeada pelas investidas da irresponsabilidade e do desmando.

Sabendo dos pontos frágeis que poderão a cada instante instaurar nos corações lágrima e desilusão, cuidou Jesus de indicar na Boa-Nova os imperativos "vigiai e orai", como fatores de assepsia e de felicidade da alma.

53

EM TORNO DA PAZ

Mt. 10:34

"Não cuideis que vim trazer a paz à Terra; não vim trazer paz, mas espada;"

"NÃO CUIDEIS QUE VIM TRAZER A PAZ À TERRA;" – A primeira vista, todos aguardavam a vinda de Jesus trazendo a paz à Terra. O homem, com sua mentalidade acomodatícia, costuma ainda sonhar com a felicidade conquistada sem esforço. No entanto, o Mestre define que não veio trazê-la sob esse caráter ao nosso mundo; ela não constitui apanágio de coletividade, mas conquista individual.

"NÃO VIM TRAZER PAZ," – Jesus não trouxe paz ao mundo exterior, mas os meios para cada um obtê-la no íntimo. E tal paz tem o seu preço coberto pela luta, pela reeducação individual. Conforme as circunstâncias, é trabalho, renúncia, humildade, perseverança. Em meio às ações e reações do dia a dia, nos é dado medir a paz já arregimentada.

"MAS ESPADA;" – A espada da verdade, tanto que Ele ensina: "se vós permanecerdes na minha palavra, verdadeiramente sereis meus discípulos; e conhecereis a verdade, e a verdade vos libertará." (Jo. 8:31 e 32). De posse da verdade, temos condição de discernir e separar o Bem do mal, a veracidade da mentira, a virtude do vício.

É ela o instrumento apto a promover, quando bem dirigida, a fortaleza interior, pelo controle das imperfeições que, à falta de vigilância, podem emergir e nos levarem a sofrimentos e decepções. A espada de Jesus, que consubstancia todo o acervo de seus sublimes ensinos, está representada inequivocamente pela cruz do calvário. É por ela que a individualidade, renunciando à própria vida em nome do Amor, vence a luta que lhe compete.

54
DISSENSÕES

Mt. 10:35

"Porque eu vim pôr em dissensão o homem contra seu pai, e a filha contra sua mãe, e a nora contra sua sogra;"

"PORQUE EU VIM PÔR EM DISSENSÃO" – Disso se deduz que o Mestre veio à Terra investido de uma missão. "Porque eu vim" define objetivo delineado. Tudo quanto Ele falou e fez teve uma finalidade. Dissensão significa divergência. Jesus, vindo ao mundo, estabeleceu novos sistemas de vida e de relacionamento entre as criaturas. Ele enfatizou o perdão, o amor aos inimigos, a doação da vida pelo semelhante, a perseverança, sem desfalecimento.

Desde a sua vinda está implantada a luta de redenção dos seres, cujos combates mais acirrados se desenrolam dentro de si mesmos, pela afirmação da verdade, sobrepondo-se aos hábitos inferiores que teimam em manter sua hegemonia.

"O HOMEM CONTRA SEU PAI," – Expressa nova mentalidade, fundamentada no Evangelho, que agora buscamos conhecer na luta contra os ascendentes espirituais. São esses elementos que, ressurgindo à tona, procuram reassumir o direcionamento da caminhada, com base em estratégias já superadas. Compreensível, portanto, que a criatura em processo de aprendizagem busque, com toda a sua disposição, inspirada numa vontade determinante, emancipar-se dos grilhões que a retém nos quadros inferiores há longo tempo.

"E A FILHA CONTRA SUA MÃE," – Se "o homem contra seu pai", evidencia as lutas para a posse de novos conceitos contra idéias cristalizadas, num saber eminentemente intelectivo; "a filha contra sua mãe" sugere as dissensões nos campos mais profundos dos sentimentos que alimentamos.

Não basta vencer nos terrenos dos conceitos e das informações. Importante agora que saibamos cultivar os novos padrões de sensibilidade, de afetividade e de entendimento, até que sejam definitivamente estioladas as insinuações que afloram das profundezas de nossa personalidade, ainda afeita à indiferença, ao desamor e à incompreensão, reflexos tangíveis do egoísmo cronificado.

"E A NORA CONTRA SUA SOGRA;" – Nora, mulher do filho em relação aos pais dele. Sogra, mãe da esposa com relação ao marido. A nora, como esposa, está sujeita ao marido. Representa um misto de razão e sentimento contra a sogra que, por sua vez, simboliza a tradição, o preconceito arraigado, as relações estabelecidas pela posição momentânea do ser no contexto social. Jesus sugere a instauração de padrões inovadores contra as facções ultrapassadas das convenções humanas, passíveis de guindá-lo aos planos irradiadores da evolução em novo piso.

55

INIMIGOS E FAMILIARES

Mt. 10:36

"E assim os inimigos do homem serão os seus familiares."

"E ASSIM OS INIMIGOS DO HOMEM" – Os inimigos podem ser examinados sob dois aspectos: os da família consanguínea e os traços da própria personalidade. A Doutrina Espírita nos ensina que as pessoas que se desentenderam em passadas reencarnações hoje se congregam dentro de uma mesma família, buscando o resgate e a harmonização indispensáveis, diante das leis do Senhor. Por misericórdia, dificilmente se recordam dos acontecimentos desagradáveis do passado, em função do véu do esquecimento; embora se manifestem antipatias, ódios, ciúmes, desconfianças, a ponto de virem a ocorrer separações, perseguições, mortes... E muitos chegam a constatar que é mais fácil conviver com estranhos do que com parentes. A ocorrência vai mais longe, se estendendo a chefes de serviço, a companheiros de atividades, a pessoas diversas com as quais somos, pelas circunstâncias, obrigados a interagir. De outro lado, há de se considerar a presença dos inimigos que cada um traz dentro de si, representados por conflitos, por deficiências de que somos ainda portadores e que conspiram contra a saúde física, o equilíbrio emocional e a felicidade.

"SERÃO OS SEUS FAMILIARES." – No âmbito familiar, os inimigos, nem sempre manifestos ostensivamente, agem e reagem de modo a impedirem, ainda que inconscientemente, que vivamos como gostaríamos, compreendidos e amados. Nessa situação, se soubermos administrar isso, com humildade e embasados no conhecimento que ora detemos, a dificuldade será reduzida ou desativada, como também teremos a convicção de que podemos ser agentes ativos, geradores de dificuldades para terceiros do mesmo teor. Tal fato estará a nos exigir ação cristã na superação de quaisquer arestas que possam impedir que o lar seja o cadinho capaz de recompor os terrenos do destino na base do entendimento e do perdão.

De outro lado, não podemos esquecer da série de caracteres de ordem negativa a imperarem em nosso psiquismo. São eles elementos mais complexos porque, instalados no íntimo, conspiram contra o bem-estar. Nesse caso, renovar-se passa a ser caridade essencial que necessitamos adotar. Tão sério é esse fator que o Mestre nos adverte: "E não temais os que matam o corpo e não podem matar a alma; temei antes aquele que pode fazer perecer no inferno a alma e o corpo." (Mt. 10:28).

56

SÁBIOS E ENTENDIDOS

Mt. 11:25

"Naquele tempo, respondendo Jesus, disse: Graças te dou, ó Pai, Senhor do Céu e da Terra, que ocultaste estas coisas aos sábios e entendidos, e as revelaste aos pequeninos."

"NAQUELE TEMPO, RESPONDENDO JESUS, DISSE:" – Jesus estava presente, materialmente falando. Hoje Ele continua junto de nós, através dos seus emissários. Por isso, não nos deve ocorrer a ausência de entusiasmo, afirmando que "naquele tempo" tudo era diferente.

Existem determinadas circunstâncias e condições decorrentes de estímulos e interesses que definem "aquele tempo" propício a que o conhecimento nos chegue e permaneça gravado para sempre.

Jesus só deixou sem resposta Pilatos, quando este lhe perguntou o que era a verdade. Mesmo assim, o Seu silêncio foi a melhor resposta, já que nossos pedidos e indagações ao Mestre são sempre atendidos.

Segundo orientamos a existência, a vida nos responde. E, se a orientamos no rumo do Amor, a resposta é sempre em forma de sabedoria, de libertação.

Quando Jesus fala, retrata para o nosso entendimento os elementos mais justos e mais nobres de que carecemos. A sua palavra é sempre a verdade que Ele canaliza, segundo a nossa capacidade de percepção. E, à medida que a acionamos, evidenciamos o fato de tê-la assimilado.

Estaremos com Jesus sempre que falarmos o que é verdadeiro, bom e útil. O que dissermos, portanto, deve ter conteúdo e significação.

"GRAÇAS TE DOU, Ó PAI," – Jesus rendia graças à Sabedoria do Pai. E a Sua prece envolvia gratidão a Deus, súplica de recursos através de Seus pensamentos, palavras e ações. Ao orar, deixava-nos entrever a necessidade de adotar o hábito da oração.

"SENHOR DO CÉU E DA TERRA," – Às vezes, por nos faltar a fé esclarecida, julgamos que os homens são senhores disto ou daquilo. Em verdade, somente há um Senhor do Céu e da Terra, cujos desígnios são superiores aos desejos humanos. Ao cumprir os Seus Desígnios Divinos estaremos assegurando a condição de "senhores", usufruindo da harmonia e da felicidade, passíveis, no entanto, de serem perdidas quando, fazendo valer a vontade pessoal, nos submetemos à escravização pelas viciações que ainda alimentamos. "Céu" é referência didática a nos mostrar os valores contidos no infinito e na eternidade, ainda não alcançados e para cuja direção devemos nos dirigir, sob a égide do próprio Criador. "Terra" é o laboratório experimental e fixador das experiências que se abrem ao alcance do espírito. No plano objetivo, é o terreno abençoado das relações. Dentro de nós, o solo do coração, onde temos semeado ou deixado de semear nos trâmites da existência.

"QUE OCULTASTE ESTAS COISAS" – Na realidade, "Deus" nada oculta de ninguém, contudo, a pessoa só encontra o que polariza na atenção, no esforço e na perseverança, dentro da faixa evolutiva que já tenha atingido.

Todos os conhecimentos que Jesus nos trouxe e continua trazendo pelos seus emissários, inclusive pelo "Espírito da Verdade", os quais dão uma nova dimensão à vida, permanecerão ocultos, se a criatura não se munir de humildade. Daí o sentido alegórico, muitas vezes presente na sua mensagem.

Reconhecendo a nossa carência e evidenciando a disposição de aprender, os véus que nos separam do conhecimento vão sendo descerrados.

"AOS SÁBIOS E ENTENDIDOS," – Os homens se acham divididos no conceito que fazem de si mesmos: uns se têm como entendidos em tudo, nada precisando aprender; outros vivem famintos e sedentos de aprendizado. A verdadeira sabedoria consiste em conhecer e exemplificar, conquistando a paz e a felicidade possíveis. Quem se julga sábio entroniza a própria ignorância. Quem se tem como entendido e inteligente limita a própria perspicácia. É como se se fechasse num quarto, olvidando o Sol, as belezas que existem lá fora. "E, se alguém cuida saber alguma coisa, ainda não sabe como convém saber." (I Cor. 8:2). Se pegarmos um objeto qualquer e formos nos interrogando acerca dele, em minutos constatamos nossa extensa e profunda ignorância. E se trata apenas de uma coisa material, palpável; e as coisas espirituais? O orgulho é deplorável cegueira.

"E AS REVELASTE AOS PEQUENINOS." – Quando em estado receptivo, vamos descobrindo, aprendendo, paulatinamente. É a dinâmica do aprendizado. Desde os primeiros movimentos do ser na área mental, inicia-se o regime inestancável das revelações. A Sabedoria Divina apresenta uma vasta gama de caracteres a extrapolar em muito a capacidade assimilativa de cada um. Quanto à amplitude das concessões, em comparação com nossas parcas possibilidades de tudo recolher, já afiançava o evangelista: "Pois não lhe dá Deus o Espírito por medida." (Jo. 3:34).

Espiritualmente "pequeninos" são os humildes, necessitados das coisas que Jesus está nos trazendo. Os outros estão satisfeitos com o que veem, sem nem ao menos vislumbrar o que poderiam experimentar. São aqueles que se consideram crescidos, adultos. Falando aos enviados de João, Jesus diz "... e aos pobres é anunciado o Evangelho." (Mt. 11:5). Embora anunciado aos quatro ventos, só ouve a mensagem da "Boa-Nova" quem dela tem ou experimenta interesse, os que se constatam pequenos.

Um gravador com microfone, ligado numa sala, registra todos os ruídos, entretanto, no mesmo recinto, à medida que concentramos nossa atenção em determinado motivo, só isto ouvimos. O menino também é assim: capta tudo com facilidade – vive a vida em plenitude. Confia em seu pai. Mantém curiosidade e interesse de aprender. Recomeça um brinquedo quantas vezes forem necessárias. É espontâneo e não guarda ódios. Porque não somos o que somos, porém o que desejamos parecer que somos, é que colocamos uma série de obstáculos entre nós e a verdade de que tanto precisamos para vivermos bem e sermos felizes.

57

PROPOSTA DIVINA

Mt. 11:26

"Sim, ó Pai, porque assim te aprouve."

"SIM, Ó PAI, PORQUE ASSIM TE APROUVE." – Deus sabe o que é melhor.

Quando temos a felicidade de compreender que algo representa a proposta do Senhor, isso devemos aceitar, porque é o melhor, o que mais nos convém, o que contribui para o nosso reequilíbrio. Jesus assim definia porque bem sabia que muitos acreditam que a Sua doutrina precisa da presença de ricos e de pessoas de projeção para ser lançada no mundo...

Não nos esqueçamos de que o Evangelho é para ser semeado, e, a partir daí, germinar, crescer e frutificar no coração. Carecemos dos que precisam da Doutrina e não dos que acham que a Doutrina precisa deles. Os grandes, os ricos, virão a seu tempo, quando chegarem à conclusão de que, detendo de tudo, permanecem com o vazio de suas almas.

Em meio ao aprendizado, chega sempre o momento em que, seja qual seja o terreno que estamos palmilhando, percebemos estar presente a vontade sábia do Criador.

Diante dos cometimentos felizes, a importância da sobriedade e do respeito à posição dos semelhantes. Nas horas difíceis, o convite à serenidade, num atestado de consciência e identidade com as disposições do Plano Maior. Atrás do "aprouve" do Pai, pode estar presente o recurso menos agradável, mas imprescindível ao ressarcimento de débitos pretéritos, ou outros, destinados à aferição das conquistas já operadas, com vistas ao futuro, isso sem perda da capacidade de regozijar-se com a felicidade daqueles que nos cercam.

58

PAI E FILHO

Mt. 11:27

"Todas as coisas me foram entregues por meu Pai; e ninguém conhece o Filho, senão o Pai; e ninguém conhece o Pai, senão o Filho, e aquele a quem o Filho o quiser revelar."

"TODAS AS COISAS ME FORAM ENTREGUES POR MEU PAI" – Em plano relativo, Jesus é o Senhor absoluto dos mundos sob Sua jurisdição, condição que lhe foi outorgada pelo Pai, da mesma forma que um grande proprietário confia a administração de parte dos seus domínios a alguém. Falamos dos mundos, porque Jesus diz: "ainda tenho outras ovelhas que não são deste aprisco; também me convém agregar estas, e elas ouvirão a minha voz, e haverá um rebanho e um pastor" (Jo. 10:16). Jesus organizou o mundo em que vivemos e preside a programação de todas as experiências.

"Por meu Pai" somos compelidos a refletir na magnitude da percepção de Jesus e de Sua inabordável autoridade. De nossa parte, referimo-nos com simplicidade a "nosso" Pai, até que a evolução nos projete ao entendimento cósmico da Divindade que Jesus nos faz depreender em sua afirmativa.

Falava num plano de conhecimento maior, de responsabilidades superlativas. Dizemos "nosso Pai", contudo, estamos longe de compreender o legítimo significado dessa expressão...

"E NINGUÉM CONHECE O FILHO, SENÃO O PAI;" – Cada pessoa, nas suas aspirações e no que é, constitui um mundo em si mesma. E até parentes mais próximos, apesar de tudo o que nos dizem, permanecem como mundos impenetráveis para nós. Assim, só o Pai conhece o Filho; nós apenas imaginamos o que Ele é, tudo dentro de acanhada evolução.

Dada a ignorância que portamos, o Mestre ainda não nos é integralmente conhecido; à medida que crescemos, crescerá Ele em nosso conceito.

"E NINGUÉM CONHECE O PAI, SENÃO O FILHO," – O filho surge do Pai. É aquele que assimila e identifica os valores de seu Criador.

Sem dúvida, cada um guarda, na faixa evolutiva que lhe é própria, os conhecimentos que recebe d'Ele. E são esses conhecimentos que nos capacitam a refletir nas linhas de união com Ele, abrindo-nos condições de conhecê-Lo melhor, em decorrência da ampliação da fé que se estende.

"E AQUELE A QUEM O FILHO O QUISER REVELAR." – Através dos tempos, a idéia de Deus vem evoluindo: "Senhor dos exércitos", (I Sam. 15:2), "Deus de vingança", (Ez. 25:17), "Juiz da Terra" (Sal. 94:2), "Pastor", (Sal. 23:1), "Pai", (Mt. 6:9), (esta designação só figura no Novo Testamento), "Amor", (1 Jo. 4:8).

No caso, Jesus, como o Filho, tem Sua vontade plenamente identificada com a Vontade Divina. E assim, como instrumento do Amor que com Ele se dinamiza, goza da faculdade de trabalhar junto de todos aqueles que, dentro de Sua percepção, se fazem aptos e se dispõem a conhecer o Pai, consoante o que nos mostra a Boa-Nova: "Pedi, e dar-se-vos-á; buscai, e encontrareis; batei, e abrir-se-vos-á. Porque, aquele que pede, recebe; e o que busca, encontra; e, ao que bate, se abre." (Mt. 7:7 e 8).

59

CANSADOS E OPRIMIDOS

Mt. 11:28

"Vinde a mim, todos os que estais cansados e oprimidos, e eu vos aliviarei."

"VINDE A MIM," – Convidando-nos, Jesus espera que nos movimentemos para Ele. Apesar de nos aguardar no decorrer dos milênios, essas Suas palavras ainda soam nas consciências trabalhando nossas reservas, até que o livre-arbítrio, imprescindível em tal decisão, possa ser acionado na direção d'Ele, que se constitui porta de solução de todas as dores e apreensões.

"TODOS OS QUE ESTAIS CANSADOS E OPRIMIDOS," – Enquanto o homem não cansar de se dedicar apenas às coisas materiais, sabendo colocá-las dentro de suas reais proporções, não se voltará efetivamente para as espirituais. No entanto, Jesus, como Mestre, sabe aguardar a manifestação de cada um neste sentido, ainda que em decorrência do cansaço e da saturação. Por não buscá-Lo pela via do Amor, Ele nos aguarda após as muitas lutas e desarmonias experimentadas nas veredas do sofrimento e da desilusão.

Oprimidos, porque as coisas da Terra não apenas cansam, oprimem também.

As desilusões aniquilam. As derrotas afligem. Depois de tanta luta, tuda passa, deixando cicatrizes a nos induzirem à reflexão, para tomada de uma nova posição com Ele nas trilhas do progresso.

"E EU VOS ALIVIAREI." – Mediante os esclarecimentos de Jesus, adquirimos compreensão, que permite seja tudo dimensionado em suas devidas proporções.

Aliviarei, no futuro, porque conhecemos agora, sentindo em seguida, para viver depois; e só na efetiva exemplificação, como Ele, é que estaremos aliviados. Pesado tributo nos tem sido exigido pela cristalização no tempo e no espaço, em faixas exclusivamente transitórias. Temos feito da existência uma constante experimentação, ao sabor das emoções, adiando a adoção de postura responsável e discernida, atitude capaz de aliviar o peso das falhas alimentadas, a gerarem dor e desilusão. Nada obstante, fala a extensão da Misericórdia a apontar o Cristo como referência insubstituível à instauração e à manutenção da serenidade no coração.

60

MANSUETUDE E HUMILDADE

Mt. 11:29

"Tomai sobre vós o meu jugo, e aprendei de mim, que sou manso e humilde de coração; e encontrareis descanso para as vossas almas."

"TOMAI" – Imperativo. Mas, quem toma, por exemplo, uma atitude, o faz no devido tempo. Informa-se a respeito, pondera, para, enfim, resolver.

O Mestre nos induz a uma tomada de posição. E, quando se adota uma atitude consciente, ela é sempre precedida de uma informação a respeito, de ponderação e resolução.

"SOBRE VÓS O MEU JUGO," – Se Jesus fala no jugo d'Ele, é porque há outros tipos de jugo. "Não podeis servir a Deus e a Mamom" (Mt. 6:24). Como servos de Jesus, nos libertamos com o Bem.

Como servos do mundo, nos escravizamos ao erro e à viciação.

Aceitando o jugo d'Ele, não entramos num processo de submissão ou sujeição, porque a Sua mensagem de Amor tem característica de espontaneidade e de aceitação, causando, ao que opera em Seu nome, esperança e maior confiabilidade num futuro melhor. Em ajuste natural aos postulados do Evangelho, passa-se a definir, por escolha pessoal, novos rumos no campo da evolução, em que Ele, como Senhor e Mestre, assume o papel de inspirador e mesmo condutor, assegurando-nos, em razão do empenho reeducativo instaurado, valores de reconforto espiritual, reerguendo-nos do jugo dos interesses mundanos para os cimos da luz.

"E APRENDEI DE MIM," – Jesus é o Mestre. Com Ele aprendemos o que é de Deus. Como devemos agir com relação ao próximo, às coisas, e relativamente a nós mesmos. É o que a Divindade espera de cada qual. Jesus é a fonte de todo o conhecimento indestrutível. Ele ensinou e viveu; nós devemos aprender e exemplificar.

"QUE SOU MANSO" – Pacífico. A serenidade é a característica daqueles que se situam dentro dos desígnios de Deus. Todas as vitórias efetivas refletem júbilo inexcedível e paz de espírito.

Jesus, evidenciando a mansuetude, a não violência, assegurou a Sua ressurreição gloriosa. Da mesma forma, à medida que nos adaptamos a essa diretriz, estaremos nos desvinculando do sistema das reencarnações expiatórias. "Bem aventurados os mansos, porque eles herdarão a Terra;" (Mt. 5:5). Terra que espiritualmente mana leite e mel nos refolhos da alma. No entanto, não determinados à responsabilidade cristã, elegemos um processo sistemático de rebeldia, de prepotência, de intolerância, definindo no momento que passa, quando ainda aqui na carne, experiências recapitulatórias de sofrimentos e desequilíbrios, seguindo rotas infelizes, formando um corolário de desespero e frustração.

"HUMILDE DE CORAÇÃO;" – Coração é sentimento. O sentimento é que dá essência e perfume. No ser de sentimento humilde, a simplicidade se materializa em tudo. Sentindo, pensando, falando, realizando. É assim que alguém consegue cumprir integralmente o seu trabalho. Jesus diz que não faz a própria vontade, mas a do Pai. Os Seus propósitos não são, senão, os de concretizar os Desígnios Divinos.

"E ENCONTRAREIS DESCANSO" – Futuro. Aprendemos, vivemos para, enfim, obtermos resultados. Só o jugo de Jesus e o aprendizado de Sua mensagem nos dão calma, bem-estar, satisfação.

Repouso não é estagnação, mas movimento. Ação que aquieta o coração e garante a tranquilidade para a consciência. É falsa a tranquilidade proporcionada pela Terra, como também é ilusória a sensação de homem "realizado" que muitos desejam. A vida é dinamismo; e a perfeição é a meta.

"PARA AS VOSSAS ALMAS." – O que é real vive em função da realidade, portanto, em função da alma, que é imortal. O descanso proporcionado pelo conforto do século, além do que é justo, não raro conduz ao egoísmo, ao comodismo, relaxando o coração e a mente. Devemos nos conscientizar de que a ociosidade de hoje pode ser a paralisia de amanhã.

61

FARDO LEVE

Mt. 11:30

"Porque o meu jugo é suave e o meu fardo é leve."

"PORQUE O MEU JUGO É SUAVE" – Jesus espera que a responsabilidade seja a tônica da existência, porque uma vida bem vivida só alegria nos pode trazer. É a suave manifestação da Bondade Divina aos espíritos conscientes das próprias obrigações. São estes os que aprenderam a entregar-se em transportes de confiança Àquele que exerce com sabedoria e firmeza o comando do Universo, em constante dinamismo para a luz.

"E O MEU FARDO É LEVE." – Os mandamentos do Senhor, representando a carga de trabalho que nos cabe executar, são, de fato, leves, e libertam a criatura.

O jugo do mundo atribula o homem. O fardo do mundo aniquila a criatura e compromete sua vida física e espiritual. Quanto mais faz, mais precisa fazer, porque maior é sua ambição.

Quanto mais a criatura aprende de Jesus, mais simplifica a própria vida e se forra das injunções do mundo. As coisas mais simples lhe proporcionam duradoura alegria. E assim caminha para fazer o Bem por Amor ao próprio Bem. E, então, não há cansaço nem sacrifício. Apenas alegria do espírito em harmonia com as leis do Criador, cujo pensamento quanto à Humanidade coube a Jesus revelar.

62

TERRENO ÁRIDO

Mt. 12:43

"E, quando o espírito imundo tem saído
do homem, anda por lugares
áridos, buscando repouso,
e não o encontra."

"E, QUANDO O ESPÍRITO IMUNDO" – Sempre surge a oportunidade, o tempo em que as vinculações menos felizes chegam ao seu término. São os momentos em que o saneamento dos padrões negativos, que por vezes nos acompanham por períodos milenares, encontra o seu ponto final.

Levemos em conta que, ao lado da purificação sistemática nos carreiros da evolução, surgem também os problemas por nós avocados pelas vias da invigilância, suscetíveis de limpeza ou superação. A "imundície do Espírito" expressa bem as manchas psíquicas a impregnarem a individualidade, seja por falta de conhecimento, seja por presença nos campos destoantes das vibrações do Bem. Em ambos os casos, há o chamamento da Lei do Progresso, convocando-nos à libertação espiritual. Essa libertação é inerente a todo aquele que alcançou a condição de "Espírito puro". No entanto, em permanecendo na retaguarda, indiferente ao aprendizado, sujeita-se ao sofrimento que se prolonga, tendo que conviver, às vezes, em ligação consciente ou inconsciente com entidades ainda presas à imperfeição e à materialidade.

A imersão no plano físico, pelas vias da reencarnação, é valiosa oportunidade para a purificação, ressaltando-se que a água lembrada nos processos da higiene também está presente em alto percentual no cosmo biológico, sugerindo isso o papel que também exerce no terreno da assepsia e da limpeza do psiquismo em sua atividade incessante.

"TEM SAÍDO DO HOMEM," – Quando elementos de despertamento encontram ressonância em alguém, abrem-se novas perspectivas quanto ao seu futuro, pela desimantação e consequente afastamento de entidades espirituais que, em sintonia com os seus antigos padrões inferiores, se mantinham com ele conjugadas. Nessa hora, cérebro e coração, iluminados pela Mensagem Superior e que detonaram os recursos da desvinculação, devem se manter, sob o impacto da vontade, firmes e em incansável sistema de realimentação dos padrões de segurança e aperfeiçoamento que acabam de eleger.

"ANDA POR LUGARES ÁRIDOS," – Há Espíritos que hibernam por longo tempo no Plano Espiritual. O trecho em estudo fala-nos também dos que perambulam pela erraticidade. É por isso que somos convocados a andar atentos, ocupados nos terrenos no Bem, para anularmos as sugestões de ordem inferior a que todos estamos sujeitos. Nas andanças, se o Espírito se detém no que é bom, coloca-se a caminho da transformação. Oportuno despertar e desenvolver a curiosidade sadia, a fim de que tudo aquilo por que nos interessarmos possa de algum modo contribuir para a libertação.

Sem dúvida, encarnados ou desencarnados, ainda não conscientes do real objetivo da vida, acabam por se vincularem a "lugares áridos", menos atrativos. Isso varia de acordo com a disposição pessoal. Para uma pessoa habituada a uma vida simples, a vida social é um lugar árido. O inverso também é verdade.

Sempre que há metas delineadas, planejamento e ação representam dinâmica para frente e para o alto, trazendo, aos que aí se empenham, segurança e serenidade, independentemente de planos, condições ambientes, circunstâncias ou paisagens.

"BUSCANDO REPOUSO, E NÃO O ENCONTRA." – Realmente, quando se "toma do arado" a ordem é prosseguir a tarefa, para que as insinuações dos antigos reflexos não venham a se revitalizar.

O não encontrar repouso se prende ao fato de que tanto os elementos de imperfeição – males transitórios – como entidades em desequilíbrio, não se fixam, por sua própria natureza, por falta de raízes, senão quando oferecemos piso ou "habitat" para sua instalação. Logo, se "expulsamos" um vício ou uma companhia menos desejável, é natural que elas insinuem a possibilidade de retornar, para o que devemos estar em constante vigilância.

63

CASA MENTAL

Mt. 12:44

"Então diz: voltarei para a minha casa, donde saí. E, voltando, acha-a desocupada, varrida e adornada."

"ENTÃO DIZ: VOLTAREI PARA A MINHA CASA, DONDE SAÍ." – O ato de dizer define a atitude pessoal e dá início a ação. Nesta hora, exterioriza-se a reflexão do Espírito. Os movimentos das imagens do campo mental estão sempre presentes e anseiam o repouso dentro de um plano de fixação. Para que as insinuações do retorno a antigos sistemas não venham a ter êxito, necessário se torna posição definida e firme por parte do aprendiz. "Voltarei para minha casa, donde saí" é condição presente e atuante das cargas de pensamentos e hábitos, que o processo reeducativo expulsou do centro das nossas cogitações atuais, e que anseiam retornar às antigas posições.

É para esse fato, lógico e natural, que Jesus endereça os imperativos "vigiai e orai". Obviamente, e por extensão, nos é possível identificar companhias anteriormente ligadas, sob regime de obsessão simples ou complexa, a espreitarem antigos hospedeiros, na ânsia de reeditarem quadros de dor e sofrimento.

"E, VOLTANDO, ACHA-A DESOCUPADA, VARRIDA E ADORNADA." – Se "voltarei" insinuava propósito, "voltando" já é a consolidação efetivada pela falta de vigilância e segurança. O espírito não fica entregue a raciocínios e reflexões. Ele pode voltar mesmo. E isso acorre com quase todos. Indispensável é, pois, perseverar no Bem, para que a porta da casa mental, neste caso, esteja fechada, impossibilitando a sintonia com motivos negativos e entidades ainda gravitando em faixas de desequilíbrio.

À medida que nos identificamos com os padrões superiores, vamos criando recursos a nos protegerem das investidas infelizes, impedindo que sejamos "achados" desocupados e potencialmente predispostos aos envolvimentos trevosos. Ainda que, em função da Lei de Causa e Efeito, possam remanescer situações ou vinculações inoportunas, o estado positivo, a confiança em Deus e a esperança em dias melhores assegurarão, a curto ou médio prazo, o equacionamento das dificuldades e o domínio da paz e da felicidade que todos almejamos.

A ociosidade mental, evidenciada na "casa desocupada", é a grande germinadora de processos mórbidos, de quistos espirituais a exigirem terapias dolorosas de longo curso e nem sempre aceitas de bom grado por quantos possam vir delas necessitarem.

A varredura é providência que limpa o ambiente das sujidades acumuladas. É base, sem dúvida, de bem-estar, de repouso. À limpeza deve seguir-se a organização objetiva para a funcionalidade de qualquer ambiente. Se varremos a casa íntima dos detritos acumulados no tempo, é imperioso organizá-la, distribuindo e ajustando peças funcionais e agradáveis, de modo a assegurar recursos adequados e objetivos para o Espírito em crescimento. Adorná-la, apenas, pode sugerir exterioridade, em detrimento da essencialidade.

Mesmo em uma casa material, desocupada, varrida e adornada, somos levados quase sempre a entrar e ficar... A imagem é notável e sábia.

Todo adorno é enfeite. Vivemos com ou sem ele. Um cadáver muito bem enfeitado não deixa de ser cadáver. O adorno é sempre externo. Quase sempre tem o objetivo de revestir.

Sob o enfoque espiritual, o enfeite será sempre o revestimento vibratório a refletir o campo interior.

Se nos é lícito cultivar valores que possam tornar mais agradáveis o ambiente psíquico em que vivemos, é válido atentar para um sem número de elementos em nossa área, que nada mais expressam senão o vazio ou a pouca objetividade de propósitos.

64
OCIOSIDADE E OBSESSÃO

Mt. 12:45

"Então vai, e leva consigo outros sete espíritos piores do que ele, e, entrando, habitam ali: e são os últimos atos desse homem piores do que os primeiros. Assim acontecerá também a esta geração má."

"ENTÃO VAI, E LEVA CONSIGO OUTROS SETE ESPÍRITOS PIORES DO QUE ELE," – "Então vai" porque a estrada está livre, as portas abertas, a casa em condições de ser novamente ocupada. Sempre que conseguimos neutralizar a ação de determinados elementos que nos dominaram o campo mental e não ocupamos o terreno com novos interesses, as válvulas permanecerão abertas para o recrudescimento do processo anterior.

Obviamente, a situação estará agravada, como, aliás, ocorre todas as vezes que reincidimos em antigos hábitos negativos. É o que o texto nos deixa entender na expressao "leva consigo outros sete espíritos". O "sete", várias vezes mencionado pela linguagem bíblica, é número que encerra a idéia de etapa completa, ciclo atendido em todos os seus aspectos. É o descanso no "sétimo dia"; são as "sete virtudes"; as "sete maravilhas do mundo", os "sete dias da semana". Voltando-nos às sete cores do arco-íris, e especialmente às sete notas musicais, vemos favorecido o entendimento quando o oitavo tom é o mesmo da escala anterior, alterado apenas em suas expressões vibratórias.

Como são "piores do que ele" podemos depreender que o antigo quadro volta agravado, sugerindo novos tipos de agentes de defesa e limpeza psíquica, convocando a criatura a redobrada disposição na superação e necessária reafirmação de vida em bases renovadas.

"E, ENTRANDO, HABITAM ALI:" – Obsessão ou desajuste a caminho da possessão, de cura problemática e demorada, podendo arrastar-se por numerosas reencarnações. Se as insinuações ou induções negativas podem ser interpretadas como visitas, ou hospedagem de curto prazo, a "entrada" e consequente habitação sugere acomodação, ajuste metódico, com vistas a empreitadas de longo curso.

"E SÃO OS ÚLTIMOS ATOS DESSE HOMEM PIORES QUE OS PRIMEIROS." – Indubitavelmente, as ações levadas a efeito em desnível de retidão cristã acarretam consequências das mais tristes. E, quando alguém se vê novamente envolvido nessas linhas de ação, após um interregno maior ou menor, sabe das extensões muito mais amplas de seus atos menos felizes. Ampliaram-se os pontos básicos de sua sensibilidade, agravando dores e sofrimentos.

"ASSIM ACONTECERÁ TAMBÉM A ESTA GERAÇÃO MÁ." – O "também" expressa fato já acontecido a alguém ou a nós mesmos, em outras circunstâncias. O fato dá-se individual ou coletivamente. Geração má é a que sabe o que é bom, o que convém, mas insiste em fazer o que é mau. E erramos, fazendo o que é mau, ou nos omitindo quanto à prática do Bem.

Na passagem em estudo, o homem já estava suficientemente orientado. A geração também. Nos dias atuais, os acontecimentos mostram o mesmo quadro. Nunca tantas religiões, tantas filosofias circularam com tanta facilidade, induzindo ao Amor e ao cumprimento dos mínimos deveres. O Evangelho é hoje levado a multidões, que somam milhares e mesmo milhões de individualidades, a usufruírem dos recursos de comunicação.

Vemos na atualidade as palavras do Mestre, ditas àquela época nos lares, nas praias singelas do Tiberíades, nas elevações banhadas por frescas aragens, servindo a relva como piso e acomodação, serem hoje repetidas por sobre os telhados, atingindo, às vezes, no mesmo instante, vários países. É daí que nascem as responsabilidades redobradas, propiciando sejam ouvidas na acústica da alma, não só advertências como esta, mas também para os que têm ouvidos de ouvir os elementos seguros, induzindo à busca da verdadeira paz.

65

FAMILIARES

Mt. 12:46

"E, falando Ele ainda à multidão, eis que estavam fora sua mãe e seus irmãos, pretendendo falar-lhe."

"E, FALANDO ELE AINDA" – Ensinar foi uma constante na vida de Jesus, sendo a lição falada a tônica de sua mensagem, portadora da vantagem de ser adequada às circunstâncias, necessidades do momento e atender às reações dos presentes.

O Mestre permanece falando, através das pessoas de boa vontade e bem intencionadas.

O advérbio "ainda" traz em seu íntimo o conteúdo da Misericórdia, assegurando a manutenção de Sua mensagem, atingindo os corações.

"A MULTIDÃO," – A massa é, sem dúvida, o ponto de partida de todos aqueles que se dispõem ao caminho da redenção. Na medida em que a consciência se faz, torna-se natural a saída vibratória da multidão, ao lado do respeito e da valorização da sua presença como instrumento operacional necessário ao crescimento.

Jesus trabalhava com a multidão, era seguido, reverenciado por ela, que o aplaudiu em sua entrada em Jerusalém e bradou irreverente, manifestando: "crucifica-O", poucos dias depois. Ciente desta volubilidade, recomendou Ele, como providência acauteladora: "Não ireis pelo caminho das gentes," (Mt. 10:5).

Qual tem sido a nossa posição? Integramos a multidão? Estamos saindo dela? O conhecimento que hoje nos felicita nos conduz a reflexões capazes de estabelecerem conclusões claras de que, se a luta é individual, a alienação quanto à própria real situação espiritual só nos afastaria do objetivo: a vitória do "Eu Crístico".

"EIS QUE ESTAVAM FORA" – O povo aglomerado impedia seus familiares de se aproximarem. Do mesmo modo, nós mesmos, pertencentes à grande família de Deus e, em consequência de Jesus, também. Multidão que inclui vasta gama de valores externos e internos, na forma de obstáculos naturais, e de convenções, conceitos e condicionamentos milenares.

Frente a essa verdade, quando identificada com discernimento, o ser que deseja aproximar-se dos legítimos padrões que o Evangelho propõe diligenciará recursos a fim de vencer os óbices, que passam a ser instrumentos de projeção, no rumo de novos degraus evolutivos.

"SUA MÃE" – Maria de Nazaré, esposa de José, carpinteiro, profissão que ensinou a seu filho Jesus: "Não é este o Carpinteiro, filho de Maria..." (Mc. 6:3). Espírito de evolução extraordinária, tanto que o anjo Gabriel, enviado por Deus, à sua cidade, na Galiléia, para anunciar-lhe o nascimento de Jesus, falou assim: "Salve, agraciada; o Senhor é contigo: bendita és tu entre as mulheres" (Lc. 1:28). Primou pela humildade e obediência. Nas "Bodas de Caná" nos advertiu ao dizer aos serventes: "Fazei tudo quanto Ele vos disser."(Jo. 2:5). Sobreviveu a seu esposo José. Desencarnou em Éfeso, onde morava em companhia de João, o apóstolo e evangelista.

Maria era prima de Isabel: "E eis que Isabel, tua prima, concebeu..." (Lc. 1:36), tinha irmã, também de nome Maria, casada com Cleofas ou Alfeu, mãe de Tiago (menor), Judas, Levi, José e Simão, e outra, de nome Salomé, casada com Zebedeu, cujos filhos eram João, o Evangelista, e Tiago (maior) um dos mais íntimos apóstolos de Jesus.

Tiago (maior) e João, ao lado de Pedro, presenciaram, praticamente, todos os fatos culminantes da vida de Jesus, como, por exemplo, a transfiguração.

Em sua obra, escreve Emmanuel: "Geralmente, quando os filhos procuram a carinhosa intervenção da mãe, é que se sentem órfãos de ânimo ou necessitados de alegria. Por isso mesmo, em todos os lugares do mundo, é comum observarmos filhos discutindo com os pais e chorando ante corações maternos. Interpretada com justiça por anjo tutelar do Cristianismo, às vezes, é com imensas aflições que recorremos a Maria." (Caminho, Verdade e Vida – cap. 171)

A par dessa referência, evidencia-se o sublime ensinamento que a expressão "mãe" sugere ao nosso entendimento. Aí reside a sede inarredável dos mais valiosos sentimentos, que, gerados nas fibras do coração, serão capazes, ao lado da razão, de nortearem rotas, e promover os mais extraordinários lances na jornada empreendida.

"E SEUS IRMÃOS,"– Nas línguas faladas na Palestina naquele tempo, não havia o termo "primo". Todos eram chamados irmãos. Mesmo no Brasil, em vários lugares, subsiste a designação primos-irmãos. Segundo consta, o vocábulo foi usado por São Jerônimo – sábio que dedicou sua vida ao estudo das Escrituras (347/420), quando realizou a tradução denominada "Vulgata Latina", para evitar dúvidas.

Em Lucas, temos o anjo Gabriel falando à Maria: "E eis que também Isabel, tua prima, concebeu um filho em sua velhice, e é este o sexto mês para aquela que era chamada estéril." (Lc. 1:36).

Ainda hoje persistem as polémicas sobre o fato de que Jesus tenha ou não tenha tido outros irmãos. A par disso, o estudo visando retirar da letra o espírito que vivifica sugere que, por primogênito, não se considere apenas o primeiro de vários filhos, mas, principalmente, que Ele estará sempre à frente de quantos vão se elegendo conscientemente como filhos do mesmo Pai. "E Ele é antes de todas as coisas, e todas as coisas subsistem por Ele. E Ele é a cabeça do corpo, da igreja; é o princípio e o primogênito dentre os mortos, para que em tudo tenha a preeminência." (Col. 1:17 e 18)

Para nós, espíritas, a questão da virgindade de Maria envolve o conhecimento e exemplificação do Evangelho. Todos nós precisamos "dar corpo" ao Cristo em nossas vidas. Só conseguiremos fazê-lo com o sentimento, o pensamento, a palavra e a ação "virgens" de tudo que for contrário ao Bem.

Legitimamente, o ser consciente de seu papel no contexto evolutivo reconhece sempre, em cada companheiro, o irmão em Cristo, constituindo isso a certeza de que há uma e única família no Universo, tendo o Criador por Pai de Bondade e Misericórdia.

"PRETENDENDO FALAR-LHE." – Podemos ter o propósito de nos dirigir a Jesus, aos amigos espirituais. Os impedimentos, quando existem, não são da parte deles, mas da nossa, a expressarem deficiências e dificuldades que ainda nos são inerentes. O Evangelho é a fonte que nos ensina, através de exemplos, como superá-los. Zaqueu subiu a uma figueira brava para vê-lo, já que a sua pequena estatura e a multidão constituíam empecilhos quase que insuperáveis. Pequena estatura refletindo sua pequenez espiritual e a multidão, de caráter externo, na forma de obstáculos do caminho, e, interno, pela soma das próprias imperfeições. A mulher cananéia soube insistir e cultivar a humildade, o cego de Jericó vence a reação negativa da multidão e é chamado por Ele.

"Pretendendo falar-lhe" convoca o espírito a refletir quanto às disposições íntimas em procurar, objetivamente, aquele que é a "Luz do Mundo" (Jo. 8:12). Movidos pela proposta sincera da mudança, recorremos sempre a Ele, na certeza de que seremos atendidos.

66

PARENTELA

Mt. 12:47

"E disse-lhe alguém: Eis que estão ali tua mãe e teus irmãos, que querem falar-te."

"E DISSE-LHE ALGUÉM:"– No decorrer das experiências, a cada instante, surpreendemos alguém a nos dizer algo, informando, argumentando, questionando-nos acerca de fatos, cuja presença traz sempre implícita a proposta do Criador. Diante desse quadro, cabe-nos redobrada atenção, tendo em vista que, no plano das reações, a criatura estará refletindo o seu grau de aproveitamento na aprendizagem.

A Doutrina Espírita nos informa que há departamentos nos planos espirituais que examinam e selecionam as preces, como os anseios que representam formas de dizer. A própria Lei de Causa e Efeito responde aos propósitos de cada qual.

"EIS QUE ESTÃO ALI FORA" – Em sua grande maioria, as criaturas permanecem em movimento de feição exterior, angariando os valores a emergirem do mecanismo de interação dos seres. Chega, no entanto, o instante em que as reservas recolhidas acabam por induzirem à reflexão, convocando-nos ao direcionamento rumo à integração. Se, de um lado, ainda permanecemos de fora, aspirando a comunhão com o centro essencial do Amor, de outro estaremos em plano de consciência, servindo de referência a muitos que nos circundam. Neste ponto, é imperiosa a clareza de sentimento de que a provedora inarredável da segurança encontra-se naquele que afirma "eu sou a porta"(Jo. 10:9).

"TUA MÃE E TEUS IRMÃOS, QUE QUEREM FALAR-TE." – O instante das iniciativas é sempre momento valioso na atividade de todos. Na pauta das circunstâncias, é necessária a atenção, já que, do Plano Maior, os que zelam por nós deixam, sem interferências mais amplas, que despertem em cada um as novas opções de vida. Recebemos a todo instante regras e informações para seguirmos, mas é a partir das definições pessoais que marcamos a dose das pretensões que nutrimos.

"Tua mãe e teus irmãos" apontam um processo de relação do indivíduo com tudo e com todos, sob a inspiração dos sentimentos mais nobres. Querem tais valores expressar a Determinação Divina, que, no entanto, sabe aguardar no tempo e no espaço a nossa adesão.

67

FAMÍLIA UNIVERSAL

Mt. 12:48

"Porém Ele, respondendo, disse ao que lhe falara: Quem é minha mãe? E quem são meus irmãos?"

"PORÉM ELE, RESPONDENDO," – Com essa conjunção, o Mestre como que represa o curso das idéias até então expostas, a limita a uma feição puramente material, para retirar do fato ensinamento de ordem espiritual.

Ao redirecionar o curso dos pensamentos, responde Ele de modo claro e insofismável, valendo-se do encaminhamento mental do interlocutor para ampliar o seu grau de percepção. Todo diálogo pressupõe um retorno pessoal, uma resposta que reflete aquilo que trazemos na consciência, como modelo da verdade. Muitas vezes, optamos pelo silêncio, mas a demanda interna exige um posicionamento dentro daquilo que já conseguimos apreender.

"DISSE AO QUE LHE FALARA:" – Na sequência natural das relações humanas, cada um alcança determinados ângulos das colocações feitas. O Cristo, tendo visão clara das possibilidades individuais, atende aos anseios da alma, no momento e na forma justos.

Cabe-nos apropriar com discernimento o que dele dimana. Contudo, em decorrência de padrões que ainda nos vinculam à retaguarda, temos perdido valiosos conteúdos que poderiam, se devidamente assimilados, nos projetarem a novos terrenos de harmonia e felicidade.

"QUEM É MINHA MAE? E QUEM SÃO MEUS IRMÃOS"? – Quando o expositor de uma idéia pergunta a si mesmo, está se valendo de um processo didático com vistas à fixação do ensinamento. Leva os ouvintes a aprofundar o tema. Dá ensejo à meditação.

Com interrogações (Método Socrático), Jesus procurava conduzir o raciocínio dos presentes, para fazê-los perceber algo acima das restrições materiais – do terra a terra. Fazendo-se uma pergunta sobre uma coisa tida como exata, de algum modo ela é colocada em dúvida, alertando sobre as possibilidades de outras interpretações. A dúvida ocorre naquele período que se verifica entre o abandono de uma verdade menor para aceitação de uma verdade maior. Exemplo: Um religioso um dia passa a questionar certos aspectos da religião que o confortou por determinado tempo. Estabelecida a dúvida, sente-se com liberdade bastante para examinar outras idéias, e acaba encontrando uma que, na sua atual concepção – pois houve evolução – julga superior, mais adequada, aderindo a ela.

Ressalte-se, ainda, que a indagação de Jesus encaminha o raciocínio para ângulos bem mais abrangentes. A família, até então, visualizada como um instituto de aproximação dos seres para a vida em comum, emerge para um plano de apreciação em que o aprendizado, a convivência, a oportunidade de cooperação recíproca e a solução de problemas cármicos passam a ter ressonância. E, segundo a sensibilidade de cada qual no campo da afetividade, projetá-lo, em decorrência de sua percepção maior, para horizontes mais extensos, território a dentro da Família Universal.

68

ESTENDENDO A MÃO

Mt. 12:49

"E, estendendo a sua mão para os seus
discípulos, disse: Eis aqui minha
mãe e meus irmãos;"

"E, ESTENDENDO A SUA MÃO" – Um gesto. Como em tudo no Evangelho, guarda uma lição. O "estendendo a mão para os discípulos" revela o interesse do Mestre pelos alunos. Chama a atenção não tanto para eles, mas para a sua condição de discípulos, de aprendizes, o que só poderemos ser se tivermos humildade, reconhecermos a própria ignorância e nos dispusermos a aprender.

Jesus sempre está estendendo a sua mão. Busca corresponder ao nosso empenho. Se alguém não nos estende as mãos, como prosseguiremos no caminho? Repetimos: a colaboração é uma constante. O maior ajudando ao menor. O mais evoluído auxiliando o menos evoluído. Cooperando, mais nos desenvolvemos.

A mão é um dos mais significativos instrumentos operacionais com que contamos para palmilhar o roteiro evolutivo.

Em seu gesto de "estender a sua mão" o mestre abre ao entendimento do discípulo condições para refletir quanto aos elementos de que pode dispor na ação de crescer e prosseguir à frente. Tais recursos se ampliam e se sublimam, na medida que se direcionem aos carentes posicionados de forma receptiva ao atendimento, e, em grande número, empenhados em terem valorizados os seus potenciais, no grande concerto das oportunidades que apontam a marcha do progresso.

"PARA SEUS DISCÍPULOS," – No caso, Jesus estendia a mão para os discípulos. Para o que temos estendido as mãos? Qual tem sido o objeto das nossas aspirações? Qual tem sido a finalidade de nossas existências?

"Discípulo" sugere alguém em plano de sintonia com a fonte irradiadora. A extensão da misericórdia está constantemente a irradiar sustentação e direcionamento de trabalho. A percepção dessa mão que se dirige para nós será o piso de segurança e reconforto, ante os desafios da existência. No entanto, sua identificação está em relação direta com a disposição de servir, de cooperar.

Imperioso direcionar os valores que detemos para além do circuito menos feliz do egocentrismo, sabendo discernir a natureza do recurso e a predisposição de quem se posiciona ante nossas possibilidades de cooperar, a fim de que não venhamos, ante a manifestação espontânea da emoção ou do sentimentalismo, incorrer em lapsos que possam implicar em "dar coisas santas aos cães" ou "pérolas aos porcos" (Mt. 7:6).

"DISSE: EIS AQUI MINHA MÃE E MEUS IRMÃOS;" – O Senhor não se restringiu ao gesto. Falou também de modo claro e objetivo.

Temos uma família terrena, carnal e outra espiritual, que existe e se multiplica, estejamos encarnados ou desencarnados. Deus é Pai. Somos irmãos uns dos outros. Precisamos caminhar para a plena conscientização deste fato. E essa família espiritual e universal irá se afirmando pela sintonia, pela afinidade que se estabelece entre os seus participantes.

A proposição de Jesus dá a entender, também, que quantos se esforçam no sentido de serem seus discípulos sinceros são por Ele valorizados, têm a sua dedicação reconhecida, a ponto de serem comparados à sua mãe e seus irmãos. Nisso não há desprezo, mas o reconhecimento puro e simples de uma verdade. Nada de privilégios, de acepção de pessoas. Nada de injustiças. Mesmo porque as ligações terrenas são transitórias, permanecendo as espirituais, dentro da qualificação de filhos de Deus, de irmãos uns dos outros. Quando oramos "Pai Nosso", nossa família se dilata, ultrapassando as fronteiras, as limitações do próprio lar.

69

VONTADE DIVINA E REALIZAÇÃO

Mt. 12:50

"Porque, qualquer que fizer a vontade de meu Pai que está nos Céus, este é meu irmão, e irmã e mãe."

"PORQUE, QUALQUER QUE FIZER" – Não há distinção. Não é o participante deste ou daquele grupo religioso. Qualquer. Lembremo-nos do convite: "se alguém quiser vir após mim..." (Mt. 16:24). Fazer: realizar, materializar, dar expressão. Muitos ficam na intenção. Segundo *O livro dos espíritos*, Deus julga as intenções, mas recompensa de acordo com as obras. Não valem o "pretendo", "tenho vontade", "se pudesse"...

Em face dos conhecimentos que hoje nos felicitam, o Livre-Arbítrio, a se estender pelos meandros das circunstâncias de cada instante, passa a ter um significado mais amplo, a exigir critério e discernimento na escolha e no encaminhamento das experiências. O Evangelho, como código de afirmação de vida, está sempre propondo redirecionamento de postura nas ações diárias, como medida saneadora da consciência e direcionadora do Espírito para pisos mais elevados.

"A VONTADE DE MEU PAI" – Os discípulos procuram cumprir as instruções do Senhor. Na ânsia de aprender, alunos e Mestre estão sintonizados. Jesus ministra um curso de Espiritualidade, ensina e exemplifica, conferindo, assim, novas dimensões à vida e à criatura. Como aprendemos em João: "Porque eu desci do Céu, não para fazer a minha vontade, mas a vontade daquele que me enviou."(Jo. 6:38)

O objetivo de Jesus era fazer, e continua sendo, as determinações do Pai. Sintonizando-nos com Ele, estaremos fazendo o mesmo e passamos a ser seus irmãos.

Aderindo ao sistema da evolução consciente, estará o ser aceitando como premissa da nova vida o seu ajuste às determinações do Criador. São os clamores do coração, visitado pelos padrões assimilados, convocando-o a operar, sob a claridade do conhecimento incorporado. A fixação do objetivo e a determinação em alcançá-lo constituem a força que superará o desânimo ou a ansiedade no caminho a percorrer. É esta força que, na forma de comando direcionador e operacional, proporcionará que cada qual atue em consonância com os ditames de Deus, recolhendo d'Ele os caracteres da redenção.

"QUE ESTÁ NOS CÉUS," – Plural, porque não se refere apenas aos planos espirituais mais elevados, mas a todas as expressões da Natureza que mostram a realidade e a presença de Deus. Onde está o equilíbrio, o belo, o harmonioso, aí se encontra Deus.

Ao buscá-Lo em nossas reflexões, movimentamos o espelho da alma, ajustando-o na direção do mais Alto. Nesse divino movimento, abrem-se para o Espírito ao nível das vibrações, as faixas representativas dos Céus, em cujas reentrâncias identificamos o Pai Celestial dentro de nós mesmos, a irradiar amor, trabalho, esperança, segurança, reconforto, bem estar..., em abençoada indução às mudanças de comportamento e consequente sensibilização para o cumprimento da parte que nos cabe na obra da Criação. Ajustando-nos a tais imperativos no laboratório da existência, para além das intenções, estaremos sintonizando como pensamento d'Ele, em suave transporte de júbilo espiritual.

"ESTE É MEU IRMÃO, E IRMÃ E MÃE." – Os liames consanguíneos ficam restritos à sua verdadeira função. União temporária de espíritos, geralmente devedores, com vistas ao aperfeiçoamento de cada um.

Nesse ponto, temos muito valorizada a atuação de Maria, legítima irmã espiritual do Divino Mestre. Aceitando a missão de ser mãe d'Ele, realizava a vontade de Deus junto a nós. "Disse então Maria: Eis aqui a serva do Senhor; cumpra-se em mim segundo a tua palavra."

(Lc. 1:38). Preciosa lição de desapego, de Amor fraterno, de universalismo: "Em verdade vos digo que ninguém há que tenha deixado casa, ou irmãos, ou irmãs, ou pai, ou mãe, ou mulher, ou filhos, ou campos, por amor de mim e do Evangelho, que não receba cem vezes tanto, já neste tempo, em casas, e irmãos, e irmãs, e mães, e filhos, e campos, com perseguições; e no século futuro a vida eterna." (Mc. 10:29 e 30). E, ainda: "Bem-aventurados os mansos, porque eles herdarão a Terra;" (Mt. 5:5). Sob este aspecto, quando notamos que uma pessoa não é ambiciosa; interessa-se só pelo que é seu; se satisfaz com o necessário, confiamos-lhe os bens, certos de que não lhe ocorrerá a cobiça de se apropriar deles. Por isso, os mansos herdarão a Terra. Assim, o que não é ganancioso se beneficia com o que é do irmão. O egoísta se limita, se restringe. Quem sabe renunciar ou só se prende à Lei do Uso, se inicia para a comunidade.

Com os parentes se dá a mesma coisa. Sentimo-nos bem na casa de nosso próximo. Todos nos acolhem com alegria, quando o sentimento do "nosso" substitui o "meu".

Como foi dito, podemos ter a mãe do semelhante como nossa mãe; a filha, como nossa filha; a irmã, como nossa irmã. Há a ampliação do conceito da família, no pensamento e na realidade. E de propriedade também. E isso se dá no mundo material, desde já, como também na pátria espiritual. As perseguições surgem por causa da incompreensão, do egoísmo feroz, do desejo de posse.

Finalmente caminhamos para a época de compreensão, já preconizada por Paulo: "Não repreendas asperamente os anciãos, mas admoesta-os como a pais; aos mancebos como a irmãos; às mulheres idosas, como a mães; às moças, como a irmãs, em toda a pureza" (I Tim. 5:1 e 2).

Extraordinário tempo em que os mais velhos serão tidos como nossos pais e mães; os mais ou menos de nossa idade, como irmãos e irmãs; os mais novos, como filhos e filhas. Antes de ser conquista de uma comunidade, será o apanágio de cada um. Fruto do esclarecimento.

A exemplificação do que foi dito, temos no Calvário: "Ora, Jesus, vendo ali sua mãe, e que o discípulo a quem Ele amava estava presente, disse à sua mãe: Mulher, eis aí o teu filho. Depois disse ao discípulo: Eis aí tua mãe. E desde aquela hora o discípulo a recebeu em sua casa." (Jo. 19:26 e 27).

Ora, se o Mestre tivesse outros irmãos, certamente confiaria a eles a custódia de sua mãe.

Quanto ao termo "mulher", era, na época, a palavra mais respeitosa com que um homem podia se dirigir ao elemento do sexo feminino. Assim dirigiu-se Jesus, de outra feita, à sua mãe: "mulher, que tenho eu..." (Jo. 2:4).

A abordagem desse assunto por Jesus apresenta um circuito de valores que toca essencialmente a individualidade em sua faceta espiritual. Projetando-nos para fora dos aspectos familiares convencionais, passamos a interrelacionar no piso das dimensões vibratórias, compensadas com quantos operem na mesma faixa. Os laços se estreitam e se fortalecem em configuração peculiar de onde surgem "irmãos" na soma de sustentação e segurança da tarefa e "irmã" no processo de complementaridade, proporcionando pleno atendimento pela permuta dos componentes razão/sentimento. Mãe quando, na relação entre os seres a vibrarem na mesma linha vibratória, um deles sugere, ao influxo do Amor, caminho ou ação capaz de gerar as mais abençoadas indicativas de trabalho no engrandecimento da obra de Deus.

70

MENTE OCIOSA

Mt. 13:25

"Mas, dormindo os homens, veio o seu
inimigo, e semeou joio no meio
do trigo, e retirou-se."

"MAS, DORMINDO OS HOMENS," – Como apreendemos em *O livro dos espíritos*, o descanso físico e mental é Lei da Natureza (Q. 682). No entanto, incumbe-nos discernir descanso de ociosidade.

Diante da mente ociosa, as invasões da treva costumam insinuar-se, levando o ser ao insucesso, à desilusão. Mas quem pode estar indene a essas investidas? É para esse fato que Jesus nos alerta na parábola em estudo.

Neutralizamos a ação do Bem que já visualizamos, quer pela incapacidade de perseverar, quer pelo chamamento dos sonhos reflexivos do passado, cujos germes ainda permanecem em nossos corações.

"Os homens", presentes no psiquismo de cada qual, pela cadeia de reencarnações que trazemos, têm sido envolvidos nas tramas de imperfeições, o que vem proporcionando sofrimentos difíceis para toda a Humanidade, através dos séculos.

As experiências milenares já vivenciadas guardam seu substrato, no recôndito de cada um, formando piso sobre o qual nos movimentamos na atualidade, no rumo de metas mais sublimadas. E essa soma abençoada expressa-se a todo instante pelos reflexos, apontando estratégias de ação com base nas experiências já arregimentadas no tempo, isso diante de acontecimentos, paisagens, pessoas e coisas a acionarem caminhos e atitudes com vistas à continuidade ou ao redirecionamento de vida. É, também e principalmente, o terreno experimental indicado a movimentar os componentes da vigilância, pelos sinais de alerta que emite, com base em fatos já vivenciados no pretérito e ainda latentes em cada qual. "Vigiai" é imperativo de cima. Vigiar é dinâmica operada sobre valores já alcançados, a exigirem reflexão, determinação e renúncia, a fim de que o comodismo, a indiferença e o apego não nos conduzam ao sono que favorece a invasão dos agentes da conturbação, da dor e da desilusão.

"VEIO O SEU INIMIGO, E SEMEOU" – O inimigo é sempre o instrumento avaliador do progresso, podendo expressar-se nos fatos e mesmo nas pessoas menos avisadas. No entanto, o seu gérmen está presente na individualidade. Assim, quando um fato, uma ocorrência desencadeia o processo do desajuste, não devemos culpá-los, já que representam corporificação de elementos, cujo domínio, dentro de nós, necessita ser exercido pela prece, pela vigilância, pelo trabalho.

O controle dos valores pessoais deve merecer cuidado por parte de quem quer progredir, já que, segundo aprendemos de Jesus, "Os inimigos do homem serão seus familiares" (Mt. 10:36).

"JOIO" – Planta daninha, que se parece com o trigo, e que se desenvolve no meio dele. No mundo, em qualquer plano da existência, notamos a diversidade da evolução. Originariamente, tudo é bom. Com relação ao mundo interior, é cada um que dá margem a que surja o mal, por isso, Paulo nos adverte: "Não deis lugar ao diabo." (Ef. 4:27). Diabo representativo das imperfeições, do erro que cada um de nós ainda porta.

"NO MEIO DO TRIGO," – Um ao lado do outro. Na convivência rotineira do ambiente terreno, que é um mundo de provas e expiações, o bom tem oportunidade de tornar-se melhor, porque é constantemente experimentado. Vencendo as tentações, se fortalece. Por sua vez, os menos bons aprendem com os mais evoluídos, podendo, se o desejam e se dispõem, abreviar a caminhada libertadora.

A luta educativa que nos cabe empreender é a valiosa alavanca que trabalha esse campo em que estão presentes o trigo e o joio. Ampliando a sementeira do trigo, os padrões não edificantes poderão ameaçar, mas nunca irão preponderar. Serão, sim, objeto de cuidado, de isolamento para os processos de purificação, a fim de que sua essência possa ajustar-se, um dia, às faixas positivas do Amor.

"E RETIROU-SE." – Com a mente desperta, o Espírito se encaminha em jornada incessante. Vivendo em meio de reflexos, induções e estímulos, somos, de acordo com o sentimento que cultivamos, os grandes construtores do destino. Os quadros, os seres, as paisagens se caracterizam por pontos indutivos que inoculam a ideia, o interesse e prosseguem o seu curso.

71

SEMEADURA E FRUTIFICAÇÃO

Mt. 13:26

"E, quando a erva cresceu e frutificou, apareceu também o joio."

"E, QUANDO A ERVA CRESCEU E FRUTIFICOU," – Na Natureza, nada dá salto. Semeia-se, germina, cresce, frutifica. Assim também se dá com o Bem e o Mal. Quem planta colhe, a seu tempo. E colhe da Natureza do que plantou. Do que damos, recebemos.

Toda semente, mais cedo ou mais tarde, de acordo com os dispositivos da Criação, irá crescer e frutificar. Por isso, devemos ter o máximo cuidado com o que semeamos no solo do coração, nosso ou do semelhante. E a semeadura se dá por pensamentos, palavras, gestos e ações. Certamente, cada um só pode dar do que possui. À vista disso, precisamos nos suprir do que é útil e do que é bom.

"APARECEU TAMBÉM O JOIO." – Só vemos as coisas através do contraste. Só damos valor à luz quando estamos no escuro. Só conhecemos o Bem em função do Mal. Dia virá em que, mais polarizados pelo que é positivo, identificaremos o que é Bom, em qualquer circunstância.

No entanto, o insucesso de nossas ações tem sido, até agora, o instrumento impulsionador do progresso, em que pese sua manifestação nos parâmetros do sofrimento.

Na medida em que nos apropriamos, com firmeza, dos valores contidos no Evangelho do Cristo, passamos a reformular os sistemas de crescimento, afastando-nos do automatismo escravizante, posicionando-nos em planos operacionais do Bem, de essência positiva e renovadora.

72

INSINUAÇÕES

Mt. 13:27

"E os servos do pai de família, indo ter com
ele, disseram-lhe: Senhor, não semeaste
tu no teu campo boa semente?
Por que tem, então, joio?"

"E OS SERVOS DO PAI DE FAMÍLIA," – São os trabalhadores da seara do Senhor. De acordo como seu nível evolutivo se identificam, segundo sua visão e capacidade na vasta seara que o Pai nos reserva. Segundo Jesus, uns semeiam, outros ceifam. Deus está presente na parábola sob a figura do pai de família, a garantir o trabalho e o suprimento de recursos.

Na grande área em que operam as leis indutoras da evolução, podemos identificar "os servos" nos componentes naturais que se manifestam a todo instante e em todos os ambientes. Eles se fazem presentes automaticamente, na forma de sintomas, reflexos, manifestações, resultantes de qualquer fato que se instaura no mundo orgânico, psíquico, ou ambiental. São, sem dúvida, auxiliares fiéis, presentes nas engrenagens da existência, a operarem a nosso mando ou prontos a revelarem alguma coisa que esteja ocorrendo de modo oculto ou ostensivo, no território pessoal ou coletivo a que estamos jungidos.

"INDO TER COM ELE, DISSERAM-LHE: SENHOR," – O trato respeitoso. Digno de nota a iniciativa dos servos, cuja atitude evidencia, senão a compreensão, o interesse em sanar as dúvidas pela identificação dos reais valores do trabalho. O tratamento "Senhor" bem caracteriza a humildade de que deve revestir-se toda busca de elucidação, no caminho da afirmação espiritual.

"NÃO SEMEASTE TU NO TEU CAMPO BOA SEMENTE?" – A partir de pontos já assimilados, o trabalhador interessado em bem servir submete à bondade do Senhor a predisposição indispensável à colheita dos recursos de manutenção e crescimento nas faixas da aprendizagem. A indagação resultante do movimento da consciência, em função das providências adotadas, traz em seu âmago não apenas o objetivo de verificação dos resultados. Sugere, também, o cuidado e a atenção quanto às insinuações do pretérito, a emergirem na forma de tendências menos edificantes que possam pôr em risco o trabalho. Assim agindo, estaremos ampliando a ótica de vigilância para maior garantia da colheita e melhor fixação da aprendizagem.

"POR QUE TEM, ENTÃO, JOIO?" – Identificando o joio em meio do trigo, reconhecendo que a sementeira do trigo foi feita pelo Pai de Família, os servos já nutriam condições de discernir o Bem e o Mal, ansiando agora pela percepção das causas que alimentam as frentes do erro e da mentira que ainda grassam no coração. E, todas as vezes que indagamos, algo novo movimenta as fibras da alma, direcionando-nos para atenções redobradas e novos empreendimentos.

73

CULTIVO E VIGILÂNCIA

Mt. 13:28

"E Ele lhes disse: um inimigo é quem fez isso.
E os servos lhe disseram: queres, pois,
que vamos arrancá-lo?"

"E ELE LHES DISSE: UM INIMIGO É QUEM FEZ ISSO." – Jesus se restringe a dizer "um inimigo". Não cogita de identificar, de personalizar. Esse inimigo é sempre a expressão menos feliz que, invigilantemente, a criatura, tanto encarnada quanto desencarnada, deixa manifestar-se, quer em pensamento, em palavras ou ações. Por essa razão, cabe-nos evitar tudo aquilo que represente "joio" por nós lançado no campo do Senhor. O Bem é a nossa meta. Ainda vibramos com o mal. Contudo, aquele que perseverar até o fim alcançará o galardão do Amor.

São esses os que, embora informados das insinuações do mal a gravitarem no exterior, sabem que as suas sementes ainda estão presentes neles mesmos, a reclamarem cuidado e vigilância para que não invadam e neutralizem as melhores providências adotadas na semeadura.

"E OS SERVOS LHE DISSERAM: QUERES, POIS, QUE VAMOS ARRANCÁ-LO?" – Ao desenvolver a parábola, o Mestre entra em detalhes, com simplicidade e precisão. Estreitando o diálogo entre os servos e o Senhor, mostra-nos a naturalidade com que nós, integrantes da grande família universal, devemos tratar com Aquele que é o Pai de Misericórdia, sempre pronto a prover cada qual, segundo suas condições de assimilação.

A providência sugerida pelos servos não era a recomendada. No entanto, representava todo um propósito de trabalho, de cooperação, de zelo, importantes à solução do problema.

Diante dos envolvimentos nas teias da ignorância e da imperfeição, estaremos determinados, dentro de nós mesmos, a laborar de forma diligente e incansável por sua superação? ...

74

AUTENTICIDADE

Mt. 13:29

"Porém, Ele lhes disse: Não; para que, ao colher o joio, não arranqueis também o trigo com ele."

"PORÉM, ELE LHES DISSE: NÃO;" – Sugere o Senhor a atitude que se deve adotar diante de situações que não comportam dualidade. Na sequência de Sua orientação, deixa-nos entender quanto às consequências decorrentes de uma ação em desacordo com o comportamento recomendado pela lógica e pelo discernimento.

Nesse particular, evidencia-se, sem qualquer laivo de presunção ou prepotência, a autoridade na afirmativa, decorrente da assimilação correta da aprendizagem, não apenas pelo estudo, mas principalmente pela experiência.

"PARA QUE, AO COLHER O JOIO, NÃO ARRANQUEIS TAMBÉM O TRIGO COM ELE." – A preocupação em eliminar o erro é sempre válida. No entanto, o bom senso indica e a orientação de Jesus deixa entender que o zelo, o perfeccionismo não devem impedir que o Bem se expanda. Compete-nos, sim, diligenciar para que o constante aperfeiçoamento que nos cabe empreender assegure a cada um recursos para a conquista da paz espiritual.

Deixemos fluir naturalmente a vida em sua dinâmica, sem nos prendermos às suscetibilidades e lances de sentimentalismo pelas falhas cometidas.

Chamados a favorecer o Bem e a vigiar ainda mais quanto ao mal, saibamos entregar a Deus, no âmago da consciência, as consequências das ações do dia a dia, na certeza de que, se a Lei de Retorno é indeclinável, a extensão da Sua Misericórdia é infinita.

75

COLHEITA

Mt. 13:30

"Deixai crescer ambos juntos até a ceifa; e, por ocasião da ceifa, direi aos ceifeiros: colhei primeiro o joio, e atai-o em molhos para o queimar; mas o trigo, ajuntai-o no meu celeiro."

"DEIXAI CRESCER AMBOS JUNTOS ATÉ A CEIFA;" – O Bem ao lado do mal. Assim o Bem se torna melhor; e o mal deixa de ser mal, ou, se continua sendo elaborado, tem o Bem ao seu lado. O Bom, junto do mau, adquire virtudes. O mau, junto do Bom, terá abreviado o tempo para reconhecer o erro em que se encontra, e renovar-se.

Tal fato nós o detectamos em face da Lei de Dualidade que vige no Universo, garantindo o equilíbrio da criação. Percebemo-lo no campo exterior, como podemos identificá-lo no Espírito. É assim que a treva cede um dia à evidência da luz, e a luz, dissipando as trevas, se capacita a mais amplas possibilidades de manifestação.

As circunstâncias, quer para o campo individual ou para o plano coletivo, são cíclicas, trazendo em seu bojo sugestões, valores, oportunidades, complementações.

A ceifa expressa o momento da avaliação, do fim de etapa, em que cada criatura colherá os elementos cultivados na faixa de tempo e de espaço que lhe foi outorgada. Gratificados seremos quando os frutos positivos puderem superar, na colheita, os valores menos felizes que a invigilância permitiu crescessem no transcurso das experiências.

"E, POR OCASIÃO DA CEIFA, DIREI AOS CEIFEIROS: COLHEI PRIMEIRO O JOIO," – Se até então Jesus falava de servos, agora, em se tratando da colheita, vamos encontrar "os ceifeiros" como trabalhadores, portadores de responsabilidades mais definidas, mais específicas. Surge, portanto, o papel do cooperador consciente na faixa de responsabilidade que lhe cabe adotar na área de ação a que se ajusta.

Temos, no restante do versículo, todo um programa de trabalho a ser executado pelos ceifeiros. O verbo dizer está no futuro: O pai de família não diz agora, mas na hora precisa, exata.

A ceifa está delineada pelo próprio ato de semear. No entanto, o momento de sua execução é de competência exclusiva do Criador. Ela virá, tenha sido positiva ou não, a semeadura. É dentro dessa flexibilidade que atuam os processos da Misericórdia Divina, estendendo o tempo para melhoria da safra ou encurtando-o para evitar-se situações mais difíceis.

O balanço implica em aferição de todos os elementos. Chegada esta hora inebitável, o Joio, na forma de lágrima, dores e amarguras, decepções e conturbações, é reunido e expurgado, pela natural engrenagem de quitação dos débitos, ante as leis que nos governam.

"E ATAI-O EM MOLHOS PARA O QUEIMAR;" – A Lei de Causa e Efeito, agindo inderrogável, encaminha o ser a novos ângulos de percepção e conhecimentos. Se a semeadura do mal gerou sofrimentos, são esses sofrimentos o fogo purificador capaz de deixar gravado no psiquismo a essência da experiência vivenciada. E tem sido sobre estas bases do joio colhido em molhos e em "primeiro" lugar, que temos conseguido visualizar a necessidade, pelo menos, de zelar para que o trigo, pela dinamização do Bem maior, possa ter preferência na busca da realização espiritual que nos cabe empreender. O joio, reunido em feixes para a queima, demonstra o fato de que, nos momentos de aferição, as dificuldades não vêm isoladas, formando, quase sempre, um corolário de apreensões e dificuldades que nos cabe superar nos fundamentos da paciência, da humildade e da confiança em Deus.

O remorso queima como fogo na consciência, e aparece quando a inclemência do erro se evidencia. Apanha-se, ata-se e queima-se o mal, e quem a ele está imantado vive o mesmo processo: sofre até experimentar a necessidade de reabilitar-se. Quando queimamos algum material, os detritos servem de adubo. Uma pessoa que ajuda por vaidade, à medida que se esclarece, deixa de agir assim. O que não ajuda passa a fazê-lo por ostentação, mas já está fazendo algo. Nada há perdido!

"MAS O TRIGO, AJUNTAI-O NO MEU CELEIRO." – No Celeiro Divino só há o Bem, o trigo. Fazendo o Bem, estamos dando expansão ao que há de Divino em nós, e, em consequência, experimentando a felicidade no coração.

76
FILHO DO HOMEM

Mt. 16:13

"E, chegando Jesus às partes de Cesaréia de Filipo, interrogou os seus discípulos, dizendo: Quem dizem os homens ser o Filho do Homem?"

"E, CHEGANDO JESUS" – O verbo no gerúndio define um eterno presente. Jesus "chegando" evidencia a Sua condição de Mestre e Senhor, Organizador e Administrador da Terra, Caminho, Verdade e Vida, Modelo e Guia para a Humanidade, Amigo e Médico constante.

"ÀS PARTES DE CESARÉIA DE FILIPO," – Lugar tranquilo e retirado, aos pés do monte Hermon, ao norte da Palestina. Cidade ampliada e embelezada em honra de Tibério César, por Filipe, tetrarca de Ituréia. Localizada na cabeceira do rio Jordão, tinha esse nome para distinguir-se da Cesaréia marítima. Por estar distante, se afigurava como o lugar ideal a que cada um pudesse se manifestar de modo autêntico, sem influências do meio. Ainda hoje, quando diminui um pouco o poder das atrações exteriores, com mais naturalidade expressamos os nossos reais sentimentos.

A chegada d'Ele às partes de Cesaréia de Filipo ainda se faz no plano pessoal, quando a Sua bondade nos leva aos terrenos da meditação e da auto-análise, favorecendo a reflexão acerca de Sua verdadeira identidade.

"INTERROGOU OS SEUS DISCÍPULOS, DIZENDO:" – Na pergunta temos uma aferição de aproveitamento."Os seus" ou seja d'Ele, Jesus. Devemos estar atentos para ver se é a Ele que estamos seguindo. "Discípulo" é o aprendiz. Só há mestre onde existe discípulo.

Por sua vez, o discípulo precisa conscientizar-se da sua carência, da necessidade que tem do Mestre, e agir com humildade e prudência em todas as situações.

Interrogando os discípulos, Jesus dava a entender que eles deveriam ser observadores, andar bem informados. É o que nos sugere a Codificação Espírita, elegendo a fé raciocinada, o conhecimento daqueles padrões que favoreçam a plena avaliação de nossa posição dentro da evolução. Esta análise proporciona também meios de, respeitando o grau de progresso em que cada criatura se situa, mantermos viva a necessidade de nos melhorarmos no conhecimento e na aplicação de seus ensinos.

Nós, que procuramos ser discípulos de Jesus, como temos agido?

"QUEM DIZEM OS HOMENS" – "Quem" se relaciona com pessoa. Quem Ele é na visão da Humanidade e na ética particular de cada um. Discutir, por exemplo, a constituição do corpo de Jesus, o Seu nascimento ou a Sua forma de ensinar é voltar a nossa atenção para "o que" e não para "quem". O "que" é transitório; "quem" é eterno.

Para alcançar o âmago do pensamento subjetivo dos discípulos, o Mestre indaga deles quanto aos conceitos que sobre Ele emitiam os homens. É o método seguro que o Mestre elege, pelo qual, partindo-se do exame global ou genérico, a criatura atinge o específico ou pessoal, podendo avaliar o alcance de suas metas nos terrenos da imortalidade.

"SER O FILHO DO HOMEM?" – A expressão "Filho do Homem" é comum no Evangelho. Participando da ascendência divina como filho de Deus, Ele, como Filho do Homem, também mostra sua identificação com os processos de aprendizado dos seres.

"Filho" representa resultado, consequência. O Filho do Homem é, portanto, o produto da evolução humana, o super-homem, o homem por excelência que, amadurecendo seus potenciais, penetra nas linhas de assimilação das revelações espirituais. Ajustando-se à sintonia ideal, pela utilização de suas reservas do superconsciente, liga-se, assim, diretamente às fontes inesgotáveis da Vida Maior. Evolução humana já realizada a caminho da angelitude. Algo que nos é possível efetivar, dependendo apenas de determinação, boa vontade e perseverança, de que Jesus é o modelo.

77

CONCEPÇÕES PESSOAIS

Mt. 16:14

"E eles disseram: Uns João Batista, outros Elias, e outros Jeremias ou um dos profetas."

"E ELES DISSERAM: UNS, JOÃO BATISTA; OUTROS, ELIAS; E OUTROS, JEREMIAS" – Notamos que era corrente a idéia da reencarnação na época de Jesus, embora sem uma percepção clara de como se operava. Aliás, ainda hoje, ocorre o mesmo. É grande o número daqueles que a concebem pela idéia latente que trazem sobre este fato, sem, contudo, possuírem as informações suficientes quanto a sua mecânica.

Não há, ainda, aceitação generalizada da realidade reencarnacionista, vez que o desconhecimento de que outros princípios educativos, tais como a Evolução, Lei de Causa e Efeito, Livre-Arbítrio e Determinismo, dentre outros, não permitiriam uma nítida compreensão de suas causas e consequências.

É o que se deduz do diálogo entre Jesus e Nicodemos, quando o Meigo Rabi da Galiléia, após colocar para Nicodemos a necessidade do "nascer de novo" para ver o Reino de Deus e, percebendo suas dúvidas e dificuldades de entendimento, registra, também, para o nosso aprendizado: "Tu és Mestre de Israel, e não sabes isto?" (Jo. 3:10).

Quanto a Jesus, no entanto, a colocação do povo, embora lógica, não representava a verdade, porque, como Filho Unigênito, aqui aportou em instrumento físico apenas naquela oportunidade. Suas experiências evolutivas se fizeram em outras plagas do Universo. Foi Ele, e ainda é, a expressão máxima da misericórdia do Pai. Com a utilização das bases construídas nas vivências reencarnatórias da Humanidade, cujos registros mais evidentes se expressaram nos testemunhos de profetas, como João Batista, Elias e Jeremias (Mt. 11:13 e 14), foi possível a implantação, através d'Ele, no planeta de dor e sofrimento que nos abriga, da árvore sublimada do Amor. Desde então, passou o homem, herdeiro dos renascimentos milenares, a contar com Seus frutos substanciosos, capazes de lhe proporcionar, pela assimilação refletida na vivência, as alegrias da paz e da segurança na edificação de uma nova mentalidade nos terrenos da alma.

"OU UM DOS PROFETAS." – Os profetas de então, como os do Velho Testamento, correspondem aos médiuns da atualidade. Muitas profecias têm o caráter preventivo. Se levamos a sério as admoestações nelas contidas, evitamos problemas, e, assim elas cumprem a sua finalidade. Há, entretanto, aquelas de cumprimento certo, não que o homem esteja com a sua destinação predeterminada de modo fechado, mas porque são feitas, em função do conhecimento de causas anteriormente definidas, por espíritos de grande elevação, e que garantem a idoneidade da revelação. Como hoje presenciamos na análise da Mediunidade, em suas várias modalidades, os profetas eram dotados de grande sensibilidade que lhes facultava um natural intercâmbio com as hostes espirituais, tornando-os, assim, passíveis de agir não apenas na orientação do povo, mas, também, na solução das dificuldades em todas as épocas, inclusive no terreno da cura.

78
QUEM É JESUS?

Mt. 16:15

"Disse-lhes Ele:
E vós, quem dizeis que eu sou?"

"DISSE-LHES ELE: E VÓS, QUEM DIZEIS QUE EU SOU?" – O povo, a multidão tem a sua opinião, mesmo que distante da verdade. Pode não ter, ainda, assimilado as informações que lhe foram canalizadas. Por isso, Jesus desejava saber, agora, a opinião dos discípulos e dos apóstolos. Por força da condição de seguidores mais próximos, e com Ele melhor identificados, deveriam estar aptos a refletir, com maior clareza, a efetiva posição espiritual de Jesus. Se, antes, o Mestre testou o senso de observação dos discípulos quanto a terceiros, tinha intenção, agora, de saber como estava o aprendizado deles, e como eles O visualizavam.

"Quem é Jesus?". Esta pergunta ainda paira nos ares em função de nossas dúvidas, atavismos e preconceitos, gerando dificuldades em respondê-la com o alcance devido, como expressão das inúmeras conquistas efetivadas na trajetória evolutiva.

Trabalhando a integração de nossas potencialidades, capacitamo-nos a sentir a grandiosidade desta individualidade que se fez pequena por nós.

79

DESCENDÊNCIA DIVINA

Mt. 16:16

"E Simão Pedro, respondendo, disse:
Tu és o Cristo, o Filho de Deus vivo."

"E SIMÃO PEDRO, RESPONDENDO, DISSE:" – Simão era pescador, casado e morava em Cafarnaum. Com Tiago e João, presenciou os fatos mais importantes da atuação do Divino Mestre. Residiu, mais tarde, em Jerusalém. O livro dos Atos registra muito de sua existência.

Segundo as tradições, foi ele quem ditou suas lembranças ao Evangelista Marcos, razão pela qual este Evangelho é conhecido como "Recordações de Pedro".

Escreveu duas Epístolas ou Cartas. E, ao que consta, desencarnou crucificado de cabeça para baixo, pois não se julgou digno de morrer de modo semelhante a Jesus.

A resposta de Pedro nos leva a ponderar quanto à necessidade de sermos atentos a todas as indagações que nos chegam, dando a cada uma resposta exata e concisa. A nossa vinculação aos valores imediatistas e o pouco interesse que quase sempre damos a atos e fatos, por vezes da maior importância, nos têm impedido de visualizar grandes verdades e mesmo nos levado a passar por indiferentes ante situações ou problemas que possam dizer respeito à nossa felicidade.

É preciso convir, ainda, que todo aquele que nos questiona é intermediário do Cristo que vem avaliar o ensinamento recebido. Daí ser imperioso respondermos sempre e com segurança cristã, fazendo da resposta um testemunho de nosso aprendizado.

"TU ÉS O CRISTO," – Cristo significa Messias, Ungido. Ungidos eram os reis para governar a Terra. Ungido, escolhido, foi Jesus para desempenhar uma missão junto aos espíritos que receberam a Terra como berço e educandário na assimilação dos ensinamentos crísticos capazes de lhes assegurar a união com Ele nas faixas do Amor. Nós viemos através das experiências reencarnatórias, absorvendo, gradativamente, o aprendizado; Jesus, o Cristo, é Aquele que, descendo das esferas que já atingira, nos estende as mãos, indicando-nos o roteiro definitivo e seguro da Verdade.

"O FILHO DE DEUS VIVO." – É uma idéia nova acerca da Divindade. Todos somos filhos do Criador, inclusive Jesus – o Mestre e Senhor. Agora, Deus é "Deus Vivo", porque, com a chegada do Seu Filho, vivendo a Sabedoria em toda a sua amplitude, em seu aspecto prático, de exemplificação dos postulados incursos na Lei até então revelada. O Amor, para além do contexto filosófico e religioso, se dinamiza em transportes de júbilo, de bondade. O exercício do Bem sai do aspecto "sacrifício", de feição constrangedora, e se estende glorioso pelos escaninhos sutis da Alma, em sua feição de "misericórdia". Deus, de um entendimento frágil, acanhado, se vivifica dentro de nós, nas linhas indeléveis da fé raciocinada e operacional, através d'Aquele que refletiu a sua luz grandiosa, integralmente, nas sombras do mundo.

80

REVELAÇÕES

Mt. 16:17

"E Jesus, respondendo, disse-lhe:
Bem-aventurado és tu, Simão Barjonas,
porque to não revelou a carne e o sangue,
mas meu Pai, que está nos Céus."

"E JESUS, RESPONDENDO, DISSE-LHE: BEM-AVENTURADO ÉS TU, SIMÃO BARJONAS," – Simão "Barjonas", isto é, filho de Jonas. Com essa expressão Jesus identifica o apóstolo em sua descendência genealógica, fundada nas reencarnações sucessivas que puderam proporcionar ao seu colaborador a felicidade de filtrar a sublime revelação, a encaminhar as cogitações dele para outros enfoques da evolução espiritual. Se as experiências físicas criaram alicerces para a nova percepção de Simão, daí para frente nascia a personalidade renovada – Pedro – sobre cujas bases são sempre edificadas as verdadeiras mudanças do Espírito em sua jornada imortalista.

"PORQUE TO NÃO REVELOU A CARNE E O SANGUE," – Ao identificar Jesus, não como filho de Maria e José, mas como o Cristo, em sua expressão máxima de espiritualização, Simão não o fez pelos padrões da organização fisiológica, mas pelos padrões sutis do espírito em amplo grau de sensibilidade. Isto porque, nem a carne, nem o sangue, que são os agentes da existência biológica, resultantes da progressão através das reencarnações, poderiam detectar tal fato, cuja percepção fugia, totalmente, às possibilidades de registro pelos sentidos comuns. Tal percepção se fez e se faz possível pela utilização de instrumentalidade transcendente, a raiar nos terrenos da intuição pura, preparando a criatura, pelas vias da sintonia espiritual, à formação de um novo corpo, cujas células são as virtudes e cujo sangue é a dinâmica da aplicação dessas virtudes na ação renovadora.

"MAS MEU PAI," – Quando Jesus fala "Meu Pai", Ele diz do Criador na dimensão do Seu entendimento. O Criador muito "maior" do que podemos imaginar. Quem mais sabe, mais consegue deduzir.

"QUE ESTÁ NOS CÉUS." – Que se expressa no bom, no belo, no equilibrado, no harmônico, seja qual for o conceito de céu que cada criatura identifica. "Os céus" de cima, território abençoado de Deus, é a meta que todos buscamos, penetrando caminho a dentro de nós mesmos. Vai se expressando à medida que o conhecimento e a estruturação moral, decorrentes do aprendizado pelas imersões repetitivas nas terras "baixas" das reencarnações, nos concedem as primeiras respostas da vida, em forma de reconforto e paz interiores.

81

ALICERCE ESPIRITUAL

Mt. 16:18

"Pois também eu te digo que tu és Pedro, e sobre esta pedra edificarei a minha igreja, e as portas do inferno não prevalecerão contra ela;"

"POIS TAMBÉM EU TE DIGO QUE TU ÉS PEDRO," – Pedro: pedra, rocha, firmeza. Toda revelação necessita se apoiar numa mente firme e decidida. O apóstolo, ao ver em Jesus, o Cristo, deu a Ele ensejo de afirmar que, de Simão, o médium, filho de Jonas, emergia Pedro, a nova personalidade, alicerce da edificação do templo do Deus Vivo.

"E SOBRE ESTA PEDRA" – A pedra a que Jesus se refere é a "revelação". No decorrer dos tempos, as Religiões têm tido sua base em alguma revelação. A Doutrina Espírita elege "a religião" que se manifesta diretamente do coração do homem para Deus, sustentada nos postulados do Amor que Jesus, como o Cristo, foi e é grande revelador. Pedro, na história do Cristianismo, veiculando os potenciais da intuição, se transformou nas primícias de manifestação dessa verdade, apontando Jesus como o alicerce da redenção espiritual, pela aplicação prática, em nosso dia a dia, dos Seus ensinamentos.

A afirmação de Pedro, de modo categórico e destituído de qualquer resíduo de natureza humana, o transformava na "pedra". Esta será sempre o alicerce sobre o qual poderemos erigir as mais firmes e indestrutíveis construções espirituais, que proporcionarão a presença do Pai em nós, frente à consciência tranquila.

"EDIFICAREI A MINHA IGREJA," – Tal edificação se faz paulatinamente. Igreja não no sentido de construção de pedra, tijolos e cimento. A igreja a que Jesus se refere deve ser construída no coração e tende a crescer pela conjugação de todos aqueles que sintonizam com Seu pensamento, Sua doutrina: "Porque onde estiverem dois ou três reunidos em meu nome, aí estou eu no meio deles." (Mt. 18:20). Reunir-se em nome d'Ele é estar de acordo com os Seus princípios, Seus ensinamentos.

"E AS PORTAS DO INFERNO NÃO PREVALECERÃO CONTRA ELA;" – Inferno é ignorância, treva, erro, conflito. A igreja de Jesus deve refletir uma luz que cresce em intensidade, à medida que cada qual mais se conscientize dos seus postulados e os coloque em prática. A treva sempre foi absorvida pela luz. A verdade sempre sobrepujou a mentira. Com o desenvolvimento do Cristianismo em sua simplicidade e pureza, cujo entendimento se amplia na atualidade com o advento da Doutrina Espírita, mais criaturas irão sendo atraídas do desespero, da revolta, para as faixas do entendimento e da harmonia, fechando de vez as portas largas da desilusão, que vem vigorando para todos no decorrer dos milênios. Isto porque a compreensão da "Nova Mensagem" nos retira de simples usufrutuários de bens da vida e nos integra nas faixas da colaboração e do trabalho com o Cristo. Proporciona a cada um a estabilidade e a segurança que torna a nova personalidade capaz de resistir à avalanche de sensações dos interesses materiais e transitórios que nos têm envolvido no decorrer dos tempos.

82

CHAVES

Mt. 16:19

"E eu te darei as chaves do Reino dos Céus; e tudo o que ligares na Terra será ligado nos Céus, e tudo o que desligares na Terra será desligado nos Céus."

"E EU TE DAREI AS CHAVES DO REINO DOS CÉUS;" – Singular, porque será conquistado por cada um, mediante o seu empenho pessoal. Futuro, porque uns já conseguiram; outros estão obtendo; outros ainda farão por merecer. As "chaves" representam o livre-arbítrio, que se pode usar para o Bem ou para o Mal, mas que, ante o que aprendemos, deve ser utilizado somente para edificação, isto é, para a conquista do Reino dos Céus, que, sabemos, não vem com aparência exterior, já que se encontra no íntimo das criaturas, dependendo apenas de ser construído e resguardado. Consubstanciam, também, toda a gama de valores que, gradativamente, pelo novo direcionamento do campo mental rumo aos planos superiores, o aprendiz vai conseguindo reunir ao longo do caminho que elegeu para sua afirmação no Bem.

"E TUDO O QUE LIGARES NA TERRA SERÁ LIGADO NOS CÉUS," – Os valores apreendidos e que se constituem nas "chaves" que nos foram conferidas por Jesus, agora na forma de entendimento maior, quando aplicados com discernimento, terão suas repercussões, indiscutivelmente, no Plano Maior. A utilização inadequada, no entanto, terá como consequência, a tempo certo e segundo as leis que nos regem, frustrações e desequilíbrios, pelo que não podemos descuidar da vigilância, amplamente recomendada pelo Cristo.

"E TUDO O QUE DESLIGARES NA TERRA SERÁ DESLIGADO NOS CÉUS." – Aqui vigora o mesmo princípio anterior. Os termos "ligar" e "desligar" expressam-se com toda clareza. O Mal escraviza, prende, limita, reduz; o Bem liberta, expande, dinamiza. A luta no plano físico, quando desenvolvida de forma consciente, é uma esteira de vinculações e desvinculações, a partir da disposição de sequenciar, sem cansaço, o processo reeducativo. Só assim o ser conseguirá eximir-se das amargas e dolorosas cirurgias de separações ou de aproximações, quer intimamente, quer no plano da convivência a que esteja sujeito sob o jugo da Lei de Causa e Efeito.

Se a Justiça impõe-se à revelia do ser, o Amor concede à criatura a faculdade de "ligar" e "desligar" em termos de pensamentos, palavras e ações, na busca de seus objetivos maiores com o Cristo.

As limitações que o plano físico impõe se transubstanciam em abençoada oportunidade de a criatura adotar, no alicerce da espontaneidade, constante ação renovadora, elegendo para seu espírito imortal a vida que Jesus reserva àqueles que conseguem perceber n'Ele a essência sublimada de Cristo, Filho do Deus vivo.

83

BOM SENSO

Mt. 16:20

"Então mandou aos seus discípulos que a ninguém dissessem que Ele era o Cristo."

"ENTÃO MANDOU AOS SEUS DISCÍPULOS" – O conhecimento pleno que se faz presente, quando se consegue registrar uma verdade inconfundível, amplia o grau da responsabilidade. Os fatores então assimilados, a circularem na consciência, expressam a presença do Cristo interior, não mais pedindo, esperando, mas "mandando", exigindo pelo movimento do esclarecimento pessoal, agora iluminados, uma postura mais positiva frente às lutas e acontecimentos do dia a dia; como também cautela e discernimento na distribuição e veiculação dos elementos captados, a fim de que não se venha, irrefletidamente "dar pérolas aos porcos nem as coisas santas aos cães"(Mt. 7:6)

"QUE A NINGUÉM DISSESSEM QUE ELE ERA O CRISTO." – Ao instruir que se guardasse sigilo quanto ao fato de ser Ele o Cristo, o Mestre evidenciava, mais uma vez, que só o amadurecimento, a iniciação, a predisposição a uma nova maneira de ser poderia oportunizar tal fato. E, além disso, a discrição quanto à divulgação de sua real personalidade evitaria novos problemas ao desempenho de sua missão, anulando o clima de contendas para os discípulos. Cada coisa se dá num ambiente vibratório específico, e, quem não sente as vibrações do momento em que o fato ocorre, quase sempre tem dificuldade de compreendê-lo e, até, de admiti-lo.

Por outro lado, não adianta que alguém nos fale que Jesus é o Cristo. Indispensável façamos a descoberta por nós mesmos e o sintamos como tal.

84

ESCÂNDALO

Mt. 18:6

"Mas qualquer que escandalizar um destes pequeninos, que creem em mim, melhor lhe fora que se lhe pendurasse ao pescoço uma mó de azenha e se submergisse na profundeza do mar."

"MAS QUALQUER QUE ESCANDALIZAR." Por escândalo entende-se: mau procedimento; mau exemplo; ato reprovável. No entanto, há também o escândalo com conotação positiva. Jesus, afirmando: "Amai os vossos inimigos", escandalizou, pois propunha um procedimento diferente do habitual. Em qualquer dos casos, ai do homem que escandalizar. Se negativamente, há o grito da consciência comprometida e se impõe o resgate; se positivamente – como Jesus – vem a perseguição oriunda da falta de entendimento por parte daqueles que, condicionados a antigos conceitos, relutam em adotar qualquer nova ideia proposta. Jesus aqui não faz distinção de pessoa; refere-se a qualquer que compreenda o ensinamento.

Mateus focaliza o lado negativo do escândalo, como pedra de tropeço. Devemos considerar que encarnados e desencarnados que nos observam procuram copiar as nossas atitudes, palavras, gestos e ações, daí a responsabilidade que se eleva, à medida que a criatura cresce em evidência no ambiente em que se situa.

"UM DESTES PEQUENINOS," – O registro do Evangelho não se restringe à criança, mas se estende a todo espírito que se predispõe a abrir-se ao aprendizado, entregando-se, com simplicidade e confiança, ao empenho de crescimento espiritual. Tudo é relativo. Há criaturas, umas perante outras, mais ou menos evoluídas.

O diminutivo dá a entender humildade, simplicidade.

O pequenino é também aquele que, em nossa volta, luta pelo direito de ser feliz, esperando, dentro de seu grau de conhecimento e entendimento, uma cota de colaboração, de encaminhamento, de incentivo em seu empenho de renovação e de ação no Bem.

Assim, sejam quais sejam os aspectos que cultivam, podem merecer a ajuda de cada um de nós, desde que a consciência aprove ser lícito o auxílio que favoreça o seu crescimento ou busca de afirmação nos campos do progresso. Neste contexto emerge a vigilância, para que não venhamos, em meio ao entusiasmo, a partir para ações constrangedoras, os escândalos a que se refere a mensagem cristã.

"QUE CREEM EM MIM," – Uma vez que cremos no Pai, todo o trabalho deve ser no sentido de crermos igualmente em Jesus.

Podemos avaliar o compromisso que assumimos ao desviar, pela conduta reprovavel, alguém que, depositando fé no Mestre, se dispõe ao crescimento em alicerces firmes, na eleição de uma nova vida para Deus.

"MELHOR LHE FORA QUE SE LHE PENDURASSE AO PESCOÇO UMA MÓ DE AZENHA" – A sabedoria de Jesus nos fala de "mó de azenha" que é conhecida como "mó que um asno faz girar" (E.S.E.– Cap. VIII, item 11); "mó de atafona"(Bíblia– Figueiredo); "uma grande pedra de moinho" (Bíblia, conforme originais hebraico e grego). Trata-se de instrumento composto de dois discos de pedra, encaixados um sobre o outro, que serve para reduzir o grão a pó. Considerado utensílio tão indispensável que era proibido recebê-lo em penhor. O trabalho da mó era tido por trabalho de escravo. Pequenas mós eram usadas por mulheres.

A pedra de moinho atada ao pescoço no ponto de interação cérebro/coração sugere providência acauteladora que cada criatura pode avocar, adotando, no anonimato ou na discrição, a luta reeducativa, sem os perigos que a projeção pessoal pode acarretar. Tal fato, a se expressar em experiências reencarnatórias, quando recebido com humildade, constitui-se instrumento de burilamento dos valores do espírito, que poderão raiar um dia nas atuantes manifestações de Amor em favor dos irmãos de luta.

"E SE SUBMERGISSE NA PROFUNDEZA DO MAR." – Obviamente Jesus não nos induz à idéia do suicídio, uma das maiores faltas que o homem chega a cometer, a ponto de ser considerado um marginal no Plano Espiritual[6].

Para chamar a atenção para a responsabilidade do escândalo, Jesus se vale de uma imagem "forte" do homem que se lança ao mar com uma pedra ao pescoço.

Tal figura didática mostra a responsabilidade do espírito consciente que, ao invés de se pôr suscetível de escandalizar, prefere – visando ao Bem e à segurança do seu espírito – as lutas mais difíceis no mar da existência física, das reencarnações dolorosas e dificultosas, sempre com vistas ao seu reequilíbrio.

---

6   N.E.: ou se considerar um marginal no Plano Espiritual.

85

CONSCIÊNCIA E CULPA

Mt. 18:7

"Ai do mundo, por causa dos escândalos;
porque é mister que venham escândalos,
mas ai daquele homem por quem
o escândalo vem!"

"AI DO MUNDO, POR CAUSA DOS ESCÂNDALOS;" – O mundo, quando visitado pelos escândalos, estará, em maior ou menor escala, evidenciando o grau de suas necessidades quanto ao progresso espiritual que atingiu. Tais anormalidades fazem oscilar o edifício das estruturas éticas, revelando, de um lado, desmandos e violências, com sérios resultados aos seus agentes. De outro, no entanto, as reações aos escândalos evidenciam o senso crítico da parte de muitos que, apesar de nem sempre estarem totalmente empenhados no regime da renovação, já refletem sinais que apontam disposições para as mudanças que se fazem imperiosas.

Quando aceita com determinação a luta reeducativa, lança-se a criatura à oração e à vigilância, a fim de que, não apenas se resguarde dos escândalos, mas também possa crescer, sem as insinuações infelizes das infrações sistemáticas da Lei que nos governa, geratrizes da dor e da desilusão.

"PORQUE É MISTER QUE VENHAM ESCÂNDALOS," – Embora assim, o fato precisa ser encarado com naturalidade. Tendo o homem a faculdade de escolher, nem sempre escolhe bem. Surgem, portanto, os escândalos negativos, sempre decorrentes da imperfeição da criatura. Os positivos também são frequentes, porque, por misericórdia do Pai, a Terra sempre conta com a presença de Espíritos evoluídos, exemplificando o que é certo e o que é bom...

Logo, os escândalos, sejam positivos ou negativos, constituem pontos de referência da evolução. Porque, se negativos, alertam; se positivos, convocam às mudanças na quebra da rotina para melhor.

"MAS AI DAQUELE HOMEM POR QUEM O ESCÂNDALO VEM! – No caso do escândalo negativo, o problema da consciência culpada. No positivo, as reações decorrentes da incompreensão daqueles em cujo seio o novo valor se manifesta.

Sempre que alguém se situa como agente ativo de um escândalo é, pela própria Lei, passível de sofrimento. Se infeliz, na ação menos edificante, expressa-se a dor-expiação.

Quando na posição de vanguardeiro na marcha evolutiva, suas atitudes-escândalos, por não serem de imediato assimiladas, levam também às lágrimas. Mas, por sua essência de autênticos testemunhos em nome do Amor, receberá ele a bem-aventurança que Jesus nos assegura.

86

VIDA PLENA

Mt. 18:8

"Portanto, se a tua mão ou o teu pé te escandalizar, corta-o, e atira-o para longe de ti: melhor te é entrar na vida coxo, ou aleijado, do que, tendo duas mãos ou dois pés, seres lançado no fogo eterno."

"PORTANTO, SE A TUA MÃO OU O TEU PÉ TE ESCANDALIZAR, CORTA-O," – As mãos, como instrumentos de trabalho, necessitam ser direcionadas, quando a serviço da mente esclarecida, para elaboração de obras dignas que atestem a idoneidade e as felizes disposições daquele que as comanda. Os pés, necessários à sustentação e à locomoção, são abençoados elementos de equilíbrio e movimento. Na medida que o ser se esclarece, vê-se convocado ao exame dos implementos que aciona para o progresso. Deve assegurar-se das possibilidades de trabalho que pode desenvolver e dos caminhos que deve palmilhar em seu movimento incessante.

É importante saber para onde nos dirigimos com os pés e o que fazemos com as mãos. Com os primeiros, podemos avançar ou criar sérios problemas, a embaraçarem os melhores passos na jornada empreendida. Com as segundas, faremos refletir, a cada instante, os valores que nutrimos, no cumprimento da parcela que nos cabe na obra da Criação.

Convocando-nos a ponderar, para além dos padrões humanos, os pés e as mãos indicam todos os recursos, materiais ou psíquicos que venhamos a utilizar no desempenho de simples ou mais complexas tarefas no palco da evolução. Como a ciência fabrica pás, escavadeiras, rôbos e outros equipamentos que enriquecem a eficiência e a produção, o ser, segundo seus avanços, apresenta, sempre e cada vez mais, aptidões ou instrumentalidades outras, de caráter pessoal que poderão, em muito, ajudá-lo no atendimento de sua atividade.

Na medida que avança, no entanto, amplia o grau de sua responsabilidade, a determinar indução ao crescimento e cautela quanto à insinuação dos registros pretéritos, de natureza inferior, incrustados no psiquismo, aptos, pela falta de cautela e de estratégias de defesa, a lançarem abaixo os mais caros ideais de melhoria e trabalho renovador. Nesta hora, a aplicação da fé consciente propõe medidas de observação, planejamento, assepsia mental, restrições, desativação ou mesmo "extirpação" de recursos para que seja garantido o êxito da empreitada. A todo momento, inibições físicas ou psicológicas marcam o plano reencarnatório, com a finalidade de resguardar possíveis desvirtuamentos de valores que já detemos, para ângulos de viciação ou de interesse pessoal, a gerarem novos lances de decepções ou sofrimentos.

"E ATIRA-O PARA LONGE DE TI:" – A linguagem incisiva de Jesus não deixa dúvidas de que as providências que visam a libertação espiritual necessitam se embasar em resoluções inabaláveis. Quantas vezes somos induzidos às mudanças e continuamos presos aos valores que pretensamente buscamos deles nos destituir? "Atirar para longe" implica desvinculação irrestrita, sem as amarras do egoísmo, do apego ou da posse apaixonada.

Convocados à edificação de uma "nova vida", é imperioso estruturá-la com os elementos positivos que necessitam ser evidenciados no dia a dia, a fim de que os fatores que passam a integrá-la cubram as lacunas deixadas pelos padrões que somos levados a abandonar de vez.

"MELHOR TE É ENTRAR NA VIDA" – Jesus indica a forma mais adequada de se conquistar a vida verdadeira, através de uma consciência em paz, um coração tranquilo, sabendo que somente assim a criatura se coloca nas vias da regeneração. Vemos aí aqueles que, em busca de segurança e afirmação no Bem, reencarnam com deficiências congênitas.

A colocação "entrar na vida" deixa clara a disposição que o reencarnante deve nutrir, uma vez que sabemos estar, no plano físico, o terreno onde vivenciamos os testes fixadores das virtudes alcançadas.

"COXO, OU ALEIJADO," – A presença de um paralítico, coxo ou estropiado, denota, na maioria dos casos, a Lei de Causa e Efeito em seu cumprimento inexorável.

O mau uso de um membro, de um órgão ou o seu aviltamento compromete o seu bom e natural desempenho.

No entanto, às vezes, espíritos que têm direito à reencarnação em corpos perfeitos suplicam uma existência com lesões que empanam a beleza ou a harmonia do todo, do conjunto, para ficarem a salvo de envolvimento nas tentações.

Não são poucos, também, os que, cônscios do trabalho a realizar e dos erros a saldar, assumem encargos de alta expressão, defasados em seu corpo físico. Tais inibições passam a agir como testes ou válvulas de segurança para o Espírito, a lhe exigir paciência, resignação e humildade, resguardando-os de quedas morais e garantindo, de modo mais eficaz, o alcance dos objetivos colimados.

"DO QUE, TENDO DUAS MÃOS OU DOIS PÉS, SERES LANÇADO NO FOGO ETERNO." – Nem sempre a perfeição física tem um correspondente psíquico. Quem possui "duas mãos" ou "dois pés" tem todas as possibilidades de ação, mas, raras vezes, a expressa objetivamente no campo prático. Muitos existem, portadores de normalidade, que utilizam inadequadamente os seus potenciais, com sérios reflexos para sua estabilidade. Outros ainda, verdadeiros baluartes da renovação, são capazes de superar deficiências notórias, levando a efeito, com recursos reduzidos, notórios empreendimentos, quer nas faixas físicas ou nos terrenos espirituais.

Quem nos lança no fogo eterno somos nós mesmos, quando culpados. É condição interior, que levamos conosco para onde formos, na Terra ou fora dela.

O "fogo" só se mantém enquanto existe combustível. O fogo do sofrimento que purifica continua até o resgate final. Até o último ceitil. Apesar de tudo, não há ausência de misericórdia.

É válido registrar que o sofrimento é transitório. No entanto, o fogo purificador, reavaliador de nossos atos, permanece incrustado nos escaninhos da consciência, pronto a entrar em ação sempre que se fizer imperiosa a sua atuação.

Assim, o fogo é eterno, o que não significa ser eterna a permanência nele.

87

CAPACIDADE DE VER

Mt. 18:9

"E, se o teu olho te escandalizar, arranca-o, e atira-o para longe de ti. Melhor te é entrar na vida com um só olho, do que, tendo dois olhos, seres lançado no fogo do inferno."

"E, SE O TEU OLHO TE ESCANDALIZAR," – A visão nos é concedida como meio de interação com o ambiente que nos cerca e, a cada momento, os olhos são chamados ao serviço de seleção, ajudando-nos na ininterrupta jornada de redenção. Na medida que avançamos, amplia-se a faculdade de observação, passando os olhos a exercer um papel crescente como preciosa válvula de sensibilização de potenciais e de canalização de valores internos para os planos exteriores. Os olhos são, por isso mesmo, considerados as janelas da alma.

Transformam-se em objeto de escândalo quando se voltam para o lado menos bom; quando só descobrem vantagens pessoais em detrimento dos semelhantes.

Examinado no singular – olho – sugere a presença da vida mental, em seus ângulos mais profundos. Como espelho da vida, a mente vem de um processo de despertamento e constante ampliação, colocando a seu serviço e em favor do Espírito, todos os sentidos tradicionais até aqui adquiridos e os valores psíquicos em plena fase de desenvolvimento.

"ARRANCA-O," – O termo é forte, porém, serve para por em evidência a decisão do espírito disposto a regenerar-se. Atitude decisiva, violência contra si próprio, para desalojar o mal do coração. Não são fáceis as grandes atitudes com vistas à regeneração pessoal. Se as mãos e os pés, suscetíveis de escândalo, serão atirados para longe, o olho, por sua relação íntima com a estrutura do ser, necessita antes ser "arrancado".

Por falta de um aprofundamento maior no texto em estudo, muitos têm alimentado e realimentado visualizações inadequadas, a servirem de referência a insucessos na marcha empreendida.

Arrancar é operação determinante do Espírito nos escaninhos da mente, a refletir-se no plano prático por deficiências ou inibição total. Em muitas decisões em nossa luta de aprendizado, vimo-nos a braços com a ausência de recursos, tidos como indispensáveis. Entretanto, num exame com lucidez, aprendemos a conviver com a dificuldade recorrendo aos valores que remanescem, transformando tal inibição em meios de aquisição inestimável de outros componentes que sobressaem, na valorização crescente da Bondade e da Misericórdia do Criador em nosso benefício.

"E ATIRA-O PARA LONGE DE TI." – A proposta de lançar-se o olho, objeto de escândalo, para longe, define a postura adotada quando se pretende desvincular-se de posicionamentos escravizantes que teimam, por falta de firme decisão, em permanecerem. O ensino do Mestre, abrindo caminho novo a quem deseja libertar-se, proclama o fato de que a lâmpada que ilumina seja posicionada no ápice do próprio entendimento, de modo a nos auxiliar e também aos que entram no campo em que nos situamos.

Se o olho, como candeia do corpo, tem sido indutor de situações de escândalo, nada mais lógico extirpá-lo da órbita de interesses, partindo para elaboração de outra mentalidade sob a inspiração Crística.

"MELHOR TE É ENTRAR NA VIDA COM UM SÓ OLHO, DO QUE, TENDO DOIS OLHOS, SERES LANÇADO NO FOGO DO INFERNO." – Melhor é ter uma percepção reduzida, sem conflitos, do que, tendo-a ampliada, estar com o inferno instalado no coração.

O inferno é estado de alma. Existe na consciência culpada. A pessoa na Terra pode ter tudo, mas, se lhe falta a paz, em nada encontra felicidade.

"O fogo do inferno" tange o campo das emoções, terreno a dentro da alma. No plano exterior, pode estar presente nos obstáculos, nas reações ambientes ou nos conflitos de idéias.

O ensino de Jesus, sob análise, encaminha-se espontaneamente para uma reflexão, convocando-nos a buscar a serenidade capaz de neutralizá-lo através do contentar-se com o que se detém, restringindo as insinuações apaixonadas de posse, no erguimento de uma nova mentalidade, na moldura da compreensão e do trabalho edificante. A rota delineada, se adotada, conduz tranquilamente ao estado de harmonia em que o "ser feliz" toma o lugar do "estar feliz".

88

CULTIVO DO BEM

Mt. 18:10

"Vede, não desprezeis algum destes pequeninos, porque eu vos digo que os seus anjos nos Céus sempre veem a face de meu Pai que está nos Céus."

"VEDE, NÃO DESPREZEIS" – Jesus nos recomenda que devemos ver, estar atentos para a ninguém desprezar. Do que damos, recebemos. Gentileza por gentileza; atenção por atenção, e assim por diante.

A presteza e solicitude para com aqueles que nos cercam, sejam eles mais próximos ou não, revelam a identidade que já podemos cultivar com as forças do Bem.

"ALGUM DESTES PEQUENINOS," – Todo aquele que tem atenta visão para as realidades do Espírito está automaticamente convocado ao exercício da vigilância e do trabalho.

A responsabilidade dele, diante do semelhante, que lhe observa as mínimas atitudes, cresce.

Grandes serão sempre os prejuízos que, através de sua indução negativa, vierem a ser inoculados no psiquismo dos "pequeninos", ou seja, daqueles que, com abertura de coração, ainda carentes de maiores valores no campo do conhecimento, se virem desviados do caminho que, confiantemente, abraçam em seus propósitos de elevação.

A expressão "algum destes" quer definir que não há exceção, ou seja, nenhum dos pequeninos deve ser desprezado, porque todos, inclusive nós, somos filhos do Pai.

"PORQUE EU VOS DIGO QUE OS SEUS ANJOS NOS CÉUS" – Jesus faz referência ao Espírito, seja ele dos pequeninos, seja dos anjos, que, como guardiões, acompanham e orientam do Plano Maior os passos que nos são inerentes na experiência cotidiana.

"Nos Céus" define estado íntimo, serenidade interior, sensação de plenitude. Plural propõe tanto na Terra como no espaço. Em qualquer lugar onde a criatura harmonizada consigo mesma estiver.

"SEMPRE VEEM A FACE DE MEU PAI QUE ESTÁ NOS CÉUS." – Não podemos personificar a Divindade.

Logo, a "face de meu Pai" estará sempre consubstanciada no Bem, no belo, no melhor, que a criatura alcance. Ao mesmo tempo, alimentando esse estado de ânimo, intensificará os potenciais que permitem a plena visualização do Amor em sua dinâmica para além dos acanhados limites dos interesses humanos.

Em ótica mais aprofundada, nos campos do sentimento, a mensagem do Mestre abre perspectivas para uma melhor percepção do Criador, a efetivar-se nas indicativas de mudanças e no trabalho dignificante junto ao semelhante.

89

SALVAR

Mt. 18:11

"Porque o Filho do Homem veio salvar
o que se tinha perdido."

"PORQUE O FILHO DO HOMEM" – Assim dizendo, Jesus enfoca, mais uma vez, o Seu empenho em adequar-se aos movimentos da Humanidade, envergando um corpo de homem, a fim de que a criatura, pela assimilação de Sua mensagem, pudesse alcançar um dia, também, a posição de "Filho de Deus."

Vemos, ainda, no registro "Filho do Homem" o produto, o resultado da evolução humana que aflorará, no grande futuro, para a coletividade terrestre, cuja síntese, em toda a sua potência, reside no Meigo Rabi da Galiléia.

"VEIO SALVAR" – "Salvar", em mais ampla significação, é "livrar de ruína ou perigo", "conservar", "defender", "abrigar" e nenhum desses termos exime a pessoa da responsabilidade de se conduzir e melhorar-se.

"O QUE SE TINHA PERDIDO." – Se a salvação está como Filho do Homem – Jesus –, a concretização desse propósito vai depender do posicionamento de cada qual, já que, em termos de Amor e renovação, fica abstraída qualquer atitude de coação externa.

Nada permanece eternamente perdido. Em qualquer tempo, a alma, encarnada ou desencarnada, arrependendo-se, pode reencontrar-se, identificando o Caminho em Jesus.

O "Filho do Homem" veio salvar "o que" se perdera. A ideia não indica criatura, pessoa (quem), mas condições ou fatores que têm mantido o sofrimento e o desinteresse espiritual ante os valores redentores.

Avocar, assim, as indicativas do Mestre, com vontade firme, adotando-as na vida prática, até com violentação de nós mesmos, se necessário, mas compreendendo e sendo generosos para com o semelhante, será a forma de restabelecermos a harmonia pela identificação do Céu no coração.

90

PRESTAÇÃO DE CONTAS

Mt. 18:13

"Por isso o Reino dos Céus pode comparar-se
a um certo rei que quis fazer contas
com os seus servos;"

"POR ISSO O REINO DOS CÉUS" – O Reino de Deus "não vem com aparência exterior" (Lc. 17:20). "... o Reino de Deus não é comida nem bebida, mas justiça, e paz, e alegria no Espírito Santo"(Rom.14:17). Compete a cada um buscar"... primeiro o Reino de Deus..."(Mt.6:33).

Quando estamos tranquilos conosco, encontramo-nos no Céu. Céu e inferno, como estados de alma, podem alternar-se e não subsistir simultaneamente.

As condições, circunstâncias e posições em que nos situamos, e que até há pouco tempo eram tidas como "regiões" infernais ou celestiais, são hoje compreendidas não como causa, mas como efeitos que exteriorizam ou refletem o "reino" que prepondera no interior de cada um de nós.

"PODE COMPARAR-SE A UM CERTO REI" – Com a parábola, mediante a utilização de coisas simples e conhecidas, Jesus sempre dava uma lição transcendental. "A um certo rei" – majestade, poder, Deus no próprio íntimo de cada um.

"QUE QUIS FAZER CONTAS COM OS SEUS SERVOS;" – Assim como num reino, o seu dirigente "pode", por sua vontade soberana, pedir contas aos seus cidadãos, Deus, do qual todos somos súditos, periodicamente nos chama a uma análise pessoal. São os lances de caráter individual ou coletivo, a que todos estamos sujeitos na avaliação dos recursos de que somos credores ou devedores, objetivando alcançar novos degraus da evolução. Se os resultados são favoráveis, positivos, experimentamos uma euforia. Se não, aparecem os conflitos, os problemas íntimos. Quando nos conscientizamos da condição de servos, procurando exercer nossos deveres com dedicação e fidelidade, estaremos nos capacitando a integrar esse reino como filhos: herdeiros. Porque, se o servo recebe ordens e as cumpre, o "filho" acolhe as instruções e as dinamiza a partir de si mesmo, na extensão das verdades do Pai a que se afeiçoa. "Assim que já não és mais servo, mas filho; e, se és filho, és também herdeiro de Deus por Cristo." (Gal, 4:7)

91
TALENTOS

Mt. 18:24

E, começando a fazer contas, foi-lhe
apresentado um que lhe devia
dez mil talentos;"

"E, COMEÇANDO A FAZER CONTAS," – Há juízos muito mais vezes do que supomos. Juízos individuais, como vemos. Parciais, gerais, totais... Participando de uma reunião, como nos conduzimos? Em face da família terrena: como procedemos? Ao término de uma existência física: que fizemos? Sabendo do grande número de reencarnações vividas: como nos encontramos? Nesse processo, a consciência é o instrumento através do qual somos inquiridos quanto à aplicação dos talentos que nos foram confiados, na forma de informações, segurança, família, amigos, trabalho, saúde, tempo...

Será sempre atestado de sabedoria a aplicação e o aproveitamento, com discernimento, de tais concessões que nos chegam em nome da Providência Divina.

"FOI-LHE APRESENTADO UM" – A prestação de contas é individual e quem no-la apresenta é a própria vida, através das circunstâncias. Não respondemos pelos erros alheios. Muitas vezes, ao invés de voltarmos a atenção só para nós, preocupamo-nos com os outros, que deveriam viver assim ou fazer aquilo. Imperioso voltarmo-nos para nós próprios, levantando potenciais positivos para que sejam dinamizados e identificando caracteres menos favoráveis, a exigirem controle e vigilância, para que não venham a servir de instrumentos desagregadores do equilíbrio de que já podemos usufruir. Na verdade, tudo está bem se nos achamos em paz conosco. E essa paz se estende e fortalece pelo relacionamento correto com Deus, com o próximo e conosco.

"QUE LHE DEVIA" – Todos somos devedores da Divina Misericórdia. Devemos-lhe a vida, o tempo, as oportunidades...Quase sempre, porém, por não conduzirmos adequadamente a existência, tornamo-nos maiores devedores. Não há, contudo, o caso de falidos, insolventes irreversíveis.

Porque, se em Mateus aprendemos que... "de maneira nenhuma sairás dali enquanto não pagares o último ceitil..." (Mt. 5:26), temos consciência também de que a bondade de Deus, por Suas leis sábias, está sempre nos proporcionando meios de quitação, pelo Amor que nos concede.

"DEZ MIL TALENTOS," – Era uma quantia extraordinariamente elevada. Para se ter uma noção da importância, basta lembrar que, de acordo com o livro "Antiguidades Judaicas", de Flávio Josefa, os impostos imperiais pagos pela Judéia, Iduméia e Samaria chegavam a apenas 600 talentos. Os da Galiléia e Peréia chegavam a 200 talentos. Mencionando na parábola um débito de dez mil talentos, Jesus dava a entender que se tratava de um compromisso impossível de ser liquidado. Para acumular um débito tão grande, isso deveria ter sido feito ao longo de muitos anos.

Do "Dicionário da Bíblia", de John D. Davis: "O valor de um talento de ouro era 29.374,50 dólares, e, o de prata, 1.950. O talento usado no período greco-romano era o ático, que variava entre 1.180 e 960 dólares." O citado dicionário data do princípio deste século. De qualquer modo, as variações existentes nas diversas fontes de informação são secundárias. A diferença entre 10.000 talentos e 100 dinheiros ou denários (Mt. 18:28), era enorme.

Examinando as cifras sob outro prisma, constatamos melhor a diferença.

Vejamos: cada talento, 3.000 siclos; cada dinheiro ou denário, 1/4 de siclo.

LOGO: 10.000 talentos= 30.000.000 siclos, 100 dinheiro = 100: 4 = 25 siclos.

Denário ou dinheiro – salário de um dia de trabalhador do campo.

Alguma coisa, todavia, só pode ser considerada grande quando em relação a outra menor. No caso, a dívida ficou maior, comparada com a do conservo.

Estes dados são suficientemente notórios para que avaliemos a imensidade de nossa dívida para com o Criador. Tudo o que somos, temos e usufruímos devemos a Ele. Tal conscientização pode, muito bem, nos despertar a humildade, ainda acobertada pelo orgulho e pela presunção.

92

DÍVIDA E RESGATE

Mt. 18:25

E, não tendo ele com que pagar, o seu senhor mandou que ele, e sua mulher e seus filhos fossem vendidos, com tudo quanto tinha, para que a dívida se lhe pagasse."

"E, NÃO TENDO ELE COM QUE PAGAR," – Dentro da Lei de Justiça, ele não tinha com que pagar. Com Jesus, dentro da Lei de Amor, nós temos: "Mas, sobretudo, tende ardente caridade uns para com os outros; porque a caridade cobrirá a multidão de pecados." (I Pe. 4:8).

A vida, o tempo, as oportunidades, recursos que emanam de Deus, tudo é de graça. No entanto, no que respeita aos débitos que contraímos, diante da Lei de Causa e Efeito, são eles suscetíveis de ressarcimento dentro da mais ampla e sábia Justiça Divina.

"O SEU SENHOR MANDOU QUE" – Senhor é quem tem autoridade sobre nós. Deus, autoridade máxima. Às vezes, temos como senhor o pecado: "Respondeu-lhes Jesus: Em verdade, em verdade vos digo que todo aquele que comete pecado é servo do pecado" (Jo. 8:34). E, de fato, somos escravos das palavras que dizemos, das ações que praticamos, das atitudes que assumimos e assim por diante.

Em decorrência dessa verdade, as manifestações, do pensamento à realização, devem se primar por sua identificação com a Lei Maior, a fim de que a invigilância não venha a nos submeter ao jugo da própria lei.

"ELE, E SUA MULHER E SEUS FILHOS FOSSEM VENDIDOS, COM TUDO QUANTO TINHA," – O direito então vigente concedia ao credor poderes para vender o devedor insolvente, juntamente com sua parentela e seus bens, a fim de reaver pelo menos parte do crédito.

Quando nos complicamos, a Lei de Causa e Efeito nos cobra, privando-nos daquilo que não soubemos usar ou desfrutar com equilíbrio e sensatez.

Esse homem, pela extensão de suas dívidas, se tornara indigno de possuir, de futuro, ou mesmo em reencarnações subsequentes, os valores que não conseguiu administrar, inclusive, como propõe a parábola, a familiares e bens materiais.

Se, nos dias que correm, visualizamos criaturas solitárias sem a benção de uma família, detectamos, também, os isolados, de sentimento eclipsado, incapazes de obras ou realizações mais significativas, e mesmo destituídos das mínimas expressões de reconforto e segurança. São eles os compromissados de ontem, que, nos termos desta mensagem, foram privados de "mulher, filhos e tudo quanto tinham", e para quem devemos dirigir os sentimentos de compaixão e cooperação, a fim de que tenham serenidade ante a prova a que a Lei os submete, até que possam equacionar seus débitos.

Como "filhos" podem ser compreendidos, também, tudo quanto se produziu ou se tem produzido na esteira do destino. A sua perda são os lances que em determinadas circunstâncias surgem, retirando do seu artífice os direitos de usufruir desses valores que, às vezes, gastou muitos anos ou existências empenhado em construir. Se os filhos são os elementos conquistados, a "mulher" é vaso geratriz representativo dos instrumentos que nos são concedidos para a edificação dos mais almejados ideais no tempo e no espaço, passíveis, também, de serem "tomados" para atender ao cumprimento da Lei.

Neste painel situam-se a inteligência, as forças físicas, as habilidades, as amizades, entre outros, passíveis também de nos serem retirados, embora temporariamente.

"PARA QUE A DÍVIDA SE LHE PAGASSE." – Restauração do equilíbrio perante si mesmo e, em consequência, da Lei. A par da quitação que representa o alcance da harmonia dentro da existência, vige a Sabedoria da Divindade que, valendo-se da imperiosidade das leis, proporciona o encaminhamento de valiosos recursos imprescindíveis ao avanço na busca da libertação.

93

APELO

Mt. 18:26

"Então aquele servo, prostrando-se,
o reverenciava, dizendo: Senhor,
sê generoso para comigo, e tudo te pagarei."

"ENTÃO AQUELE SERVO, PROSTRANDO-SE," – "Então" quer significar o momento, a hora em que cada um, na sucessão dos acontecimentos, é convocado à prestação de contas perante Deus e a consciência. Se, nesses momentos, a cobrança pode se dar em termos de coletividade, cada criatura, como "aquele servo", é chamada individualmente, de acordo com as condições e montante de recursos que arregimentou nas experiências pessoais que lhe foram afetas.

Neste instante, em que a Lei exige o nosso claro posicionamento, ainda que esteja o Espírito vinculado às faixas do orgulho e da vaidade, outra alternativa não lhe resta senão curvar-se com humildade, principalmente nessas ocasiões que nos desnudam, colocando-nos face a face com a nossa realidade.

"O REVERENCIAVA," – Frequentemente, quando envoltos em paixões, julgamos o Senhor distante, deixando de respeitá-lo. No entanto, quando somos chamados às contas, colocamo-nos na verdadeira posição, "reverenciando", dispondo-nos a honrar e respeitar o Criador.

"DIZENDO: SENHOR, SÊ GENEROSO PARA COMIGO," – Reconhecendo-nos em situação difícil, apelamos, suplicando que o Senhor seja bondoso para conosco. Deus sempre é bom e generoso. Não pode, todavia, ser complacente com o erro, para o que conta com a sabedoria de Suas Leis. Sem as leis e a ordem em todos os terrenos, o

Universo poderia, quem sabe, entrar nos quadros tristes da desordem e do caos.

"E TUDO TE PAGAREI." – Singular: compromisso individual. Futuro: pedido de mais tempo e mais oportunidade, em vista do mau uso dos elementos que recebera em forma de orientações, experências, companhias... Diante da percepção mais profunda da soma das falhas e da imperiosidade de quitação, não nos é difícil nos posicionar reverentes, solícitos, predispostos a adotar, de modo prático, recursos capazes de sanear a triste presença do desequilíbrio que portamos.

No entanto, frente aos acontecimentos indutores do progresso, quase sempre nos vimos presos às algemas das cristalizações milenares, rejeitando sistematicamente o ensejo de assumir, de vez, o trabalho libertador. Sem dúvida, somente operando incansavelmente no Bem de todos, rumaremos para a meta redentora.

94

COMPAIXÃO

Mt. 18:27

"Então o senhor daquele servo, movido de íntima compaixão, soltou-o, e perdoou-lhe a dívida."

"ENTÃO O SENHOR DAQUELE SERVO," – O Senhor se apresenta e se evidencia em função de cada um.

Relativamente ao "servo", escravo de alguém ou de situação por si mesmo. "Senhor" é aquele que reúne condições de autoridade, de superioridade, ao qual não temos como nos furtar nos momentos de avaliação de nossa conduta.

"MOVIDO DE ÍNTIMA COMPAIXÃO," – Um dos atributos de Deus é ser soberanamente Justo e Bom. Até agora, vimos o lado da Justiça. No momento, se fala em compaixão, que é filha do Amor, da Bondade. Exterioriza-se do íntimo, isto é, do coração, do sentimento.

Se, perante a Lei, somos intimados à liquidação até o último centavo, perante Deus, o Senhor Supremo, somos beneficiários de Sua "compaixão" que, em nome da Misericórdia, que pulsa em Seus sábios ditames, chega a cada qual que se dispõe a abrir o coração, na extensão da compreensão, da tolerância para com os irmãos em Humanidade.

"SOLTOU-O, E PERDOOU-LHE A DÍVIDA." – Isso se dá muito mais vezes do que supomos, sempre que nos é permitido deixar débitos congelados e partirmos para novas experiências, novas reencarnações. Perdoados porque contamos com a vida, com o tempo e com as oportunidades para utilizar de acordo com o nosso livre-arbítrio.

Perdoados, mas não limpos, havendo necessidade de irmos lavando, com paciência e determinação, a roupa espiritual, a fim de que, à época própria, sejamos encontrados com a veste adequada e limpa para o festim das bodas.

95
DÍVIDAS

Mt. 18:28

"Saindo, porém, aquele servo, encontrou um dos seus conservos, que lhe devia cem dinheiros, e, lançando mão dele, sufocava-o, dizendo: Paga-me o que me deves."

"SAINDO, PORÉM, AQUELE SERVO, ENCONTROU UM DOS SEUS CONSERVOS," – Partindo para novas experiências, lançamo-nos confiantes, tocados pelas vibrações do perdão, na busca do melhor aproveitamento da chance que se renova. Agora é natural e necessário o reencontro com valores, paisagens, criaturas, com quem outrora nos ligamos. São estas que se caracterizam como conservos, de quem nos reaproximamos, nos tratos do dia a dia, nos processos reencarnatórios como familiares, colegas, amigos. Aliados com ele, em idêntica situação, são estes conservos, também devedores na procura de soluções para seus problemas.

Quantas vezes numa empresa, por exemplo, nos esquecemos de que somos servidores iguais aos outros? Com os mesmos anseios, com as mesmas necessidades de serenidade, de entendimento...

"QUE LHE DEVIA CEM DINHEIROS," – Vivência em sociedade, na permuta de caracteres no recolhimento de novos padrões, somos também defrontados por aqueles companheiros a quem devemos e outros de quem somos credores. A vigilância e a capacidade de aplicação dos ensinamentos evangélicos não podem estar ausentes como direcionadores na busca das metas. O perdão, presente em novo ensejo de trabalho, pelo retorno à vida física, sublima-se no relacionamento com esses entes que esperam de nós a mesma benevolência que o "Credor Maior" teve e tem tido para conosco, criaturas grandemente endividadas nos séculos vivenciados.

"E, LANÇANDO MÃO DELE, SUFOCAVA-O," – Sufocar significa reprimir, dificultar, inutilizar. Imobilizado, ninguém conseguirá pagar àquele a quem deve; portanto, não é pressionando aqueles de quem somos credores que lhes ofereceremos condições de se quitarem.

A ausência do perdão tem sido, no decorrer dos séculos, o acumulador de dores e aflições. Nas expressões reencarnatórias e especialmente nos vínculos da parentela. No seio da família, é natural a reaproximação de companheiros endividados entre si, no convite da providência ao entendimento e equacionamento das diferenças. E, uma vez vitoriosa a compreensão, refletirá esta, em favor de nós mesmos, o progresso que se estende nas bases da tolerância e do esquecimento, na edificação do equilíbrio interior.

"DIZENDO: PAGA-ME O QUE ME DEVES." – Cobrando, esqueceu depressa como havia sido perdoado e que também era devedor, não de 100 dinheiros, mas de 10.000 talentos.

Ante o ato de cobrar, não podemos nos esquecer de que quase sempre somos devedores maiores e encontramo-nos na condição de perdoados ou em simples moratória.

Partindo o perdão da Misericórdia do Pai, pela nova oportunidade que nos concede, caberá a cada um que a usufrui adotar, por sua vez, na extensão de reciprocidade, generosidade, compreensão e paciência perante aqueles que lhes devem. Só assim estaremos conquistando o perdão definitivo, consoante o que nos esclarece o próprio Mestre: "E perdoa-nos as nossas dívidas, assim como nós perdoamos aos nossos devedores." (Mt. 6:12).

Esse o funcionamento da autêntica mecânica do perdão.

96

NOS TERRENOS DA CONVIVÊNCIA

Mt. 18:29

"Então o seu companheiro, prostrando-se a seus pés, rogava-lhe, dizendo: Sê generoso para comigo, e tudo te pagarei."

"ENTÃO O SEU COMPANHEIRO, PROSTRANDO-SE A SEUS PÉS," – Nesta hora, o companheiro, conservo, age com reverência e humildade como ele, o servo-credor, fizera anteriormente com o seu Senhor. Se antes o servo-credor se prostrara, angariando generosidade, e na pauta da misericórdia conseguiu o seu intento, agora o devedor, perante ele, também se curva "a seus pés" em total submissão, no aguardo de sua decisão favorável. São esses devedores que, na posição de subalternos social, psicológica, intelectual ou fisicamente, participam de nossa convivência e que, muitas vezes em silêncio, anseiam por uma atitude compassiva para com eles.

"ROGAVA-LHE, DIZENDO: SÊ GENEROSO PARA COMIGO, E TUDO TE PAGAREI." – Se, apelando para a generosidade do Senhor, prometendo liquidar de futuro os compromissos, somos agraciados com o perdão, da mesma forma esperava o nosso credor reagíssemos frente aos irmãos em humanidade.

No caso em questão, o "tudo te pagarei" do devedor, equivale à fração mínima, 100 dinheiros, frente ao montante de nossos débitos acumulados, generosamente relevados pelo Pai, 10.000 talentos.

A parábola aplicada por Jesus é de importância enorme para quem, efetivamente, deseja inteirar-se acerca dos sistemas vigentes na relação entre os seres, com vista à evolução. Compromissos, favores, acertos, débitos e créditos vigem para além dos interesses sociais, mantendo vinculações ou promovendo desvinculações, em expressivo jogo de interesses em que cada qual atua projetando, positiva ou negativamente, os valores incrustados em seu espírito imortal. É por esses relacionamentos que vamos aprendendo a exercitar os caracteres da bondade, do perdão, da solidariedade, da tolerância e da generosidade que, no fundo, constituem magníficas oportunidades de alcançarmos mais altos degraus na escalada do progresso.

97

INTOLERÂNCIA

Mt. 18:30

"Ele, porém, não quis, antes foi encerrá-lo na prisão, até que pagasse a dívida."

"ELE, PORÉM, NÃO QUIS," – Perdoado, não se dispôs a perdoar. É o livre-arbítrio que podemos usar para o Bem ou para o Mal. A escolha é sempre pessoal. Nessa hora, no entanto, fala a disposição do ser quanto à vida que adota ou que pretende adotar. Na pauta dos acontecimentos que canalizam sugestões de crescimento ou redirecionamento espiritual, portamo-nos, ainda, de modo inconsequente, conturbando o curso dos fatos na área que nos compete.

Relativamente ao credor menos sensível, visualizamos, muitas vezes, posturas que também alimentamos, buscando benefícios, mas negando cooperação. Os ensinos de Jesus indicam lógica sublimada, a proporcionar pontos de reflexão suficientes à adoção de atitudes que assegurem o desprendimento da alma dos condicionamentos inerentes ao mercantilismo convencional, cujo objetivo se imanta às tristes insinuações do egoísmo.

"ANTES FOI ENCERRÁ-LO NA PRISÃO," – Ação coercitiva, associando amargura do sofrimento ao problema da dívida já reconhecida.

Perante as leis de Deus, nada ficará encoberto, sem quitação. Infelizes seremos, sempre que resolvermos adotar Justiça pelas próprias mãos. Por falta da disposição de abdicar de pontos de vista, vinculamo-nos aos problemas dos outros, carreando, por longo tempo, aflitivas provas a se encadearem nos acontecimentos cotidianos.

"ATÉ QUE PAGASSE A DÍVIDA." – Com a quitação, todo problema se soluciona. Não devemos, porém, nos arvorar em agentes da Justiça. Deixemo-la por conta de Deus, nos escaninhos da consciência.

Felizes, bem-aventurados, os que estão pagando. "Bem-aventurados os que choram, porque eles serão consolados." (Mt. 5:4).

98

REAÇÕES

Mt. 18:31

"Vendo, pois, os seus conservos,
o que acontecia, contristaram-se muito,
e foram declarar ao seu senhor
tudo o que se passara."

"VENDO, POIS OS SEUS CONSERVOS, O QUE ACONTECIA," – Tudo quanto acontece é presenciado. Senão por encarnados, pelo menos por desencarnados. Como espíritos em evoução há milênios, portamos ainda conceitos e opiniões que alimentamos e aplicamos, em desacordo com as normas da tolerância e do perdão. Ao lado desses, entretanto, trazemos outros que atuam como diligentes "conservos", quando, ante a dedução e a análise mais criteriosa dos acontecimentos de que participamos, passam a acusar, pelos brados da consciência ferida, quanto à atitude menos feliz que tenhamos adotado frente a cada um desses fatos.

"CONTRISTARAM-SE MUITO," – O que experimentamos diante do sofrimento alheio, dos problemas do semelhante, deve traduzir-se em prece, em vibrações que se dirijam ao Senhor. Não se pode esquecer que, frente aos desajustes, aos lances da injustiça, aos desequilíbrios, somos levados a sentimentos de compaixão, de revolta e mesmo induzidos a defender ou atacar. Nessa hora, é imperioso que saibamos nos auto-observar, a fim de que a sede de Justiça não seja caminho livre a resistência ou agressões, mas encontre ressonância segura, abrindo no íntimo as portas do discernimento e da sensibilidade, frente a todos os fatos que venham a ocorrer na órbita de nossas ações pessoais.

"E FORAM DECLARAR AO SEU SENHOR TUDO O QUE SE PASSARA." – Deus é onipresente por Suas leis, por aqueles que são Seus prepostos nos meandros da evolução. Todo clamor, dentro da mecânica da prece ou das emissões mentais, encontrará uma resposta, com vistas ao equilíbrio que deve manter a estrutura do universo. No corpo físico, ou mesmo nos centros psíquicos, identificaremos a reação de órgãos e implementos que manifestem a sua "inconformação" pelo desequilíbrio que emerge, quando qualquer área deixa de cumprir adequadamente funções harmônicas que lhe cabem, no todo a que pertence.

99

INDIGNIDADE

Mt. 18:32

"Então o seu senhor, chamando-o à sua presença, disse-lhe: Servo malvado, perdoei-te toda aquela dívida, porque me suplicaste."

"ENTÃO O SEU SENHOR, CHAMANDO-O À SUA PRESENÇA," – Tempo de avaliação ou reavaliação. Todos estamos submetidos a uma autoridade: o Criador. Nesta hora, quando chamados à Sua presença, e de acordo com o estado pessoal, podemos vê-Lo e senti-Lo como Pai, Amigo, Juiz, Senhor...

Em sua existência, o ser vive momentos em que as propostas de trabalho se desdobram, sugerindo-lhe, com maior ou menor insistência, semear, cuidar, ceifar. Ao lado de tudo isso manifesta-se, também, o imperativo do aproveitamento do tempo, da valorização da experiência, da prestação de contas. Em sutis manifestações de impulsos conscienciais, rejubila-se ou se entristece ante a ação desenvolvida, num abençoado reflexo do Pensamento Divino. Queiramos, ou não, vige nos corações um eterno chamamento à responsabilidade, quanto à natureza e à quantidade do que nos cabe realizar no tempo e no espaço. E, ante a realidade inarredável do "chamando-o à sua presença", será importante e tranquilizador ter-se o que apresentar em cada instante de aferição.

"DISSE-LHE: SERVO MALVADO, PERDOEI-TE TODA AQUELA DÍVIDA," – "Malvado", lamentação que percorre os profundos escaninhos de todo aquele que se conscientiza de atos por ele praticados, contrários às normas cristãs já assimiladas.

É o Senhor recordando ao servo o que lhe havia feito. Já que não é pequena a misericórdia que temos angariado no desenvolvimento das reencarnações, precisamos tomar a iniciativa de lembrar, sempre, o que temos recebido de bom e o que temos feito disso.

"PORQUE ME SUPLICASTE." – Ele pediu, como também o seu devedor lhe havia solicitado. Sem dúvida, são válidas as preces pelas quais formulamos solicitações que se justificam, cujas respostas poderão se concretizar, com certeza, quando nossas ações são operadas nas mesmas bases de perdão e tolerância com que esperamos ser contemplados.

Em meio às oportunidades de aprendizado, vamos recolhendo valores imprescindíveis a se atingir a segurança e bem-estar, ao tempo em que se ampliam perspectivas de se conseguir novos padrões que elegemos como valiosos, na busca dos objetivos que se abrem. Aparece, a partir de então, o direito de se suplicar, sem constrangimentos, dos Planos Maiores, tais componentes. Alimentando esta postura, aprendemos, também, quanto à importância de gerenciar o destino sob o amparo do Alto, sabendo avaliar quanto à exequibilidade do recebimento das respostas do Cristo às nossas preces.

100

COMPENSAÇÕES

Mt. 18:33

"Não devias tu igualmente
ter compaixão do teu companheiro,
como eu também tive
misericórdia de ti?"

"NÃO DEVIAS TU IGUALMENTE TER COMPAIXÃO DO TEU COMPANHEIRO," – O chamamento para as realidades do Espírito Imortal abre, gradativamente, os terrenos da sensibilidade. Não são poucas as vezes em que, diante das atitudes adotadas, nem sempre condignamente, percebemos o grito da consciência já desperta ou em fase de despertamento, convidando-nos à reflexão. Por longo tempo, as possibilidades de comparação trabalham a capacidade de nossa identificação com os preciosos valores da Justiça. Imperioso, por isso, lutar até que, um dia, sem os grilhões do egocentrismo que agem à sombra das compensações, atinjamos a espontaneidade, operando com total desinteresse pessoal, nos abençoados fundamentos do Amor.

"COMO EU TAMBÉM TIVE MISERICÓRDIA DE TI?" A idéia crística aciona os valores mais íntimos do ser, a fim de que, identificando a real necessidade de redirecionamento da existência para melhor, possa retirar fatores e alcançar conclusões na busca deste objetivo. Sugestiva a indicativa de Jesus no sentido de movimentar os padrões de bondade que levam à paz. Quantas vezes nos vimos diante de manifestações mais profundas, fazendo-nos avaliar a extensão das dádivas que nos chegam em nome da Misericórdia! Apontando de modo direto "como eu também tive misericórdia de ti", Jesus nos leva a considerar, seja qual seja o quadro de problemas e dificuldades por nós vivenciado, que é praticamente infinita a cota de recursos a nós direcionados a todo momento, sem qualquer exigência de retorno ou tributos de concessão.

101
AO SABOR DA JUSTIÇA

Mt. 18;34

"E, indignado, o seu senhor o entregou aos atormentadores, até que pagasse tudo o que devia."

"E, INDIGNADO, O SEU SENHOR O ENTREGOU AOS ATORMENTADORES," – Costumamos atribuir a Deus as qualidades e reações próprias do homem. Indignado, pois outro deveria ser o procedimento daquele servo, perdoado de dívida tão ampla. Várias são as passagens evangélicas em que Jesus utiliza essa terminologia. Também não são poucas as vezes em que nos colocamos como "indignos", não merecedores da gama infinita de valores que se canalizam em nosso favor. Novamente, o Mestre fala de indignação, referindo-se ao sentimento daquele Senhor para com o servo, não no sentido de cólera ou revolta, mas pelo escândalo de não ter ele feito jus ao benefício de que fora objeto.

O fato de ser entregue aos atormentadores traz à evidência a Lei de Causa e Efeito.

O que atormenta a criatura são as situações que, apesar de desfavoráveis, contribuem para o seu reequilíbrio e reajustamento. Com relação à Lei de Ação e Reação, há três posições: 1ª – ajustamo-nos a ela (harmonia). Os reinos mineral, vegetal e animal (irracional) coexistem harmonicamente com as leis. Não há dor moral, nem provas, nem expiações. 2ª – sob o guante da Lei: o racional – que usa mal o seu livre-arbítrio. 3ª – acima da Lei: adesão por amor aos Princípios Divinos, superando-a, tornando dispensáveis quaisquer medidas coercitivas.

Ao servo foi proporcionada a oportunidade de quitar-se pelas vias do Amor que "cobre a multidão de pecados". Rejeitando-a, submeteu-se ao império das engrenagens cármicas para o ressarcimento das dívidas contraídas. Nesses mesmos parâmetros situamo-nos, todos nós, beneficiários da bondade do Criador, sem, contudo, nos utilizarmos do ensejo para desfechar o voo com as asas do Bem, desprendendo-nos das teias de caprichos e cristalizações que nos têm retido na retaguarda.

"ATÉ QUE PAGASSE TUDO O QUE DEVIA." – Não mais. Nada de inferno eterno. O fogo purificador das provas e expiações dura só enquanto houver combustível dos erros, das imperfeições, o que tem curso tanto no plano físico como no espiritual.

A quitação dos débitos está adequadamente ajustada aos sábios componentes da Justiça que, ao tempo em que asseguram a harmonia no Universo, trazem, também, a mensagem didática a impulsionar os seres aos patamares do aprendizado e da segurança. Digno de registro o fato de a experiência imputada a título de pagamento ter o fator duração condicionado, exclusivamente, à extensão da dívida. Isso na pior das hipóteses, já que, no âmbito da Misericórdia Divina, o sofrimento cármico, costumeiramente, fica aquém das complicações criadas pelo devedor, especialmente quando este esteja empenhado em favorecer sua própria recuperação, cultivando compreensão e humildade.

102

RECIPROCIDADE

Mt. 18:35

"Assim vos fará também meu Pai Celestial, se do coração não perdoardes, cada um a seu irmão, as suas ofensas."

"ASSIM VOS FARÁ TAMBÉM MEU PAI CELESTIAL," – Por suas expressões de misericórdia, já podemos depreender que o Pai não pune nem perdoa, por ser perfeito, transcendendo, assim, às paixões que caracterizam a personalidade dos homens. No equacionamento dos problemas por nós criados, identificamos a Lei de Causa e Efeito, sábia e rigorosa, a distribuir a cada um segundo as suas obras, e não por "capricho" da Divindade. Só assim poderemos atenuar a Justiça Divina a reinar, soberana, em todo o Universo.

"SE DO CORAÇÃO NÃO PERDOARDES," – O perdão não deve ser da boca para fora. Necessita proceder do sentimento que antecede a todas as manifestações do ser. Sem exigências, sem condições. Só assim, sem mágoas, e com esquecimento amplo, estaremos nos candidatando às soluções finais das dívidas contraídas mediante a capacidade de, na extensão da bondade que nos chega, usarmos, também, de benevolência para com os que nos devem.

"CADA UM A SEU IRMÃO, AS SUAS OFENSAS."– Precisamos mais vezes nos lembrar dessa irmandade. Como filhos de Deus, somos todos irmãos. E devemos agir como tal, para o nosso próprio bem. Não importa que os outros não pensem assim. Se temos compreensão para tanto, fugir desse comportamento é nos comprometer.

Por enquanto, precisamos perdoar. Não podemos, entretanto, nos esquecer do exemplo de Jesus. Crucificado, do cimo da cruz, implorou: "Pai, perdoa-lhes, porque não sabem o que fazem." (Lc. 23:34). Não sentindo a ofensa, nada tinha a perdoar. No entanto, a Lei de Retorno, pelas ofensas cometidas, distribuirá a cada qual sofrimentos físicos ou morais. Tais respostas serão abrandadas pela assimilação de conceitos renovados e consequente aplicação na vida prática e que constituem respostas do Criador às súplicas de Jesus em nosso favor.

103

VITÓRIA DO BEM

Mt. 25:31

"E quando o Filho do Homem vier em sua glória, e todos os santos anjos com Ele, então se assentará no trono da sua glória."

"E QUANDO O FILHO DO HOMEM VIER EM SUA GLÓRIA," – Tudo acontece na hora exata. Assim como Jesus veio em momento oportuno atender às necessidades humanas, a identificação plena com a Sua Mensagem, em Espírito e Verdade, surgirá também, definindo nossa integração com novo plano de vida.

Falando "Filho do Homem", Jesus não apenas se iguala a nós. "Filho do Homem" é consequência, resultado da evolução humana. Trata-se de nova fase em elaboração, fundamentada no conhecimento e nas felizes propostas de redenção. É a criação da mentalidade renovada, fim de um ciclo e início de outro. Falando-nos de João Batista e da excelsitude do Reino dos Céus, Jesus, segundo precioso registro, nos dá uma ideia do que tratamos agora: "em verdade vos digo que, entre os que de mulher têm nascido, não apareceu alguém maior do que João Batista; mas aquele que é o menor no Reino dos Céus é maior do que ele." (Mt. 11:11).

Ao afirmar "vier em sua glória" refere-se à segunda vinda do Senhor; não em corpo de carne, ou qualquer aparência exterior, porque o que Ele tinha a realizar, encarnando, já o fez. Na verdade, Ele está vindo. Para uns esse fato já se deu, para outros está ocorrendo agora. O coração de cada um é o terreno onde Ele se manifestará novamente com Seu poder, Sua importância, Suas virtudes e Sua glória, pelos reflexos que dimanam daqueles que o receberam, introjetando os ensinos de seu Evangelho.

"E TODOS OS SANTOS ANJOS COM ELE," – Sob determinado aspecto, podemos considerar "anjos", todas as entidades destituídas de corpo físico. Daí a importância de mencionar-se "santos", isto é, portadores de saúde espiritual, de elevação, de qualidades morais. No Novo Testamento, "os santos da casa de César" (Fil. 4:22) eram os convertidos ao Evangelho que se encontravam no palácio do Imperador.

Em concepção mais ampliada, surge a visão dos auxiliares espirituais do Divino Mestre, cuja presença se faz sempre em todas as épocas da Humanidade.

O Centurião de Cafarnaum, em colóquio com Jesus, (Mt. 8:8 e 9) evidencia a verdadeira fé.

Diante das decisões, quanto ao crescimento espiritual e, em face das necessidades inadiáveis a nos exigirem novas atitudes de vida por compromissos assumidos, a presença dos "anjos" com o Filho do Homem reflete-se no quadro que marca, na moldura das lágrimas e apreensões, os dias difíceis por que passa a Humanidade em sofrida transição. Estão eles presentes nos fatos dolorosos que têm visitado corações, lares, cidades, países, no abençoado objetivo de arregimentar os espíritos para concepções renovadas de Deus e de Suas Leis.

As trombetas, conforme registramos no "Apocalipse", soam em todos os quadrantes, na forma de guerras, terremotos, moléstias, fome, pestes, acidentes, desequilibrios psíquicos, mediunidade torturada, num ostensivo chamamento às vítimas e espíritos a elas ligados, à tomada de novas posições no palco da evolução. A "regeneração" deixa de ser uma opção para representar contingência inarredável e determinante das hostes espirituais que, sob a tutela do Cristo de Deus, direcionam os destinos da Humanidade. Apesar de tudo, ainda permanecem direitos de escolha para todos. Infelizes, no entanto, os que permanecerem cristalizados ou surdos ante tais sugestões que nos chegam em nome da misericórdia. Isso porque, em face da Lei, o aprendiz indiferente, relapso ou irresponsável terá, na melhor das hipóteses, de repetir as lições no grande educandário universal, até que, em época adequada, se disponha a implementar a escalada reservada a todos no imperativo da libertação.

"ENTÃO SE ASSENTARÁ NO TRONO DA SUA GLÓRIA;" – Jesus, como Senhor e Mestre, Governador Espiritual da Terra, vincula-se aos planos gloriosos das mais altas esferas espirituais.

No campo dinâmico, o corpo doutrinário do Cristo se assenta nos alicerces da vida mental, proporcionando-nos condições de discernir quanto à natureza positiva ou negativa dos valores que já apreendemos e dos quais podemos dispor na extensão do trabalho que abraçamos. É desse ângulo que visualizamos o triunfo da verdade sobre o erro; da luz sobre as trevas; do Bem sobre o Mal.

104

ESCOLHA

Mt. 25:32

"E todas as nações serão reunidas diante dele, e apartará uns dos outros, como o pastor aparta dos bodes as ovelhas;"

"E TODAS AS NAÇÕES SERÃO REUNIDAS DIANTE DELE," – Indistintamente, sem discriminação. Os espíritos, reencarnando neste ou noutro país, recebendo a mensagem do Evangelho diretamente do Cristo, quando de Sua presença entre nós, ou através de seus emissários; mesmo na mais remota antiguidade, pois os profetas em Israel e os diversos enviados, em todas as terras do mundo, sempre trouxeram a sua palavra de acordo com as necessidades das criaturas. Por isso, o Mestre asseverou: "E este Evangelho do Reino será pregado em todo o mundo, em testemunho a todas as gentes, e então virá o fim."(Mt. 24:14).

Imperioso ponderar-se que a Sua orientação não se destina a pessoas ou grupos específicos, mas se direciona a todos, sem exceção. O mesmo ocorre no interior de cada qual, cujo terreno se constituí de áreas das mais diversificadas expressões, a formarem províncias, cidades, aldeias, em que predominam a tônica dos condicionamentos e dos caracteres que temos cultivado no tempo. Muito a propósito, argumentava Jesus que haveria lutas de nação contra nação, de reino contra reino, quando os padrões superiores, por Ele disseminados, entrassem em confronto com os núcleos da insensatez e da desilusão. No seu encaminhamento, os fatos iriam sugerir opções corretas a cada um. As nações interiores, eleitas por residência mental do ser, passam a se constituir fonte determinante do mundo, ambientes, situações e acontecimentos a que temos que nos ajustar no plano exterior. O terreno e eventos de fora serão sempre e inquestionavelmente o reflexo do que trazemos no coração. Selecionar a cada instante os elementos que cultivamos no íntimo é, pois, medida de bom senso. A reunião de todas as nações diante d'Ele é medida também de foro pessoal, proporcionando-nos condições de reavaliação e recomposição do destino ante a Sua presença. Neste instante, passa Ele a ditar o caminho mais acertado quanto ao porvir.

Podemos dizer que depois de cada ato, de cada realização individual ou em grupo, no devido momento, nos veremos face a face com os resultados de nossas ações.

"E APARTARÁ UNS DOS OUTROS," – Jesus, apontando o Bem, a virtude, devidamente assimilada, estabelece um padrão vibratório caracterizado pelo despertar do Cristo Interno. Ao atingir esse estado de alma, característico do avanço consciente, a individualidade estará se desvinculando de antigos modelos que a prendiam ao passado, penetrando outros planos vibracionais consonantes com a mentalidade que elege. Por outro lado, o conhecimento não acionado instaura fatores de desarmonia nos refolhos da mente, responsáveis pela vinculação com faixas detonadoras do sofrimento, a gerarem tristes períodos de reciclagem em planos inferiores, já percorridos no pretérito milenar. A separação constitui, assim, um ato natural que se segue à esteira de experiências e testemunhos vivenciados de modo correto, suscetível de operar-se pela necessária conjugação de cada qual aos grupos a que veio juntar-se pela eleição decorrente do plano de vida que adotou, segundo o direito de seleção levado a efeito na esfera do livre-arbítrio.

"COMO O PASTOR APARTA DOS BODES AS OVELHAS;" – Com o propósito de tornar a lição ao alcance de todos, o Mestre recorre, mais uma vez, a um fato de conhecimento geral. Comparando as criaturas com os elementos de um rebanho, Ele proporcionava um melhor entendimento quanto aos imperativos cíclicos de seleção, a nível vibratório e espiritual. Ao avocar a imagem dos "bodes" e das "ovelhas" nos proporcionava examinar nossa posição ante os desígnios superiores. O "bode", mamífero ruminante, como macho, é a representação da pessoa ainda presa a uma postura mental sustentada pelos interesses pessoais, a retratarem vivências repetitivas, petrificadas no tempo e no espaço.

De outro lado, "a ovelha", amplamente registrada no Evangelho, caracteriza aquele tipo dócil, com postura simples, apto a doar incessantemente, sempre em sintonia com o comando do Pastor: "Eu sou o bom pastor, e conheço as minhas ovelhas, e das minhas sou conhecido."(Jo.10:14).

105

AFINIDADE

Mt. 25:33

"E porá as ovelhas à sua direita, mas os bodes à esquerda."

"E PORÁ AS OVELHAS À SUA DIREITA," – Posicionamento futuro segundo a ação natural da Lei de Causa e Efeito, proporcionando a cada um segundo as suas obras. Agora, como de futuro, o espírito viverá momentos de avaliação dos terrenos percorridos. A cada passo observará, na órbita da misericórdia, novo painel de registros, a determinarem novas perspectivas quanto ao porvir. Nesse particular, continua prevalecendo a lei de sintonia. A direita é o lado bom, da correção, da Justiça. A integração ao aprisco, mencionada por Jesus, far-se-á sempre pela correta disposição de melhorar-se, a que deve somar-se o empenho em agir-se incansavelmente no Bem. No processo de seleção não cabe qualquer idéia de uma separação de "fim dos tempos", que se processe com base em sistemas de natureza exterior, amplamente cultivado na esfera dos homens. Valem os caracteres inscrustados no âmago do ser, a pesarem, por si mesmos, na balança do equilíbrio e do Bem.

A localização "direita" sugere, ainda, outras alternativas segundo a didática sábia de Jesus. Enquanto para muitos tal fato pode expressar privilégios ou distinção, para os já conscientes de seus deveres impera a presença da Justiça, a decidir com base nos registros da alma, de acordo com o grau de responsabilidade e capacidade de aproveitamento.

"MAS OS BODES À ESQUERDA." – Da mesma forma que as pessoas se agrupam pela afinidade profissional, artística, religiosa ou sentimental, nos planos do Espírito conjugam-se os seres pelos princípios da vibração. Em decorreência disso, todos aqueles que se afastam da reta Justiça, perambulando pelas veredas do desequilíbrio, já empreendem, por natural relação vibratória, essa seleção, aí permanecendo até que se predisponham ao toque do amparo e da misericórdia dos Planos Maiores, pela adesão à Lei do Amor, a participar do grande rebanho de que Jesus é o Pastor.

106

HERANÇA

Mt. 25:34

Então dirá o rei aos que estiverem à sua direita: vinde, benditos de meu Pai, possuí por herança o reino que vos está preparado desde a fundação do mundo;"

"ENTÃO DIRÁ O REI AOS QUE ESTIVEREM À SUA DIREITA:" – Aos que apreendem, com perseverança, a empreitada de libertação em meio às lutas intensas, quer no plano psíquico com as próprias inferioridades, quer na arena prática dos testemunhos diários, estarão reservados, a título de resposta da Lei, os valores assegurados pela harmonia consciencial, a refletirem a voz inarticulada do Cristo "então dirá o rei...vinde, benditos de meu Pai,".

"VINDE," – Convite para uma ação em bases renovadas, decorrente das buscas empreendidas. Toda definição pessoal, quanto às metas espirituais, receberá felizes respostas a título de oportunidades de realizações concretas na grande seara do Cristo.

"BENDITOS DE MEU PAI," – Bendito ou maldito, não no sentido de maior ou menor afetividade. Bendizer ou maldizer residem na essência de cada afirmação do ser, em suas manifestações nas engrenagens da existência.

Na medida em que se abrem os recursos de assimilação dos valores espirituais, e que a criatura trabalha com equilíbrio e segurança o conteúdo apreendido, não apenas caem concepções errôneas ou conceitos milenares. Projetam-se, também, novas perspectivas no plano de percepção do Espírito em seu progresso.

"Bendito" por muito tempo expressava, em entendimento reduzido, manifestação de caráter discriminatório, atribuído a um "deus" dotado de paixões humanas.

No entanto, na medida em que se opera a abrangência do conhecimento espiritual, passa-se a perceber que tal expressão é gerada nos fundamentos das causas, segundo a natureza da sementeira em forma de pensamento, palavra ou ação, lançadas no campo do destino. Será sempre o estado de identificação com os postulados da Lei Maior, quando pensamos, falamos ou agimos de modo a refletir o pensamento do Criador. É por esses caminhos que, dinamizando os valores no Bem, diante das pessoas, das coisas, dos fatos, identificamo-nos com as suaves vibrações da compreensão. Nessa hora passamos a usufruir de melhor percepção da Misericórdia Divina e do Universo, consoante o que nos afirma Jesus: "Portanto, qualquer que me confessar diante dos homens, eu o confessarei diante de "meu Pai," que está nos Céus." (Mt. 10:32).

"POSSUÍ POR HERANÇA O REINO QUE VOS ESTÁ PREPARADO" – A herança é aquilo que passa de pai para filho. O reino a que se refere Jesus é de ordem espiritual. Algumas de suas características são o trabalho, a compreensão e a paz. O estado de alma que nutrimos tem tendência a exteriorizar-se. É por aí que os seres se conjugam na amplitude da Lei de Sintonia. A afirmação desse estado de alma é tarefa milenar. Na posse e administração daquilo que nos chega do Alto, vamos gratuitamente vendo, isto é, tomando conhecimento de sua realidade.

Nesse particular, a benção da reencarnação é o instrumento revelador. No usufruto dos conhecimentos que Jesus nos proporciona, habilitamo-nos à posse desse terreno de reconforto, entrando em novos padrões de afinidade espiritual. É o "nascer do espírito" que, conjugado com o "nascer da água", garante nossa identificação com esse "reino" estruturado e entretecido pelas expressões da Bondade Divina e reservado a todos, indistintamente.

"DESDE A FUNDAÇÃO DO MUNDO;" – Vale dizer que, desde o princípio, os valores necessários à redenção encontram-se ao alcance de todos, dependendo de cada qual colocar-se em condições de identificá-los e com eles trabalhar por alcançar o Reino de Deus, em toda a sua amplitude operacional.

Depreende-se, sem dúvida, que em a Natureza tudo se encadeia dentro da ordem e com objetivos perfeitamente nítidos. A criação do mundo teve por meta oferecer educação aos filhos de Deus, canalizando os elementos necessários a sua felicidade. Será, um dia, um abrigo e uma escola mais feliz, quando pudermos entender que a terra de que nos fala Jesus inicia-se nos corações, potencialmente em condições de produzir frutos de reconforto e de paz.

107
MENTALIDADE CRISTÃ

Mt. 25:35

"Porque tive fome, e destes-me de comer;
tive sede, e destes-me de beber; era
estrangeiro, e hospedastes-me;"

"PORQUE TIVE FOME, E DESTES-ME DE COMER;" – Há dois tipos de fome: fome material e fome espiritual. Biologicamente precisamos nos alimentar em quantidade e qualidade adequadas. Espiritualmente, carecemos de ensinamentos, de experiência, de compreensão, de justiça...

Muito nobre o trabalho que se faz no sentido de alimentar o faminto, fisicamente considerado. Ao dispor-se à cooperação, vemos alongar-se os mais expressivos gestos de fraternidade e generosidade para com o semelhante.

No contexto a que nos ajustamos, somos também acentuadamente carentes, ao tempo em que visualizamos a grande massa dos filhos do Calvário a mendigarem as cotas de entendimento, de orientação, de paciência, de encorajamento em sua busca de ventura e bem-estar. Felizes seremos quando, despertos para o ensejo de cooperar na grande obra do Cristo, descobrimos os celeiros de sustentação, em foro de eternidade, ao adotarmos com interesse e determinação a sublime oportunidade de servir na grande Seara.

"TIVE SEDE, E DESTES-ME DE BEBER;" – A água é elemento indispensável ao surgimento e à manutenção da vida. Integra em grande proporção o corpo biológico; dela não podemos prescindir.

Com a figura da água, Jesus transmite-nos valioso apontamento, convocando-nos ao trabalho capaz de favorecer o equilíbrio do semelhante. Da sede orgânica, extrapolamos para as necessidades fundamentais da criatura, nos campos do esclarecimento e da cooperação eficientes, indispensáveis ao seu encaminhamento nos terrenos do progresso.

As expressoes "tive fome" e "tive sede" ressoam no campo consciencial de cada um. Seja refletindo, na busca do conhecimento e da oportunidade de servir nos momentos de identificação com a Sua Mensagem; seja, ainda, nas ocasiões da veiculação prática dos ensinos, quando do trato objetivo com aqueles "pequeninos" que, consubstanciando o Seu retorno, esperam nossa cota de auxílio em nome d'Ele.

"ERA ESTRANGEIRO, E HOSPEDASTES-ME;" – Lembremo-nos de uma pessoa em terra estranha, querendo comunicar-se e não conseguindo. O drama para transmitir algo sobre as necessidades mais vulgares. Nesse prisma, não nos será difícil compreender o porquê da alusão de Jesus a essa imagem. Nos carreiros da evolução, em meio às recapitulações reencarnatórias, não somente nos vimos como estrangeiros. Quer nos lares, nas oficinas, no plano social, defrontamo-nos com muitos que, participando das experiências diárias, ladeando conosco, se postam como extremamente afastados de nosso modo de pensar, de nossos conceitos, de nossos hábitos.

Se, nessas circunstâncias, aguardamos compreensão e acolhimento por parte dos que nos circundam, quanto mais esses, por sua vez, esperam a nossa tolerância e disposição de abrigá-los sob o teto da simpatia.

Na extensão desses fatos do dia a dia, voltamo-nos para nós mesmos e nos visualizamos, afastando-nos dos interesses imediatistas e transitórios, com as marcas da irresponsabilidade, da viciação ou da delinquência, próprias de nossa "terra" de origem, sendo abrigados pelos amigos e benfeitores espirituais que nos aceitam tais quais somos; como, também, pelas novas ideias, a nos proporcionarem confiança e esperança em dias melhores e direcionando-nos na edificação de uma mentalidade efetivamente cristã.

108

NUDEZ ESPIRITUAL

Mt. 25:36

"Estava nu, e vestistes-me; adoeci, e visitastes-me; estive na prisão, e fostes ver-me."

"ESTAVA NU, E VESTISTES-ME;" – A cooperação assistencial junto dos carentes do corpo é atividade imprescindível para quem já esteja sensibilizado com a mensagem evangélica. A caridade acionada neste sentido não apenas favorece o semelhante, mas, principalmente, nos auxilia na grande luta do desapego.

O sentido espiritual da parábola, no entanto, nos conduz a reflexões mais profundas. A nudez ou outras carências, no campo da alma, atinge aspectos mais amplos.

Estaremos vestindo o carente sempre que, na manifestação da bondade, transferimos para o seu espirito daquilo que já detemos. Quantos aportam em nossos caminhos, necessitando do reconforto, da sustentação afetiva, da orientação?

Somente no exercício do Bem de todos, a cada instante, é que colheremos melhores condições de discernir, quanto às privações que visitam os que nos circundam e oferecer, efetivamente, o suprimento capaz de favorecê-los na pauta de suas necessidades.

"ADOECI, E VISITASTES-ME;" – Como é gratificante, estando enfermos, recebermos a visita de alguém, principalmente, quando esse alguém sabe conduzir-se.

O versículo em estudo nos leva a ponderar sobre a importância desse gesto de solidariedade. Por ele recolhemos o feliz ensejo de acionar os meios de crescimento e ajuda espiritual.

A importância dessa prática cresce gradativamente, à medida que passamos a entender nosso grau de conquistas e carências. Se, em determinados problemas, mostramos experiência e habilidade em equacioná-los, em outros vimo-nos diante de insuperáveis dificuldades ou inibições em solucioná-los. Em nossa estrutura psíquica ou biológica o fato é o mesmo. Apresentamos ângulos positivos em determinadas áreas e carências e defasagens em outras.

A indicativa é atual. No "adoeci" ansiamos, quando carentes, pelo reconforto e pela sustentação de corações que nos cercam. No "visitaste-me" encontramo-nos convocados ao exercício do Bem e da solidariedade, fonte inesgotável de saúde e júbilos espirituais.

"ESTIVE NA PRISÃO, E FOSTES VER-ME." – Visitando o presidiário, estaremos acionando a caridade numa de suas mais expressivas modalidades.

A prisão não apenas evidencia a consequência dos problemas alimentados nos terrenos sociais. Abrange, igualmente, o cárcere de sombras, tecido no decorrer dos séculos, pelas imperfeições, a impedir os mais genuínos desejos de ação e livre movimentação do ser.

Diante de tais posições, gratificante se torna, ao Espírito, a presença daquele que, na extensão das benesses celestes, visita-nos através da prece, das vibrações encorajadoras, da esperança e da oportuna orientação, imprescindível à conquista de novos padrões de existência.

Nos parâmetros da libertação, a proposta de Jesus se faz mais presente quando, certos das responsabilidades de crescimento, munimo-nos dos recursos evangélicos e doutrinários, direcionando-os aos escaninhos mais obscuros da mente, no sentido de clareá-la e desprendê-la das tristes e escravizantes algemas da retaguarda.

109
NOS TERRENOS DA JUSTIÇA

Mt. 25:37

Então os justos lhe responderão, dizendo: Senhor, quando te vimos com fome, e te demos de comer? Ou com sede, e te demos de beber?"

"ENTÃO OS JUSTOS LHE RESPONDERÃO," – Justo, em termos absolutos, só Deus. Sob o ponto de vista relativo, qualquer pessoa estando em paz, experimentando a sensação do dever cumprido, empenhada em refletir no plano prático o Pensamento Divino, será sempre um "justo".

É nessa visualização de Justiça que cada um não apenas expressa os seus conceitos, como formula renovadas inquirições terreno a dentro de si mesmo, no sistema ininterrupto da busca evolutiva.

"DIZENDO: SENHOR, QUANDO TE VIMOS COM FOME, E TE DEMOS DE COMER?" – O cumprimento da mensagem evangélica, em seu aspecto dinâmico, conduz o aprendiz a faixas cada vez mais abrangentes no encadeamento de suas experiências.

A cada momento, desvincula-se dos enfoques de cunho exclusivamente particularista, penetrando áreas de interesses mais universalistas, generalizados. Em decorrência desse novo estado de alma, natural se torna a indagação: "quando te vimos?". Saindo das cogitações estritamente intelectivas, penetramos nas atividades objetivas. O que representava o Bem a realizar, a fome a saciar, se transforma em gratificante atividade de rotina, no piso de diferente mentalidade.

"OU COM SEDE E TE DEMOS DE BEBER?" – Seja qual for o ambiente a que estejamos ajustados, imperioso se faz irradiemos vibrações asseguradoras de harmonia, de segurança, de equilíbrio. Assim sintonizados, usufruindo da sustentação que já nos envolve, irradiadores de cooperação em fluxo incessante, aprendamos a auxiliar com persistência, transferindo aos que nos cercam a "agua viva" (Jo.4:14) da mensagem recolhida do Mestre, capaz de dessedentar corações ainda presos aos ressequidos interesses transitórios.

110

SENSIBILIDADE

Mt. 25:38

"E quando te vimos estrangeiro, e te hospedamos? Ou nu, e te vestimos?"

"E QUANDO TE VIMOS ESTRANGEIRO, E TE HOSPEDAMOS?" – No âmbito da jornada espiritual, é imperioso desenvolver o senso de identificação das necessidades daqueles que são posicionados junto de nós pela bondade do Alto. Normalmente, como estrangeiros, alienados dos padrões de equilíbrio e segurança, imploram cooperação e orientação.

Consubstanciando o próprio Cristo no aspecto dinâmico do Evangelho, eles transitam ao nosso lado, às vezes, sob o mesmo teto que nos abriga, a desafiar a nossa capacidade de visualisá-los e atendê-los.

"OU NU, E TE VESTIMOS?" – Além dos nus e maltrapilhos a se movimentarem nos terrenos humanos, em circunstâncias outras, podemos visualizar os desnudos de esperança, de fé, de conhecimento, ansiando por cobertura vibratória, compreensão ou entendimento.

Vale observar que, na medida em que esta interrogação começa a ser trabalhada, abrem-se significativas oportunidades que ampliarão nossa capacidade de sentir.

Sem dúvida, o conhecimento assimilado teoricamente é apenas o posicionamento do ser na antessala da aprendizagem. Para sua real fixação, o valor aprendido de fora para dentro aguardará o momento em que será acionado em plano prático, de dentro para fora. Somente então incrustam-se, efetivamente, os caracteres que marcam a educação em sua legitimidade. A caridade, amplamente postulada pelos princípios cristãos, é componente inarredável para a afirmação espiritual. Companheiros carentes, nas mais diversificadas situações, posicionam-se em nossa órbita, aguardando nossa sensibilização para a sublime oportunidade de servir. Sempre temos em nossa volta alguém, física ou psiquicamente, esperando a nossa iniciativa de ajudá lo ou esclarecê-lo. São eles que, no plano das circunstâncias e dos fatos, oferecem para nós a oportunidade de reencontrarmos, efetivamente, o Cristo em nós mesmos.

111
PRISÕES

Mt. 25:39

"E quando te vimos enfermo, ou na prisão,
e fomos ver-te?"

"E QUANDO TE VIMOS ENFERMO, OU NA PRISÃO, E FOMOS VER-TE?" – Envolvidos no atendimento inadequado das solicitações mentais, acabamos por criar distorções no organismo espiritual, elegendo variadas enfermidades da alma, a se expressarem como paixões e viciações diversas. Por falta de uma melhor visão dos objetivos maiores da vida, estruturamos complicado cárcere tecido pelas causas menos felizes e por suas óbvias consequências, na forma de sofrimento, a aguardarem a visita do esclarecimento do trabalho em firme disposição renovadora.

Convocados para o trabalho de cooperação, em meio aos eventos humanos indutores do progresso, nem sempre, por falta de clareza, identificamos os pacientes portadores das enfermidades da alma ou os prisioneiros das convenções transitórias. Catalogamo-los, em observação superficial, como indivíduos portadores de ameaçadores miasmas a nos contaminarem o bem-estar e ameaçarem nossa liberdade acomodatícia.

Na ótica do Espírito Imortal, contudo, os fatos se revertem, transformando-se em preciosas oportunidades, oferecidas no mercado das opções sociais, em que o candidato ao crescimento para Deus reconhece, em cada um desses corações em desajuste, precioso repositório dos potenciais asseguradores do reencontro com o Cristo.

112

REFLEXOS RENOVADOS

Mt. 25:40

"E, respondendo o Rei, lhes dirá: Em verdade vos digo que, quando o fizestes a um destes meus pequeninos irmãos, a mim o fizestes.

"E, RESPONDENDO O REI, LHES DIRÁ:" – Sempre que as indagações se fundamentam nos princípios da lealdade, com vistas ao aprendizado e ao crescimento espiritual, estaremos recolhendo, nas engrenagens do mecanismo mental, através de palavras inarticuladas, respostas claras e precisas. É a voz do Senhor manifestada a tempo certo, obedecida a capacidade de observação e receptividade de cada qual, não apenas atendendo aos anseios mais notórios, mas abrindo, também, perspectivas de trabalho e discernimento.

"EM VERDADE VOS DIGO QUE," – Ressalte-se que a resposta do Alto está normalmente impregnada da verdade, com indicativas de conduta e ação, capazes de nos favorecerem nos mais diversificados propósitos de elevação. A expressão "em verdade vos digo", várias vezes mencionada por Jesus, reveste-se de profundas vibrações, por carrear características implícitas da Lei vigente no Universo.

"QUANDO O FIZESTES A UM DESTES MEUS PEQUENINOS IRMÃOS," – O diálogo mantido na parábola evidencia a sensibilidade presente em todo processo que implica a ligação da criatura com o seu Criador.

Tal fato percorre as linhas mais recônditas do ser, a indicar que, quanto mais solícitos no trato com o semelhante, mais evidente se torna sua união com a Inteligência Suprema.

"A MIM O FIZESTES." – Operando de modo simples e infatigável, a criatura redireciona a existência na formalização de novos reflexos, neutralizando os chamamentos do passado, nem sempre vivido condignamente.

O esforço de reorganização mental nos conduz a uma aproximação natural e espontânea com aqueles que, transitando junto de nós sob os aguilhões do sofrimento, constituem-se no ensejo do exercício do Amor em expressivas modalidades.

É preciso reconhecer a importância dos necessitados em nosso caminho. Pela oportunidade do Bem que nos proporcionam realizar, acabam por se transformarem nos degraus da escada que nos oportuniza subir, evoluindo.

E, na medida que burilamos o Espírito, acionando recursos em benefício do que sofre, não operamos simplesmente a mecânica de doar; abrimos, com tal atitude, as válvulas pelas quais redimimos a nossa alma, amplamente endividada ante a Justiça Divina.

113

NA APROXIMAÇÃO DO MESTRE

Mc. 10:13

"E traziam-lhe meninos para que lhes tocasse, mas os discípulos repreendiam aos que lhos traziam."

"E TRAZIAM-LHE" – Na impossibilidade de virem, eram conduzidos. O Evangelho não indica por quem, dentro do princípio de que a caridade deve ser realizada, conservando-se o agente no anonimato. Eram várias. Podemos deduzir que se tratava de gente piedosa, voltada para o Bem e que depunha fé no Senhor. Quantos, na presente reencarnação, têm procurado nos encaminhar? E até conjugam os esforços. E, também, cuja presença e nomes frequentemente são ignorados.

É a Divina Misericórdia que age assim, através dos homens e até do sofrimento, quando exigimos processos dolorosos para o nosso despertamento. Na extensão do ensinamento às nossas possibilidades de cooperação, é justo perguntarmos: temos também cooperado? Não estarão as falhas que detemos impedindo-nos de ajudar neste mister?

"MENINOS" – Não somente na idade física. Menino, por ser encarado como o carente em qualquer sentido. Assim, há meninos com relação a nós, como nós o somos relativamente a outros, mais esclarecidos, mais experientes, mais evoluídos.

"Irmãos, não sejais meninos no entendimento, mas sede meninos na malícia, e adultos no entendimento."(I Cor. 14:20).

Por outro lado, devemos nos colocar na condição de meninos: humildes, reconhecendo as próprias deficiências, dependentes de Deus, o Pai e Criador. Sob outro enfoque, realmente, somos crianças ainda, quanto às questões espirituais. Em vista disso, devemos considerar o ensino do apóstolo: "Desejai afetuosamente, como meninos novamente nascidos, o leite racional, não falsificado, para que por ele vades crescendo;" (I Pe. 2:2).

"PARA QUE LHES TOCASSE," – A indicativa mostra: finalidade, objetivo, propósito. Tudo que fazemos tem um intuito. Verificar se ele é verdadeiro, bom e útil. Se não corresponder a esses três itens, não convém perseverar, insistir.

"Lhes tocasse": o hábito de impor as mãos, de abençoar é antigo: "O velho Jacó pôs as mãos sobre a cabeça dos filhos de José, dando-lhes lugar entre os seus filhos..." (Gen. 48:5 a 20).

À luz da Doutrina dos Espíritos, devemos ver o assunto como o emprego do passe, amplamente utilizado em nosso meio e no plano espiritual. "Meu amigo, o passe é transfusão de energias físio-psíquicas, operação de boa vontade, dentro da qual o companheiro do Bem cede de si mesmo em teu benefício." Emmanuel – (Segue-me! – Cap. "O passe").

"É o equilíbrio ideal da mente, apoio eficaz de todos os tratamentos. ". É o "...agente capaz de impedir as alucinações depressivas, no campo da alma". Assegura "... assepsia no que tange ao Espírito". Constitui-se em "... um dos mais legítimos complementos da terapêutica usual." André Luiz – (Opinião Espírita – Cap. 55).

Para o passista, o passe é, acima de tudo, sublime oportunidade de trabalho, em que o cooperador dedicado muito pode fazer na extensão do Bem com Jesus. Ao impor as mãos, em nome d'Ele, precisamos agir com o cérebro e o coração, oferecendo o melhor ao semelhante.

No entanto, o toque do Mestre não é apenas o gesto característico de canalização de recursos espirituais. É, principalmente, a sensibilização que Sua mensagem, revestida de Seu Amor, realiza nos corações que possam sintonizá-lo, pela ação daqueles que se fazem Seus instrumentos nos terrenos da benevolência.

"MAS OS DISCÍPULOS" – O desenrolar do acontecimento sofre uma objeção, uma dificuldade, evidenciada na conjunção "mas". "Os discípulos", os entendemos como alunos, estudantes.

Todos nós somos candidatos à matrícula na Escola do Evangelho.

Dentre os discípulos é que emergem os Apóstolos, os aprendizes dedicados, capazes de testemunhos maiores no grande educandário da Boa-Nova.

"REPREENDIAM" – Censuravam, advertiam, transformavam-se em obstáculo. Provavelmente, julgando a missão de Jesus muito importante, admitiam que Ele não dispunha de tempo para as crianças. O Nazareno, entretanto, demonstrou que tinha tempo para elas e ainda transformou o acontecimento em motivo de lição para todos.

Trazendo o ensinamento para os nossos dias, quantas vezes temos impedido os outros de se aproximarem de Jesus? Ora criando-lhes problemas, exigências, ora afastando-os com maus exemplos? Às vezes, de modo à primeira vista razoável, como: para frequentar a casa Espírita, você precisa deixar de fumar, de comer carne, de beber. Se a pessoa conseguir tudo isso antes de vir, ela não precisa de Centro Espírita, pois é nele, estudando e aprendendo, no convívio dos demais, que ela irá haurir forças para a transformação e superação de seus vícios.

No desenrolar das experiências diárias, é que se evidenciam importantes oportunidades de manifestação das conquistas da evolução consciente. Aproximando-se das fontes irradiadoras do conhecimento espiritual, instaladas na Boa-Nova, fazemo-nos, por iniciativa pessoal, discípulos d'Ele. Se, de um lado, grita em nosso interior o anseio de cooperar, de outro, ainda bradam os reflexos da inércia, das convenções e das cristalizações milenares. O aprendiz atento aos planos do crescimento não apenas deve direcionar potenciais de Amor e Ação; necessita também e, principalmente, adotar o imperativo da vigilância, a fim de que atitudes personalísticas ou dogmáticas não se transformem em braços que se levantam de modo claro ou inconsciente, em tentativas para impedir que corações outros usufruam das concessões felizes e gratificantes que o Mestre oferece àqueles que se aproximam de seu Hálito Sublimado.

"AO QUE LHOS TRAZIAM." – Dá a entender que, apesar de tudo, continuavam trazendo. De fato é assim: não obstante todos os obstáculos que colocamos no caminho, principalmente com uma conduta menos adequada, prossegue a cooperação das pessoas que se dedicam a auxiliar e servir e dos Amigos Espirituais. Da mesma forma, na empreitada de cooperação que venhamos a adotar, não devemos sucumbir diante dos obstáculos, mas perseverar.

114

DEIXAI VIR ...

Mc. 10:14

"Jesus, porém, vendo isto, indignou-se, e disse-lhes: deixai vir os meninos a mim, e não os impeçais; porque dos tais é o Reino de Deus."

"JESUS, PORÉM, VENDO ISTO," – Não resta dúvida de que Jesus, com Sua ótica superior, é aquele Mestre zeloso, quanto ao Seu grande rebanho, cuja atenção se transfere com suavidade, aos abnegados cooperadores de Sua seara que, em todos os momentos, velam por nossa segurança e crescimento.

Sua visão canaliza envolvimento vibratório e caracteres que podem suprir as necessidades que se acham presentes em cada criatura e no ambiente em que se ajusta.

Entre esta realidade incontestável, surge, também, para o discípulo, a responsabilidade de aprimorar-se, não só em suas possibilidades de percepção mas, principalmente, no campo em que opera com seus recursos, a fim de que, sentindo com profundidade, possa agir com equilíbrio e afetividade cristã, junto daqueles com quem se relacione.

"INDIGNOU-SE, E DISSE-LHES:" – Muito difícil entender-se esse termo, pois estamos habituados às indignações dos homens, nem sempre justas e muitas vezes descontroladas. À falta de outra maneira de escrever, o vocábulo quer registrar a reação do Filho de Maria pelas dificuldades estabelecidas pelos próprios Apóstolos e Discípulos, quando eles deveriam ser os primeiros a mais cooperar. É o caso de nos perguntarmos como temos agido. O Mestre não se limitou à reação, logo esclareceu.

"DEIXAI VIR OS MENINOS A MIM," – O imperativo "deixai vir" torna-se valiosa lembrança aos matriculados na escola da redenção espiritual, ainda incapacitados de conduzir outros corações ao Cristo, para, pelo menos, não criar obstáculos àqueles que se movimentam na direção d'Ele.

Não resta dúvida de que todos se encaminham para sua área mais próxima. No entanto, movimentando-nos de modo resoluto, não somente seguimos o curso da evolução; oferecemos, também, firmes indicativas aos que nos observam.

"E NÃO OS IMPEÇAIS;" – A atitude resoluta de não impedir os que se empenham no labor de crescimento para Deus exige profundas reflexões em relação à conduta íntima e exterior. Quanto mais o conhecimento vai sedimentando a construção do edifício espiritual, como discípulos fiéis e perseverantes, mais se evidenciam os fatores passíveis de criarem ressonâncias no ambiente a que estamos ajustados. De indução, quando positivos, ou de impedimento ou desânimo, quando negativos. Em decorrência desse fato, inerente ao mecanismo da aprendizagem, emerge a importância de constante vigilância quanto ao modo de ser e de viver.

"PORQUE DOS TAIS É O REINO DE DEUS." – A criança expressa, em decorrência das sugestões de afirmação que apresenta, valioso fator didático capaz de nos auxiliar a compreender que a posse do Reino de Deus se faz mediante o crescimento e a expansão dos recursos que trazemos. No entanto, para que se direcionem de modo claro e construtivo, sem os estigmas das cristalizações e das marcas inferiores da nossa personalidade, faz-se mister a adoção da modéstia e da simplicidade, características intrínsecas do período infantil, que podem garantir, de modo gradativo, o alcance do Reino de Deus, em sua feição de paz e harmonia.

"E, interrogado pelos fariseus sobre quando havia de vir o Reino de Deus, respondeu-lhes, e disse: o Reino de Deus não vem com aparência exterior. Nem dirão: ei-lo aqui, ou, ei-lo ali; porque eis que o Reino de Deus está entre vós." (Lc. 17:20 e 21); ou "... o Reino de Deus está dentro de vós.", conforme a Versão Católica, de Figueiredo. "Porque, o Reino de Deus não é comida nem bebida, mas justiça, e paz, e alegria no Espírito Santo." Paulo (Rom. 14:17).

115

FAZER-SE CRIANÇA

Mc. 10:15

"Em verdade vos digo que qualquer que não receber o Reino de Deus como menino, de maneira nenhuma entrará nele."

"EM VERDADE VOS DIGO QUE" – Tudo que Jesus ensina é verdade. Se algo nos parece errado, acabamos verificando mais tarde que o erro era de interpretação. Usando a expressão "na verdade" ou "em verdade", Ele naturalmente evidencia, como profunda expressão da Lei, o ensino que ministra.

A verdade está sempre veiculando valiosos aspectos de manifestação do Verbo. Originária do Criador, atinge, através de quem se dispõe, o próprio Cristo, a dinamizá-la em forma de Amor, a toda a Humanidade, necessitada de arrimo e de fortalecimento espiritual. Acrescentando "vos digo que", vemos incisivo reforço em que a verdade, consubstanciando a palavra em suas sublimadas manifestações, alcança o coração, quando receptivo, daquele que se dispõe, assimilando o ensinamento, a empenhar-se, também, em sua exteriorização prática.

"QUALQUER QUE NÃO RECEBER O REINO DE DEUS COMO MENINO," – Jesus não faz distinção de pessoas. Não importa sua religião. Até aquele que diz ser Seu seguidor necessita satisfazer a condição que Ele propõe. No entanto, o Reino de Deus está ao alcance de todos. Depende de cada um colocar-se em sintonia com Ele. Fazer por merecê-lo. Especialmente nas condições de menino espiritual. A criança é confiante: gosta do lado bom da vida; não guarda rancor; é otimista; deseja aprender; está pronta a recomeçar; não tem maldade.

Observemos o que há de positivo na criança e procuremos imitá-la, de modo consciente. Fazemo-nos meninos, espiritualmente falando, quando deixamos desenvolver o próprio instinto de crescimento para Deus. Para tanto, somos convocados a trabalhar com humildade, superando cristalizações e pontos de vistas que tangem à intolerância.

"DE MANEIRA NENHUMA ENTRARÁ NELE." – Sem a disposição de apequenar-se, não nos é possível conquistá-lo. Somos nós mesmos que nos trancamos, insistindo em maneira incorreta de ser. Tal estado de alma impede a renovação e a colheita dos benefícios dela decorrente.

116

ACONCHEGO ESPIRITUAL

Mc. 10:16

"E, tomando-os nos seus braços, e impondo-lhes as mãos, os abençoou."

"E, TOMANDO-OS NOS SEUS BRAÇOS," – Compreensão, carinho, espírito de fraternidade. Como iremos ajudar alguém, se não o envolvemos com interesse, desejosos de colaborar e agir no Bem? Tomar nos braços é proporcionar e fazer circular, com aconchego, as vibrações capazes de sustentar, proporcionar segurança, garantindo a confiança indispensável ao companheiro frágil.

"E IMPONDO-LHES AS MÃOS, OS ABENÇOOU." – Abençoados serão todos os que se colocam como criança. Receptivos ao amparo do Alto, entram em relação com a bondade e a misericórdia que se estendem por todo o Universo. É Ele, Jesus, o grande dispensador e distribuidor das dádivas celestes, não importando a raça, o nível de cultura, o sexo, a idade.

117

ACOMODAÇÃO

Mc. 10:46

"Depois foram para Jericó. E, saindo Ele de Jericó com seus discípulos e uma grande multidão, Bartimeu, o cego, filho de Timeu, estava assentado junto do caminho, mendigando."

"DEPOIS FORAM PARA JERICÓ." – Definindo, mais uma vez, a atividade incessante na implantação de Seu Evangelho, Jesus, sempre com o objetivo delineado, parte para Jericó.

"Depois" registra a dinâmica que demonstra prosseguimento, continuidade... Sem dúvida, devemos, em qualquer iniciativa, fixar a meta que pretendemos atingir. Nessa empreitada devemos estar vigilantes para não nos desviarmos e, neste caso, convém recordar a assertiva do Mestre: "E a ninguém saudeis pelo caminho" (Lc. 10:4). Se o destino de Jesus e Seus discípulos era Jericó, cidade de comércio desenvolvido, em que interesses materiais preponderavam, obviamente a disposição de servir, de cooperar, constituía o motivo de Sua viagem.

Ainda hoje, através de Seus abnegados trabalhadores, Jesus visita a Jericó de nossos envolvimentos, proporcionando-nos a chance de identificação com os padrões de Sua espiritualidade.

"E, SAINDO ELE DE JERICÓ COM SEUS DISCÍPULOS," – Do mesmo modo que se dirige a Jericó, na sequência de Sua missão, Ele ali não permanece. "Saindo" nos esclarece quanto à necessidade de não nos fixarmos onde predominam a preocupação de ordem material, os interesses transitórios. A vinculação a tais ambientes pode nos levar a correr o risco de, marginalizados do reto caminho, mantermo-nos afastados, esquecidos dos fatores espirituais.

"E UMA GRANDE MULTIDÃO," – Agrupamento disposto a seguir um líder. No caso, multidões seguiam a Jesus em decorrência de Sua autoridade, de Seus feitos. Uns O seguiam pelos pães que multiplicava; outros, pelas curas que realizava; outros, ainda, pelos sinais que levava a efeito. No entanto, a multidão oscila. A mesma que ovacionou Jesus na entrada triunfal em Jerusalém veio a pedir Sua morte. Entre Jesus, os discípulos e a multidão, se estende a diversidade de pisos na escala ascensional.

"BARTIMEU, O CEGO, FILHO DE TIMEU," – Marcos diligenciou para que ficasse expresso o nome daquele que fora beneficiado. Através dos séculos, Jesus vem sensibilizando e auxiliando multidões, mas a mensagem de cunho educativo e pessoal acaba por alcançar cada criatura individualmente, de acordo com seus potenciais e necessidades. Valendo-se da situação, aquele cego abre as válvulas do coração na busca, não apenas da visão física, mas principalmente da visão espiritual. O registro "Bartimeu, filho de Timeu", já que o próprio prefixo "Bar" significa "filho de", torna notório o fato de que, ainda mesmo e principalmente destituídos de recursos ou condições materiais, pode o espírito conquistar, pelas vias de seu sentimento mais acurado, os reais valores de sua redenção com Jesus.

Quantos têm sido felicitados com a adesão à nova vida, em razão de penetrarem as faixas reencarnatórias com lesões e deficiências a lhes favorecerem a caminhada? "E, se o teu olho te escandalizar, arranca-o, e atira-o para longe de ti. Melhor te é entrar na vida com um só olho, do que, tendo dois olhos, seres lançado no fogo do inferno." (Mt. 18:9).

"ESTAVA ASSENTADO" – "Assentado" mostra a acomodação em que se encontrava o cego de Jericó, fato que, provavelmente, o tenha levado a tornar-se cego. Essa indiferença ou inércia pode constituir-se causa de deficiência, no encadeamento das experiências, conduzindo-nos à marginalização, à desatualização, frente ao progresso que se faz com ou sem a nossa participação. Às vezes, o Evangelho nos aponta o verbo assentar com a conotação de "base, serenidade, sabedoria...". São aqueles eventos e situações em que Jesus se assentando, seja no monte ou no barco, a fim de ensinar à multidão, convocava-nos ao cultivo da responsabilidade, do conhecimento e da segurança na alimentação dos propósitos de cooperação, na expansão de Seus ensinos.

"JUNTO DO CAMINHO," – Junto, à margem. Aí temos a razão da sua cegueira. Se também nos colocarmos à margem da estrada, se nos isolarmos, reduzir-se-á a nossa visão. Antes, enxergávamos como os demais. Permanecendo estacionados enquanto os outros avançam, acentua-se o risco de cegueira. O "caminho" do qual nos afastamos pela adoção da estagnação está consubstanciado no Cristo, cuja ação perseverante, "passando", "saindo", "chegando", lhe dava a autoridade de afirmar "Eu sou o caminho..."(Jo. 14:6).

"MENDIGANDO." – Marginalizando-nos, criamos deficiências. E, deficientes, podemos chegar à mendicância.

Atendendo a um pedido, devemos ter em mente a lição de Jesus: "dá a quem te pedir, e não te desvies daquele que quiser que lhe emprestes." (Mt. 5:42). Dá "a quem" te pedir, e não "o que" te pedir: às vezes, a pessoa pode nos pedir uma coisa; entretanto, é de bom alvitre dar aquilo de que realmente necessita".

Ainda mais, cabe-nos levar em conta que, na qualidade de cooperadores, já sintonizados com o Evangelho, até o nosso "não" deve canalizar alguma coisa, em termos de vibração amiga, de compreensão, de paciência, na extensão da bondade do Pai, de que já podemos ser portadores.

118

JESUS: FILHO DE DAVI

Mc. 10:47

"E, ouvindo que era Jesus de Nazaré, começou a clamar, e a dizer: Jesus, filho de Davi! Tem misericórdia de mim."

"E OUVINDO" – Bartimeu só danificara a faculdade de ver. Era, ainda, capaz de ouvir. Se algum sentido nos falta, principalmente, se voltados para a Espiritualidade, acabamos por avivar os demais, que se encontram capacitados. E ouviu porque estava atento. Ao nos interessarmos por algo, nossos sentidos têm possibilidades de selecionar. Pode haver muito barulho, mas, se alguém abordar uma questão que nos interesse, acabamos ouvindo só o que ela fala. É o que se dá conosco, ainda deficientes para uma visão mais ampla das realidades do Espírito, quando somos convocados pela atitude deste cego a aguçar a capacidade de ouvir. Em meio aos alaridos de um mundo conturbado, é preciso detectar os chamamentos para os terrenos vibratórios da imprescindível reeducação moral.

"QUE ERA JESUS DE NAZARÉ," – Jesus nasceu em Belém. Residiu muito tempo em Nazaré, onde moraram seus pais, onde José exerceu a função de carpinteiro e Ele também. "Não é este o carpinteiro, filho de Maria, e irmão de Tiago, e de José, e de Judas e de Simão? E não estão aqui conosco suas irmãs? E escandalizavam-se nele." (Mc. 6:3). A informação "Jesus de Nazaré" define, mais uma vez, o acréscimo da Misericórdia Divina, permitindo a presença ostensiva, física do Cristo em nosso campo de ação. Sem ela, dificilmente, poderia nossa audição, ainda incipiente, captar os convites inadiáveis para um novo posicionamento espiritual. Ainda hoje, a Revelação Espírita, como o

Consolador, com todas as suas orientações sábias e claras, direciona a atenção para Ele, que aqui esteve em corpo, há quase 2000[7] anos atrás, para que possamos empreender, com êxito, a luta de afirmação no Bem.

"COMEÇOU A CLAMAR, E A DIZER:" – Clamar é o grito que parte da profundidade do ser, saturado de sentimento. O cego não ficou apenas na manifestação desse sentimento. Disse alguma coisa. Quando utilizamos da palavra, devemos falar algo de proveito, já que, por sua natureza, é sempre um valioso instrumento, não só de manifestação, mas também de indução.

"JESUS, FILHO DE DAVI!" – De acordo com as profecias, Jesus era da descendência de Davi. "Eis que vêm dias, diz o Senhor, em que levantarei a Davi um Renovo justo; e, sendo rei, reinará, e prosperará, e praticará o juízo e a Justiça na Terra." (Jer. 23:5).

A ligação de Jesus ao tronco genealógico de "Davi", à época, constituía fato da maior importância. Tal vínculo expressava autoridade, principalmente nos terrenos da fé, por parte daqueles que se dirigiam ao Mestre. Se criaturas de grandes conhecimentos e muita experiência viam Jesus como "o Filho de Deus", ou o "Filho de Deus Altíssimo", outras, acionando padrões de confiança e de muita humildade, imploravam o Seu auxílio, dentro dos parâmetros que a sua percepção podia abranger: "Filho de Davi".

"TEM MISERICÓRDIA DE MIM." – Bartimeu se reconhece como necessitado. Qualquer enfermo só se coloca a caminho da cura, do restabelecimento, quando admite a própria doença, a própria carência. Nisso revela humildade. Assim se torna receptivo.

---

7   N.E.: Na época da escrita desta obra, ainda não haviam chegado os anos 2000.

119

PERSEVERAR

Mc. 10:48

"E muitos o repreendiam, para que se calasse; mas ele clamava cada vez mais: Filho de Davi! Tem misericórdia de mim."

"E MUITOS O REPREENDIAM, PARA QUE SE CALASSE;" – Os que passavam não viam a necessidade do cego. Quantas vezes somos obstáculo para que alguém se aproxime de Jesus, na procura de Seus benefícios? Empenhados em seguir um Cristo físico, externo, pela dificuldade de identificação do Cristo interno que Jesus revelava, dificilmente aquele agrupamento podia ver o semelhante como filho de Deus. O mesmo pode acontecer conosco, quando, invigilantes, colocamo-nos, por atitudes ou palavras, como empecilhos para o próximo. Por outro lado, quando empenhados na concretização de novos ideais, poderemos ser defrontados, não apenas pelos impedimentos de caráter exterior, quais sejam familiares ou acontecimentos sociais, mas, principalmente, pela multidão de reflexos condicionados a insinuarem inércia ou acomodação, para que se calem os melhores propósitos de melhoria. Vigiar e insistir, eis uma sábia recomendação asseguradora do êxito nas empreitadas que perseguimos na existência.

"MAS ELE CLAMAVA CADA VEZ MAIS:" – Insistência, dirão alguns. Perseverança, diremos nós, para possibilitar a cura definitiva. Ele não apenas perseverava, mas nutria uma confiança crescente. Tal atitude expressa trabalho intensivo, mais ação no Bem. Entendemos que as reações aos propósitos de renovação são instrumentos da maior valia, que podemos, pela persistência, superar, conforme Jesus nos ensina: "Mas aquele que perseverar até ao fim será salvo." (Mt. 10:22). Salvo da situação, salvo do problema.

"FILHO DE DAVI! TEM MISERICÓRIA DE MIM." – É o mesmo pedido, a mesma prece. Podemos repetir nossas preces; que o façamos, no entanto, sempre com sentimento, sem cair na rotina, no automatismo. Se a súplica do cego não contasse com um teor emotivo, não seria ouvida. O sentimento é o fio das comunicações que partem da intimidade mais recôndita do ser.

120

BOM ÂNIMO

Mc. 10:49

"E Jesus, parando, disse que o chamassem; e chamaram o cego, dizendo-lhe: Tem bom ânimo; levanta-te, que Ele te chama."

"E JESUS, PARANDO," – Jesus não pára. "Parando": gerúndio, deixa entender uma interrupção na marcha para atender alguém, descansar ou para outra finalidade, após o que, será reiniciada a caminhada. Entre um dia e outro, entre uma aula e outra, o professor se recolhe, estuda, prepara. Jesus não parou. Diminuiu a intensidade do movimento, indicando-nos o modo de como se desenvolve, objetivamente, a marcha do progresso.

"DISSE QUE O CHAMASSEM;" – De princípio, Jesus faz o que "só Ele" pode fazer. Chamar o cego, isso os integrantes da multidão podiam realizar. Assim também, devemos agir. Deixemos que outros participem, no que estiver ao seu alcance, e coloquemo-nos receptivos na colaboração que possamos prestar no trabalho de outrem.

Na ressurreição de Lázaro, os circunstantes tiram a pedra que fechava o sepulcro, Jesus opera a ressurreição. "Disse Ele: Tirai a pedra"...(Jo. 11:39). No caso do cego, em análise, a multidão, que antes atuava egoisticamente, adota, sob a liderança de Jesus, outro procedimento, agora mais humano, fraterno, cooperador.

"E CHAMARAM O CEGO, DIZENDO-LHE: TEM BOM ÂNIMO; LEVANTA-TE," – O homem só, ou com outros, na multidão, não é mau. Depende de ser sensibilizado. A multidão foi tocada por Jesus, tanto que chama o cego e o encoraja. Sob o influxo amoroso do Cristo, cada um de nós, componente de grupos, maiores ou menores, pode ser o instrumento do "bom-ânimo" no reerguimento de muitos que, abatidos e marginalizados, se dispõem a "levantar-se", quando estimulados pelas energias que só o Cristo pode transferir àqueles ou por aqueles que buscam sintonizá-lo.

"QUE ELE TE CHAMA." – De fato, Jesus está sempre nos chamando. É o "segue-me", endereçado a todas as criaturas. Cabe-nos ter ouvidos e captar o Seu convite.

Através dos tempos, o Mestre tem se prontificado a atender com solicitude a todos os corações que, dispondo-se ao crescimento com determinação, procuram d'Ele se aproximar. A expressão "Ele te chama" define em toda a grandiosidade a valorização dos padrões legitimamente movimentados por quem apela por seu amparo e orientação.

O direcionamento de nossas deduções nos leva a depreender que, apesar da insistência do cego, aparentemente não observada por Jesus, significaria o recurso do Mestre em aferir, com naturalidade, as disposições daquele companheiro em dirigir a sua existência na direção de novas perspectivas de felicidade plena.

121

DECISÃO

Mc. 10:50

"E ele, lançando de si a sua capa, levantou-se, e foi ter com Jesus."

"E ELE, LANÇANDO DE SI A SUA CAPA," – "As pessoas exibem no mundo as capas mais diversas." – Emmanuel (Caminho, Verdade e Vida, Cap. 98). Com qual temos nos apresentado?

O cego, identificando a necessidade de desvestir-se, aliviando a sua carga para buscar o Mestre, "lança de si a sua capa". É bem a representação da crosta que nos envolve, resultante da marginalização, da acomodação a que nos ajustamos no decorrer dos séculos. E, para que dela nos desvencilhemos, exige-se atitude decisiva e corajosa, reduzindo o peso que nos mantém vinculados às margens do caminho. Só assim poderemos trilhar a vereda segura de trabalho e discernimento que nos é indicada. Precisamos nos apresentar a Ele como somos realmente. Autênticos. Legítimos.

"LEVANTOU-SE, E FOI TER COM JESUS." – Para sair da condição de cego, "levantou-se" e, usando bem o seu livre-arbítrio, foi ter com Jesus.

A busca de novos recursos, especialmente os que apontam definição ao Bem, exige posicionamento que, no caso deste cego, está implícito no "levantou-se". É a atitude nascida dentro dele, sem a qual os objetivos não seriam alcançados plenamente.

Quantas vezes, no painel das necessidades, costumamos recorrer a quem não tem condições de nos ajudar? E quantas vezes nos dirigimos para pontos visualizados como válidos, sem nos munirmos do combustível da decisão que identificamos na postura de Bartimeu, ao lançar de si a sua capa e levantar-se?

Deus é a meta, através de Jesus. "Ninguém vem ao Pai, senão por mim" (Jo. 14:6). De alguma forma, é válido tudo quanto contribui para nos conduzir até o Mestre.

122

LIVRE-ARBÍTRIO E DISCERNIMENTO

Mc. 10:51

"E Jesus, falando, disse-lhe: Que queres que te faça? E o cego lhe disse: Mestre, que eu tenha vista."

"E JESUS, FALANDO, DISSE-LHE:" – Falando, Jesus sempre disse alguma coisa. Imperioso o cuidado com as palavras ociosas e ter em conta que a mensagem veiculada por nós é sempre o retrato de nossa estrutura moral, revelado aos nossos interlocutores.

"QUE QUERES QUE TE FAÇA?" – Jesus sabia o que ele queria. Desejava, porém, que ele se manifestasse, demonstrando, com isso, respeito pelo livre-arbítrio de todas as criaturas. Tal pergunta ressoa igualmente dentro de nós, quando, a Ele recorrendo, nos predispomos à captação de Suas bênçãos. O que estamos querendo da Doutrina, da leitura dos livros, do estudo do Evangelho? Conscientizarmo-nos daquilo de que efetivamente carecemos é uma necessidade.

"E O CEGO LHE DISSE: MESTRE," – O cego, refletindo a nossa insipiência, reconhece, em Jesus, o Mestre. Na nossa cegueira espiritual, também carecemos do seu concurso. "Vós me chamais mestre e senhor, e dizeis bem, porque Eu o sou." (Jo. 13:13). Ele instrui, ensina o caminho, descortina sempre o melhor.

À medida que vamos nos inteirando dos mecanismos que governam os seres em sua marcha, passamos a retirar de cada fato, de cada situação, seu lado didático; o que até então expressava ocorrências fortuitas ou caprichos do destino passa a revestir-se de valioso sentido orientador dos passos.

Ao dizer "Mestre", o cego, que hoje pode estar presente na soma de nossas deficiências, sugere que saibamos retirar da vida e das circunstâncias que nos visitam os componentes de instauração e ampliação das faculdades "de ver", imprescindíveis ao trabalho e à locomoção na rota do destino.

"QUE EU TENHA VISTA." – Em ocasião semelhante, talvez nos esquecêssemos das reais carências que portamos, para pedirmos outras coisas.

Isso é o que tem acontecido. A oração do cego encerra precioso ensinamento. Embora estivesse em carência, à cata de recursos exteriores, mendigando, diante d'Aquele que poderia libertá-lo, consegue suplicar o essencial. E esta súplica deveria ser também a nossa: que eu tenha vista, que eu enxergue, que eu compreenda...

Realmente, conquistando a visão, adquirimos entendimento, discernimento. E quem é capaz de discernir vê, em toda situação, os ângulos positivos e educativos, sabendo escolher o melhor em qualquer momento.

123

PELO CAMINHO

Mc. 10:52

"E Jesus lhe disse: Vai, a tua fé te salvou.
E logo viu, e seguiu a Jesus pelo caminho."

"E JESUS LHE DISSE: VAI," – Bom ficar junto de Jesus, nosso Mestre. No entanto, a obrigação, os compromissos nos convocam em Seu nome a outros lugares. Antes de acordar para as coisas espirituais, a criatura é uma; depois, outra. A transformação do homem velho cede lugar ao Homem Novo.

"A TUA FÉ TE SALVOU." – Não uma fé contemplativa. Mas aquela que o fez clamar: "Jesus, filho de Davi, tem misericórdia de mim." E perseverar, apesar da repreensão da multidão. Fé para lançar de si a sua capa, para apresentar-se a Jesus na sua indigência. Fé para levantar-se e obedecer às suas instruções. Fé para acreditar naqueles que antes lhe haviam falado acerca de Jesus, o filho de Davi. Como tem sido manifestada a nossa fé?

"E LOGO VIU," – A cura coroou uma série de fatos a demonstrarem perseverança. Às vezes, com a solução à porta, desistimos... Com Jesus, passamos a ver efetivamente, mas, até alcançarmos tal benefício, somos convocados a persistir.

"E SEGUIU A JESUS" – Seguir a Jesus vendo e compreendendo é o impositivo de todo aquele que se despertou espiritualmente. É viver vencendo problemas e desafios, é conviver com sabedoria, junto de todos, sejam eles parentes difíceis, chefes exigentes ou quaisquer outros com quem nos defrontamos no relacionamento do dia a dia. Jesus falou: "vai"; importante é seguir, prosseguir, pondo em prática os Seus ensinos. A pessoa que deseja mesmo livrar-se de suas limitações pode e deve fazê-lo. Que tenhamos forças para tanto, pois só assim estaremos, como o cego de Jericó, abrindo os olhos para as questões fundamentais do Espírito.

"PELO CAMINHO." – Ele foi, mas seguindo a Jesus pelo caminho, isto é, modificado, pronto a vivenciar as lições do Mestre, onde estivesse. Já não mais estava junto à margem do caminho, recebendo, mas integrado à dinâmica da evolução plena, como cooperador, na distribuição dos recursos assimilados.

124

ASSEPSIA DA ALMA

Mc. 11:15

"E vieram a Jerusalém; e Jesus, entrando no templo, começou a expulsar os que vendiam e compravam no templo; e derribou as mesas dos cambiadores e as cadeiras dos que vendiam pombas."

"E VIERAM A JERUSALÉM;" – Na derradeira semana da presença física de Jesus entre nós, Ele passava a noite em Betânia, a 3 quilômetros de Jerusalém, para onde normalmente se dirigia.

"Jerusalém" – capital religiosa da Palestina, ficava na Judéia. Para lá se encaminhou Jesus, que se fazia acompanhar pelos apóstolos.

Figuradamente, entendemos Jerusalém como a região que reúne as aspirações mais elevadas do ser, nos terrenos do Espírito, representando o centro de suas cogitações em sua caminhada ascensional.

"E JESUS," – Organizador, administrador e responsável pela Terra. Sua evolução "se perde na poeira dos sóis." Guia e modelo para a Humanidade.

"ENTRANDO NO TEMPLO," – O templo foi originariamente edificado por Salomão. Então, já destruído e reconstruído. Maravilha arquitetônica, glória do povo judeu. Era enorme, com lugares especiais para os homens, as mulheres, os sacerdotes, as pessoas portadoras de doenças infecciosas. O local principal era o Santo dos Santos, ao qual só tinha acesso o Sumo Sacerdote, no dia anual da Expiação.

Por templo entendemos a intimidade do Espírito, com os valores da razão e do sentimento, a requerer, através do acesso de

Jesus, indispensável purificação, capaz de transformá-lo na Casa do Pai. Para que tal limpeza se faça, necessitamos adotar, pela assimilação do Evangelho, os instrumentos de ação retificadora do caminho e o empenho incansável de afirmar-se no Bem.

Paulo lembra que o corpo é o templo do Espírito. Como entrou no templo, é preciso que Jesus e os apóstolos – representados por sua Doutrina – penetrem terreno a dentro de nós mesmos. Isso vem acontecendo à medida que damos expansão ao melhor, sob a influência do Evangelho. Aliás, é o que nos leva a entender o registrado por João: "Mas Ele falava do templo do seu corpo. (Jo. 2 :21).

"COMEÇOU A EXPULSAR" – o trabalho está iniciado e deve continuar, de modo permanente.

Neste particular, a ação carece de resolução e força. Na limpeza interna, precisamos reunir objetivo, conhecimento, disposição e austeridade, a fim de expulsarmos a acomodação e a soma de impropriedades que cultivamos alimentadas pelo vício, pelo erro e pela ignorância.

"OS QUE VENDIAM E COMPRAVAM" – Para que o comércio se estabelecesse no Templo, devia haver conivência das autoridades religiosas. E até interesse. De modo especial na Páscoa – principal comemoração religiosa judaica – era enorme a afluência de pessoas a Jerusalém, procedentes de todas as partes do mundo. Os animais que ali eram vendidos destinavam-se aos sacrifícios e holocaustos. Estes, os holocaustos, quando toda a vítima era queimada; aqueles, os sacrifícios – quando só o eram em partes. De fato, não devemos transformar o templo em casa de comércio. No entanto, às vezes, não corre dinheiro, mas há uma troca comprometedora de atenções, de gentilezas, de agrados...

É preciso evitar, nas empreitadas espirituais, a instalação de eventos perniciosos que venham a redundar em troca mercantilista e interesses menos dignos entre encarnados e/ou desencarnados.

O bem deve ser feito por Amor ao próprio Bem, escoimado de propósitos de natureza transitória e materialista que ainda nos dominam.

"NO TEMPLO," – Houve duas purificações, dando a entender o cuidado que devemos ter com relação ao templo – ou seja, a casa espírita, a casa mental. Devem ser objeto de limpeza permanente. A primeira, tendo em vista a pureza evangélico/doutrinária; a segunda, quanto à assepsia mental e ao aperfeiçoamento constante. Ambas só podem ser realizadas a contento com Jesus e Suas sábias orientações.

"E DERRIBOU AS MESAS DOS CAMBIADORES": O serviço de câmbio era estabelecido na Casa de Oração. Muitos judeus vinham do estrangeiro, da "dispersão" e traziam dinheiro de suas regiões que deveria ser trocado, pois no templo só circulava a moeda romana.

Derribando as mesas dos cambiadores, Jesus desarticulava o mal organizado dentro do templo, como só Ele consegue fazer com relação, também, às trevas existentes nos corações.

"E AS CADEIRAS DOS QUE VENDIAM POMBAS." – As cadeiras bem evidenciam a tranquilidade, a acomodação, às quais nos ajustamos sem resistência no decorrer do tempo, em atendimento às tendências ao menor esforço. Tal fato apresenta-se bem caracterizado naqueles que se achavam assentados no interior do templo, oferecendo a terceiros os instrumentos de sacrifício que, por si mesmos, não se dispunham a adotar no plano reeducativo.

As pombas eram vendidas em grande número, pois, para os pobres, substituíam os animais mais caros para os sacrifícios.

Quantas imperfeições temos instaladas, e confortavelmente, em nossos corações?

Fica a lição: os pequenos erros podem nos conduzir às grandes complicações!

A segunda purificação, conforme as narrativas evangélicas, deu-se na última semana de vida física de Jesus, e foi também relatada por Mateus (Mt. 21:12 a 16) e (Lc. 19:45 a 48).

Coube a João anotar a primeira purificação (Jo. 2:13 a 22).

125

INTERESSES

Mc. 11:16

"E não consentia que alguém levasse algum vaso pelo templo."

"E NÃO CONSENTIA QUE ALGUÉM LEVASSE ALGUM VASO PELO TEMPLO." Para além da construção física, o templo é o Espírito, onde se instala o Reino de Deus; o Céu sugerido por este Reino é um estado de alma, quando reflete paz e alegria espiritual.

O vaso era utilizado para os rituais, evidenciando a presença do culto nas expressões religiosas.

Com base nos conhecimentos espíritas, sabemos que a verdadeira religião consiste no direcionamento dos valores já apreendidos, na reta do Bem supremo, sem as movimentações de superfície, que caracterizam medidas inerentes à adoração exterior. Eis o que se pode depreender da atitude do Mestre, não permitindo que "se levasse algum vaso pelo templo".

O registro "não consentia", lança o pensamento do aprendiz por ângulos mais amplos em sua empreitada de higienização mental. É importante desativar as tendências de natureza exterior que são ainda a tônica em muitos terrenos da religiosidade tradicional e transitória.

As providências e a assepsia ambiente, adotadas por Jesus, projetam-se, através dos séculos, para ressurgir na atualidade, sob a claridade do Consolador, convocando-nos a nos despender, de vez, de todo sistema ritualístico ou de culto externo.

Vive-se momento peculiar no trato dos valores espirituais ou religiosos.

A Humanidade, guindada pelo enriquecimento da mente aos patamares da maturidade, aciona novas recursos. Está capacitada, agora, sob o amparo dos Planos Superiores, à adoção de medidas eficazes e diretas nos meandros do Espírito, em sua caminhada para Deus, sem a moldura ou as referências de feição periférica.

O verdadeiro culto do Amor, sob as vibrações da reeducação e do auxílio ao semelhante, independe da "movimentação de vasos pelo templo", mas representa opção capaz de nos desvincular dos cuidados externos, direcionando-nos para os degraus da renovação, no rumo à imortalidade sublime.

# 126

CASA DE ORAÇÃO

Mc. 11:17

"E os ensinava, dizendo: Não está escrito
– a minha casa será chamada por todas as
nações, casa de oração? Mas vós a tendes
feito de covil de ladrões."

"E OS ENSINAVA, DIZENDO: NÃO ESTÁ ESCRITO" – Não há redundância na expressão. Jesus ensinava com a palavra e o exemplo. E, em razão do que e de como dizia, era sempre digno de atenção. O Mestre se reportava a texto de Isaías, no Velho Testamento (Is. 56:7), dando uma prova de que Ele não veio cancelar a Lei e os profetas, mas dar-lhes cumprimento.

Sempre que Jesus faz referência ao que já fora mencionado no Velho Testamento, vimo-nos diante de registros que penetram no âmago das raízes, com temas já trabalhados.

O registro do Evangelho apresenta sublimadas ressonâncias nos campos da libertação, por estar ajustado em linha sequencial com a revelação de Moisés que, a partir de então, se transfere da "letra" para o terreno "operacional", em decorrência da exemplificação vivida por Jesus.

Fazendo-nos refletir acerca daquilo já anteriormente veiculado, o Mestre, com Sua Sabedoria, trabalha nossa capacidade de dedução na projeção e erguimento da fé raciocinada.

"A MINHA CASA" – Na qualidade de seres criados por Deus, à sua imagem, toda a nossa estruturação é, na realidade, pertencente ao Pai. A identificação desta verdade constitui a chave que torna possível a ligação consciente da criatura ao Criador, que passa a compreender que a sua felicidade está em reconhecer que cada qual traz a Divindade no próprio coração, como o fez Paulo, que afirmava: "E vivo, não mais eu, mas Cristo vive em mim," (Gal. 2:20).

Qualquer que seja a expressão religiosa de um tempo, tendo em vista a finalidade e o progresso do grupo que ali se congrega e, em face de suas bases de Amor, essa casa é, inquestionavelmente, uma Casa do Pai, porque o Bem aí é sempre o objetivo maior.

"SERÁ CHAMADA" – Futuro, pois, dependendo do grau da aprendizagem, iremos, aos poucos, nos conscientizando dessa condição do templo que, antes de ser um aglomerado de pedras e tijolos, ferro e cimento, é uma soma de caracteres, principalmente, de ordem psíquica. Deve, portanto, expressar a disposição pessoal de cada um, conduzindo os elementos que ali se reúnem, a um maior fortalecimento e melhor disposição, para o alcance dos objetivos que colima... Acima de tudo, o templo exterior é sempre o reflexo das tendências e propósitos interiores daqueles que nele se congregam.

"POR TODAS AS NAÇÕES" – Sem acepção de pessoas, sem preferências. Enquanto não temos condições de nos reunir sob a proteção da Grande Religião, saibamos, pelo menos, respeitar as que existem, como frutos de estágios evolutivos das criaturas.

Na medida em que se desenvolvem as possibilidades de assimilação, abrem-se as válvulas de realização, a nível prático, dos Postulados de Jesus em "Espírito e Verdade".

Permanecerão ainda, em planos diversificados, grupos e seitas, religiões e filosofias a atenderem as necessidades relativas dos seres, em todos os quadrantes do planeta.

Somente o progresso lento e gradativo, direcionado pelos Planos Superiores, poderá, no grande futuro, proporcionar que todas as nações, erguidas a partir de cada individualidade, compreendam a grandiosidade do Espírito e suas expressões como um território psíquico, morada do próprio Criador. A cada um, no piso em que se posicione, estará afeto zelar e cuidar, a fim de que possa, no momento adequado, refletir, em toda a sua magnitude, a onda inestancável do amor, cujo fulcro reside nos escaninhos da própria Divindade.

"CASA DE ORAÇÃO?" – Ou Templo. Orar é conversar com Deus, com o Cristo, com os Guia Espirituais, de acordo com o endereço de nossas preces. Há oração por palavras e por atos. Oramos para pedir, agradecer, glorificar e interceder.

Casa de Oração dá a entender um local de ligação criatura/Criador. Assim sendo, devemos fazer do Espírito a verdadeira Casa de Oração de que nos fala Jesus; nele cultivando as sementes da fé viva a manifestar-se em pensamentos, palavras e atos renovadores.

Não são poucos aqueles que ainda cultivam conflitos na prática da oração. Jesus a veiculou, sublimando-a no trabalho.

Com o advento do Consolador, temos podido compreender sua grandiosidade e o lastro que canaliza em forma de segurança, de esperança e de confiança para quantos a dinamizam com fé.

Para todos, indistintamente, mais ou menos crédulos, a oração é sempre aquele movimento dos recursos mais positivos do ser, posicionando a alma e projetando providências capazes de, na harmonização do campo mental, recolher das fontes inesgotáveis da Bondade de Deus os valores que aspira na busca de seus mais caros ideais.

Na medida em que se cresce em entendimento, ampliam-se os impositivos do discernimento, levando a mente em prece a refletir, não apenas no valor a receber, mas, principalmente, nas possibilidades de transferir tais recursos aos que participam de seu contexto de aprendizagem.

"MAS VÓS A TENDES FEITO COVIL DE LADRÕES." – Pelo desvirtuamento das coisas santas. Isso pelo mau uso do livre-arbítrio. "Mas vós a tendes feito" indica uma ação que vem continuando, fora o curso normal, em detrimento da sua real finalidade. Com o comércio ou qualquer outro tipo de interesse que não seja de natureza estritamente espiritual, estamos colocando a criatura na dependência de coisas exteriores, retardando o desabrochar do que nela há de divino. Estamos "roubando" essa oportunidade, essa experiência valiosa. E a pessoa se deixa, sob o suave magnetismo da credulidade, roubar, porque é dada à inércia, à facilidade. Em detrimento da imperiosa renovação do espírito, que exige sacrifício, ainda nos rendemos a atitudes e práticas de caráter transitório, já que estas são as manifestações mais cômodas de religiosidade.

"Covil" é ninho, abrigo de animais, por exemplo, de raposas. Quem faz comércio dentro de um templo está alheio às finalidades a que ele se destina, dando expansão às tendências primitivistas.

Dessa maneira, podemos entender também que Jesus, a par de nossas tendências menos dignas, alerta para que o nosso espírito não se transforme num antro perigoso, habitado por propósitos de ordem imediatista. Estes elementos sutis que abrigamos milenarmente em nossa casa são efetivamente os "ladrões" sempre prontos a furtarem o nosso bem-estar, principalmente, em decorrência dos prejuízos que venhamos, pelos assaltos da invigilância, a impor aos semelhantes.

127

SEGURANÇA

Mc. 11:18

"E os escribas e príncipes dos sacerdotes, tendo ouvido isto, buscavam ocasião para o matar; pois eles o temiam, porque toda a multidão estava admirada acerca da sua doutrina."

"E OS ESCRIBAS E PRÍNCIPES DOS SACERDOTES, TENDO OUVIDO ISTO," – Os doutores que ensinavam a lei de Moisés e os ex-sumos sacerdotes não mais em função procuravam algo para ser utilizado contra o Mestre.

Ainda hoje, somente ouvimos e registramos o que, por qualquer motivo, nos interessa. E, repetindo velhos hábitos, argumentamos, contestamos e insurgimos com os valores da tradição, no intuito de neutralizar os princípios cristãos que procuram crescer e prosperar no coração, adiando indefinidamente o encaminhamento de nossa vida para os ângulos de reconforto e paz.

"BUSCAVAM OCASIÃO PARA O MATAR;" – Tudo tem o seu tempo. Aguardavam oportunidade favorável para concretizar o seu intento pernicioso. Queriam eliminar o Senhor, pois o enxergavam como um obstáculo junto do povo e de seus interesses, em particular.

É necessário, no propósito reeducativo que empreendemos, ter em conta a presença das forças de ordem negativa, organizando-se para a eliminação dos melhores propósitos de construção espiritual que alimentamos.

Descuidados do imperativo da vigilância, acabamos por abrir brechas à penetração das sombras, suscetíveis de nos levarem ao erro ou à deserção.

Não são poucos, também, os momentos em que vivemos o dissabor ou a desilusão, resultantes de agitudes menos felizes praticadas, apesar da presença clara da verdade em nosso entendimento. Quando a insensatez invade os corações, inicia-se o acúmulo de lágrimas que, a seu tempo, serão vertidas, até que a sensibilidade cristã, a renúncia e a compreensão possam assumir os comandos mantenedores do bem-estar, em face da consciência tranquila. Não se pode esquecer que todo padrão de equilíbrio e segurança tem um preço, ajustado pelo grau de persistência e de vigilância que adotamos no abençoado trabalho que, efetivamente, implementamos em favor de nossa libertação.

"POIS ELES O TEMIAM," – Não se sentiam seguros na maneira de se conduzir com a presença do Nazareno. Com Ele ausente, estariam novamente livres para agirem e exercerem, livremente, a sua influência.

Trazendo vivos, ainda hoje, os reflexos de ações convencionais e interesseiras, vivenciadas nos séculos, colocando a nosso serviço pessoas, situações e coisas na alimentação de um ponto de vista egoístico, permanecemos resistentes e inflexíveis ante tudo quanto possa nos destituir do trono do menor esforço. Tal situação não apenas nos coloca refratários às mudanças; sugere, de modo infeliz, a identificação de estratégias que possam neutralizar e mesmo destruir qualquer iniciativa que signifique ameaça ao império de acomodação que construímos e empenhamos a todo custo em conservar.

Chega, no entanto, o momento em que as respostas à insensatez, na forma de dor e frustração, convocam-nos à reflexão. A luz penetra através das frestas decorrentes dos abalos sofridos, e a "pedra" rejeitada é buscada e colocada no legítimo lugar da nova construção, capaz de nos proporcionar satisfação de expressivo sabor espiritual.

"PORQUE TODA A MULTIDÃO" – A multidão é passiva. Reage de acordo com quem se apresente como líder. A mesma multidão que entoou hosanas na entrada triunfal de Jesus em Jerusalem viria, poucos dias depois, a exigir a sua morte. Para seguir Jesus, precisamos sair da multidão, nos destacar pela vontade e perseverança no sentido de conhecer e praticar os Seus ensinamentos. Quando o Cristo nos adverte não ir pelos caminhos das gentes, está frisando que o cristão não deve ser um homem de rotina. O discípulo precisa estabelecer seu próprio "caminho", dentre os inúmeros caminhos.

"ESTAVA ADMIRADA ACERCA DA SUA DOUTRINA." – Enquanto nos mantemos distantes dos fatos, nada acorre de significativo. Porém, a partir do momento em que começamos a nos despertar pelos ensinos do Filho de Maria, instaura-se a "admiração", e passamos a experimentar novos propósitos nos terrenos da aprendizagem e da renovação.

O alto grau de Amor e magnetismo do Cristo atinge a cada um dos integrantes milenares da "multidão", abrindo novas perspectivas de progresso. A partir desse sublime toque vibratório, o ser passa a trabalhar no desprendimento das amarras psíquicas a que se ajustava de longo tempo, elegendo Jesus como o Centro de seu sistema de existência, ajustando-se com naturalidade em sua órbita de Bondade.

Quem admira pode ser apenas um simpatizante. E o simpatizante de agora poderá ser o adepto sincero de amanhã. É uma questão de tempo. Daí o receio dos escribas e dos príncipes dos sacerdotes. Contudo, queiramos ou não, um dia a verdade triunfará.

128

TRAMA

Mc. 14:10

"E Judas Iscariotes, um dos doze, foi ter com
os principais dos sacerdotes,
para lho entregar.

"E JUDAS ISCARIOTES," – Filho de Simão Iscariotes. Segundo dados históricos, era dedicado ao comércio como vendedor de quinquilharias. Trazia a mentalidade de que não seria possível a Jesus erguer o Seu Reino de Paz e de Amor, "o Reino dos Céus" nos corações, sem os recursos amoedados. Caracteriza, por isso, entre os sensibilizados para as questões espirituais, todos aqueles que, incapazes de desvinculação dos padrões mundanos, desenvolvem sua luta de direcionamento espiritual presos aos interesses materiais. Após a crucificação de Jesus, e por ter se enforcado, foi substituído por Matias (At. 1:15 a 26).

Esses tristes acontecimentos que redundaram no processo de crucificação de Jesus apresentam ressonâncias, a exigirem profundas reflexões. Admitidos pela misericórdia nos terrenos do aprendizado, da cooperação, somos convocados ao desempenho de atividades que expressem nível de lealdade ao Evangelho e à aferição dos propósitos que vimos de eleger.

Na medida em que se estendem esses propósitos, emergem estratégias, de princípio, perfeitamente viáveis, mas que, em exame de maior profundidade, podem revelar-se como inspiradas em experiências vividas no passado e já superadas. Por esta razão, torna-se imperiosa a adoção da vigilância no surgimento das "novas ideias". À falta desse componente sempre indispensável, estaremos sujeitos, fugindo dos ditames seguros da Nova Mensagem, a entrar consciente ou inconscientemente nas teias da inferioridade. A cautela será sempre medida de bom senso, já que, por sua ausência, costumamos, denegrindo o voto de confiança que nos foi outorgado, descambarmos para as tristes veredas do desequilíbrio e da desilusão, de que o "bem intencionado" apóstolo passou a constituir-se exemplo vivo.

"UM DOS DOZE," – O apóstolo se encontra numa fase em que já saiu da ignorância, passou para a faixa do conhecimento relativo e se encontra na área da exemplificação. É o homem de ação, com quem se pode contar.

Os doze apóstolos foram escolhidos por Jesus. Já preparados no curso de muitas reencarnações, portando valores da maior expressão, mas ainda envolvidos em reflexos de imperfeição, como depreendemos na "negação de Pedro" (Mt. 26:69 a 75), ou na atitude de Tiago e João "quando se propõem a orar para que o fogo do céu extermine os samaritanos" (Lc. 9:54).

Nós também, candidatos ainda incipientes e imperfeitos à ação dentro dos padrões evangélicos, expressamos, em meio às experiências do dia a dia, os ideais de Jesus, as vaidades dos sumos sacerdotes, as tibiezas dos apóstolos, os envolvimentos imediatistas de Judas.

Todos os apóstolos eram criaturas com farto cabedal de potenciais de realização com Jesus, e que lhes asseguraram vencer as dificuldades dos caminhos e as insinuações das tendências menos felizes que remanesciam em seus espíritos. Contudo, apenas um, Judas, pelo fato de dar curso às elaborações de sua mente, fértil no trato das questões puramente humanas, e por não atender ao alerta do Mestre para "não cair ao peso da bolsa", (H.Campos– "*Boa Nova* – Cap. 24) acabou por sucumbir, sob o jugo das fraquezas de que ainda era portador.

Nas disposições que vigoram hoje, frente à revelação da verdade, que nos propõe o "fora da caridade não há salvação", não podemos descuidar de que a característica do verdadeiro espírita é a "sua transformação moral, e os esforços que emprega para domar suas inclinações más". Este o roteiro seguro, não apenas para ampliação das possibilidades de trabalho com o Cristo, mas, principalmente, para a dissolução das tramas que ainda portamos e para as quais devemos dirigir nossa atenção cuidadosa, como Tiago nos alerta:

mas cada um é tentado, quando atraído e engodado, pela sua própria concupiscência." (Tiago 1:14).

"FOI TER COM" – Podia haver em Judas – como realmente houve – influência espiritual de ordem inferior, mas encontrando ressonância dentro dele. Tanto que é ele quem toma a iniciativa de ir. Não foi levado, não foi transportado...

A vigilância, mais uma vez, é chamada para que os impulsos, irrefletidamente aceitos, não venham a nos conduzir a situações difíceis.

"OS PRINCIPAIS DOS SACERDOTES" – Eram aqueles que exerciam uma atividade religiosa como simples profissionais, escravos de ritos e tradições, com autoridade de fora para dentro, já que era decorrente do cargo e não da moral – de dentro para fora.

É a representação de quantos que, acentuadamente religiosos, não identificados com a mensagem do Cristo, que é perfeição, bondade, perdão e simplicidade, são suscetíveis de reagir de forma sempre imprevisível na defesa de seus conceitos e posicionamentos.

Costumeiramente incomodados com a presença do Bem – Jesus – pois é este que, com a perfeição, coloca em evidência a condição inferior, ainda acrescida pelas insinuações da inveja (Mt. 27:18), os levaria, como hoje pode nos levar, à rejeição do Mestre em nossas cogitações espirituais.

"PARA LHO ENTREGAR." – Isto é, colocando ilusoriamente a fantasia acima do Bem legítimo. Com esse procedimento, dispensavam-se movimentos externos. Era um deles, integrante do grupo de Jesus, que tomava a iniciativa.

À primeira vista, fica-se admirado com a atitude de Judas. Preparado como todos e, como todos, portador ainda de deficiências, aprestou-se para uma grande aventura e faliu. A Divina Misericórdia permite lances dessa natureza aos espíritos desejosos de avançar no caminho da redenção.

Não podemos, a respeito disso, nos esquecer de que o verdadeiro inimigo está dentro de nós, personalizado pela viciações. Judas apreciava o dinheiro (Jo. 12:6) que o levou, vale repetir, a sucumbir ao peso da própria bolsa. Como Judas se enganara!

Os valores amoedados e transitórios nunca poderão abater os fundamentos inabaláveis do Espírito. "Na derrota" de Jesus estava a vitória. Muitas vitórias aos olhos do mundo são, ao contrário, fracassos extraordinários. Ainda hoje, clareados pelos conceitos da Doutrina Espírita, podemos entender que é em lances desse tipo que padrões de humildade, resignação e fé em Deus são medidos e testados ante os componentes que o mundo exterior nos propõe, a todo instante. São as ilusões advindas, principalmente, pelas aparências, pelo poder, pela autoridade a desafiar a cautela e a segurança de cada um.

129

LIBERTAÇÃO

Mc. 14:11

"E eles, ouvindo-o, folgaram e prometeram
dar-lhe dinheiro; e buscava como
O entregaria em ocasião oportuna."

"E ELES, OUVINDO-O," – Ouvir é escutar, repercutindo no íntimo. No caso em pauta, a palavra de Judas ressoava de acordo com os próprios desejos daqueles que o escutavam. Vale registrar que, nessas horas, desencarnados presentes nas faixas de sintonia também participam ativamente dos comentários. Não raro, a nossa inferioridade casa-se com as expressões de inferioridade deles e dos encarnados, havendo quase sempre uma confabulação, retumbante e entusiástica.

"Ouvindo-o", nos faz entender que o fato se repete, continua presente.

Ao falar, canalizamos no verbo vibrações do sentimento a ecoarem junto daqueles que se nos afinizam, na concretização de acontecimentos e situações, cujos resultados se reverterão sobre nós mesmos, de forma positiva ou negativa, de acordo com a natureza das emissões. "Vigiar e orar" foi, é, e será sempre, a recomendação capaz de nos forrar a muitas dores e decepções no encaminhamento das experiências.

"FOLGARAM" – A alegria de cada um se fundamenta, também, nos planos traçados para o alcance dos objetivos que elege. A treva se alegra com o êxito das trevas. Na edificação da alegria, incumbe-nos selecionar os interesses que venham a merecer o nosso empenho, a fim de que, livres de apreensões, possamos erguê-los, com júbilo, nos alicerces da reta consciência.

"E PROMETERAM DAR-LHE DINHEIRO;" – Como os amigos conhecem nossas tendências boas, os inimigos procuram identificar as nossas fraquezas, porque só através delas eles podem se impor. Judas gostava de dinheiro. O dinheiro, em si, não é bom nem mau. É neutro. Depende da maneira como o utilizamos e dos fins a que destina. Na Terra, o apego e o mau uso do dinheiro tem sido um transtorno. Paulo, apercebendo-se disso, escreveu a Timóteo: "Porque o amor do dinheiro é a raiz de toda a espécie de males; e nessa cobiça alguns se desviaram da fé, e se traspassaram a si mesmos com muitas dores." (Tim. 6:10). É o que se deu com Judas. Amor ao dinheiro, aliado à idéia de um Salvador que, ao invés de conquistar as almas pelo Amor no curso do tempo, se impusesse às criaturas.

A promessa foi para "assegurar" o negócio. Nossas quedas são sempre antecedidas de promessas de que ninguém vai tomar conhecimento; de que não haverá repercussão; de que o ato não é tão grave como imaginamos; de que muitos já têm procedido de modo semelhante e até – segundo a circunstância – pessoas mais importantes que nós...

"E BUSCAVA COMO O ENTREGARIA" – Identifica-se aí a procura da estratégia de como se efetivaria a providência delineada. Tanto para o Bem como para o Mal, é preciso verificar o modo para se concretizar um propósito. Antes de efetivar-se qualquer ação, podemos notar como participamos dos preparativos, imaginando todas as situações possíveis que possam mais nos favorecer. Nos eventos e circunstâncias do dia a dia, na seleção das metas, muitas vezes, podemos nos deixar trair pelas insinuações das fraquezas, elaborando verdadeiras tramas com que julgamos nos resguardar dos envolvimentos.

No entanto, já temos suficiente experiência para concluir que não se pode ferir a Lei sem lesar a consciência. Traindo Judas a Jesus, acabou por trair-se a si mesmo.

"EM OCASIÃO OPORTUNA." – Tudo tem sua hora. No caso, convencionou-se a triste ocasião em que Jesus seria entregue. Relativamente a nós, são as convenções das trevas que ainda residem em nós, determinando "ocasião" em que, na tentativa de enganar alguém, tisnamos a claridade da consciência, consubstanciada na dimensão do Cristo que habita em nós. De outro lado, costumamos fracassar numa iniciativa porque não a conduzimos de maneira adequada e nem aguardamos o momento conveniente. Quando esses fatores se conjugam, estamos próximos da vitória.

Por falta desse discernimento, iniciou-se em Judas, logo após entregar o Mestre, o processo da auto-punição, suicidando-se. Séculos após, depois de dolorosas reencarnações, retorna ao palco dos experimentos humanos para coroar praticamente suas lutas redentoras na personalidade de Joana D'Arc, segundo algumas fontes mediúnicas, quando pôde deixar gravadas, para toda a Humanidade, as lições atinentes à libertação, pelas vias difíceis das expiações, das dores cruéis.

130

PREPARATIVOS

Mc. 14:12

"E, no primeiro dia dos pães asmos, quando sacrificavam a páscoa, disseram-lhe os discípulos: Aonde queres que vamos fazer os preparativos para comer a páscoa?"

"E, NO PRIMEIRO DIA DOS PÃES ASMOS," – Tendo em vista que "Festa da Páscoa" ou "Páscoa do Senhor", ou ainda, a "Festa dos Pães Asmos" durava sete dias, verificamos que os discípulos diligenciaram para que as providências daquela comemoração fossem adotadas em tempo hábil. O "primeiro dia" é o momento adequado no encaminhamento dos fatos ou situações de nossa alçada. É a hora de prover-se o Espírito dos valores para a grande passagem, na conquista dos padrões que são oferecidos pela Misericórdia do Criador.

Se em Mateus aprendemos: "orai para que a vossa fuga não aconteça no inverno nem no sábado," (Mt. 24:20), imperioso é atentarmos para a importância do "primeiro dia" no atendimento de qualquer tarefa que nos compete, para o aproveitamento positivo e mais abrangente de cada lance que nos é proposto nos passos de sua execução.

Para que o trânsito de antigas concepções e condicionamentos rumo à concretização dos ideais possa se fazer com êxito, oportuno se torna reunir decisão, recursos adequados, e movimentá-los todos, a partir do primeiro instante em que as circunstâncias os apontam às nossas vidas.

Os "pães asmos", ou seja, sem fermento, definem sinceridade de propósitos que devemos alimentar na empreitada que assumimos com o Cristo, isentos das insinuações do crescimento exterior (Lev. 2:11; I Cor 5:7 e 8). Esse crescimento deve ceder lugar às filtradas afirmações do Espírito Imortal, conquistáveis pela assimilação ampla daquilo que nos ensina João Batista quando, referindo-se a Ele, declara: "necessário que Ele cresça e que eu diminua" (Jo. 3:30).

"QUANDO SACRIFICAVAM A PÁSCOA" – A páscoa, que significa "passagem", é várias vezes referida na Bíblia. Foi instituída no Egito para comemorar o acontecimento culminante da saída dos hebreus rumo à Terra Prometida (Ex. 12:1 a10;12:14 e 15; 13:15; Deut. 16:1 a 3).

Aquela noite memorável seria sempre celebrada em honra do Senhor, porque foi nela que Ele feriu os primogênitos dos egípcios, poupando as casas do povo subjugado, em cujas ombreiras havia o sangue do cordeiro. Todos deviam estar de pé, com os bordões nas mãos, cingidos os lombos, esperando a ordem de marcha. A festa começava no dia 14 do mês de abibe à tarde, isto é, ao principiar o dia 15, com a solenidade dos asmos, (Lev. 23:5). Deviam matar o cordeiro ao entardecer. Seria ele assado inteiro e comido com pães asmos e alfaces bravas (Ex. 12:8). O sangue derramado representava expiação, as alfaces bravas significavam a amargura do cativeiro, os pães asmos eram o emblema da pureza.

A ceia pascoal devia ser tomada pelos membros de cada família. Se esta fosse pequena, chamavam alguns vizinhos, até que houvesse número suficiente para comer o cordeiro todo (Ex. 12:4). O chefe da casa recitava a história da redenção.

Empregavam quatro cálices de vinho misturado com a água de que a Lei não fala; cantavam os Salmos (Sal. 113 e 118, Is. 30:29, Sal. 42:4); punham à mesa um prato de frutas desfeitas em vinagre, formando uma pasta, como recordação da argamassa que eles empregavam nos trabalhos do cativeiro. A ceia pascoal servia de introdução a toda a solenidade, que durava até ao vigésimo primeiro dia do mês (Ex. 12:18; Lev. 23:5 e 6; Deut. 16:6 e 7).

A duração de sete dias não foi comunicada ao povo senão depois da saída do Egito, (Ex. 13:3 a 10).

Nos sete dias, só poderiam comer pães asmos. Em a noite de páscoa, não deviam ter fermento em suas casas; por consequência, a farinha que tomaram às pressas, quando saíram do Egito, não tinha fermento.

Dali em diante, o pão asmo foi associado, em suas mentes, não somente com a ideia de sinceridade e verdade, que era a essencial, mas também com a pressa que os impeliu a fugir do Egito.

Páscoa – é também o nome que se dá ao cordeiro imolado para a festa. Cristo é a nossa Páscoa (I Cor. 5:7). Semelhante ao cordeiro pascoal, era Ele sem defeito (Ex. 12:5; I Pe. 1:18 e 19) não lhe quebraram osso algum (Ex. 12:46). Estes apontamentos foram extraídos do "Dicionário da Bíblia" de John D. Davis.

A Páscoa dos cristãos é comemorada no dia da ressurreição e representa a vinda de Jesus, sua permanência na Terra e seu retorno vitorioso.

Examinando o assunto à luz da Doutrina Espírita, a Páscoa, compreendida até então como atitudes religiosas de expressões exteriores, passa a ter um sentido interior, sustentado pelo sacrifício, pela renúncia e pela disposição sincera de renovação, patrocinando a retirada do ser dos vales do cativeiro para os planos mais elevados da libertação. Sob este aspecto é, sem dúvida, precioso "passaporte" de trânsito para outras plagas, garantindo-nos a entrada na "terra" íntima das realizações espontâneas do Amor, através d'Aquele que é, efetivamente, a "porta" de acesso aos planos imarcessíveis da redenção espiritual.

"DISSERAM-LHE OS DISCÍPULOS: AONDE QUERES QUE VAMOS FAZER OS PREPARATIVOS PARA COMER A PÁSCOA?" – Todos os hábitos que se justificam pelo seu lado edificante podem e devem ser observados. Era justo que Jesus e os apóstolos, sendo judeus, comemorassem a Páscoa, como os demais. Mas, a partir do instante em que começamos a pôr em dúvida a necessidade e a utilidade de alguma coisa, tal coisa pode mesmo ser abandonada.

Expressando um ato de fé, a comemoração da páscoa é uma prática simbólica, festejada através dos séculos, preparando os corações para os grandes testemunhos que garantirão, a tempo oportuno, a libertação do jugo escravizante da retaguarda milenar. Conscientes desse acontecimento, os discípulos, ao amparo da intuição, inquirem o Mestre quanto aos preparativos. Lícito também, quanto aos planos efetivos de crescimento, solicitar do Cristo, presente em potencial na nossa própria alma, pelo fio sutil das inspirações, como identificar e aplicar os recursos que nos favoreçam o êxito na busca da grande vitória sobre nós mesmos.

Interessados no assunto, os discípulos revelam-nos, pela diligência adotada, o cuidado que devemos ter acerca de tudo quanto seja de nossa competência. O que é preparado e trabalhado em seus mínimos aspectos, com zelo e interesse, mais corresponde às finalidades, mais perfeito fica.

Os discípulos se posicionaram, isto é, recebendo ordens e predispostos ao trabalho, aos arranjos, para que tudo pudesse sair a contento. Será que já incorporamos esta atitude sábia para o melhor cumprimento de nossos deveres perante Jesus?

131

MISSÕES

Mc.14:13

E enviou dois dos seus discípulos,
e disse-lhes: Ide à cidade, e um homem,
que leva um cântaro d'água,
vos encontrará; segui-o;"

"E ENVIOU DOIS DOS SEUS DISCÍPULOS," – Em qualquer atividade do Bem, e na sequência da luta de redenção, é sempre bom não se perder a linha que nos vincula Àquele que nos envia. Devemos nos considerar, para nossa segurança, como enviados, e o enviado é sempre aquele que tem merecido a confiança do Senhor e Mestre.

Apesar de ser o aprendizado individual, registramos, com Jesus, a conveniência de que, dentro das possibilidades, a tarefa deva ser confiada a mais de um. Um supre as deficiências do outro. Universaliza a tarefa, deixando de preponderar o egoísmo, o eu, o meu...

O dois expressa a diplomacia; representa o equilíbrio, que se manifesta em constante flutuação e mudança. É o que nos indica o Livro Eclesiastes: "melhor é serem dois do que um..." (Ecl. 4:9 a 12). O dia e a noite, o positivo e o negativo, o calor e o frio; o Bem e o Mal. Justiça como expressão equânime entre dois interesses discordantes. A prudência e adaptabilidade são indicados pelo número par. Ainda hoje, diante dos trabalhos que nos incumbem, bom é temperar as atitudes e decisões, providências e realizações, com os ingredientes da razão e do sentimento, para que possam refletir harmonia e concordância, resultantes da lógica e do bom-senso.

"E DISSE-LHES: IDE À CIDADE," – Lançando-nos em cooperar de modo eficiente, não devemos perder de vista as instruções que nos são ministradas. "Disse-lhes" é a expressão indicativa da necessidade de adoção de providências sem as quais a tarefa, a envolver também testemunho, deixaria de ser realizada com acerto e segurança. Hoje é o Evangelho, em Espírito e Verdade, o roteiro de todo aquele que se dispõe à passagem para novos padrões de existência.

Ir à cidade é prova indispensável à avaliação do candidato que, saindo do campo da semeadura e da colheita, deve se dirigir aos setores heterogêneos onde localizará pessoas, condições, fatos que poderão sugerir sua presença e participação na aplicação de tudo quanto já dispõe.

O "campo" é o ambiente propício à arregimentação dos elementos positivos do Espírito Imortal, mas somente na "cidade", a reunir opções de toda espécie, encontraremos os instrumentos suficientes a dimensionar os valores mais evidentes que portamos.

"E UM HOMEM, QUE LEVA UM CÂNTARO D'ÁGUA," – O "homem" não é personalizado por Jesus, que não menciona sua raça, sua cor, sua estatura, seu estado civil. Nenhum pormenor. No trato com aqueles que jornadeiam conosco, antes da individualização, é necessário considerarmos que cada um deles é filho do mesmo Pai e irmão em Cristo, na formação da grande Família do Senhor.

A água lembra reencarnação, pela profunda identidade do equipamento orgânico com esse elemento presente na extensão do orbe que nos abriga.

O homem "que leva um cântaro d'água" sugere a individualidade consciente que, embora encarnada, se presta, com humildade embasada no trabalho, a colaborar na disseminação dos postulados da Boa-Nova.

"VOS ENCONTRARÁ; SEGUI-O;" – Curiosa a expressão, porém verdadeira. Os espíritos conscientes do que fazem no mundo são vistos, e o são por prismas variados. Nem sempre são visualizados em sua essência verdadeira porfalta de condições de quem os observa. São eles, os que crescem e se agigantam, os convocados a se apequenarem a fim de, identificando os fatores de crescimento que já nos animam, favorecerem a nossa tarefa, abrindo assim, aos corações, o caminho seguro do fiel cumprimento dos compromissos assumidos. Esses expoentes da Bondade de Deus, circulando entre nós, se tornam pontos de referência da evolução, apontando veredas corretas aos que procuram concretizar, no cotidiano, os registros das orientações já incorporadas, para a execução dos ditames do Plano Maior. Por isso, a indicativa do Mestre: "segui-o".

132

DIRETRIZES

Mc. 14:14

"E, onde quer que entrar, dizei ao senhor da casa: O Mestre diz: Onde está o aposento em que hei de comer a páscoa com os meus discípulos?"

"E, ONDE QUER QUE ENTRAR," – A seleção do lugar, "onde", é feita com segurança por aquele que já se encontra sintonizado com o trabalho de renovação. Sendo um espírito, entra onde pode e deve. Daí o fato de poder ser seguido. É comum elegermos elementos que, pelas suas expressões de autoridade, nos inspirem confiança, favorecendo assim o uso do discernimento na busca que empreendemos. Contudo, tal atitude não nos exonera de exercer vigilância a fim de que, sob a custódia do menor esforço, não venhamos, no culto ao personalismo e à idolatria, a seguir pessoas, em detrimento dos postulados que buscamos adotar e que elas também necessitam dinamizar.

"DIZEI AO SENHOR DA CASA:" – Cada casa tem o seu Senhor. O seu proprietário, seu responsável. Somos aqueles que respondemos pela nossa casa física e espiritual. "Senhor", significando ascendência, implica responsabilidade. Daí a necessidade de estarmos atentos relativamente àqueles que, pelas vias das circunstância, são trazidos até nós, em busca de esclarecimentos que favoreçam o cumprimento do trabalho que lhes compete. Nessa pauta estão incluídos familiares, amigos, companheiros que, nos parâmetros da cooperação, interagem conosco na aprendizagem constante.

Se nos terrenos individuais somos os donos da nossa casa, no Plano Maior, Deus é o Senhor da Casa Universal. Dentro dessa perspectiva, mais uma vez se evidencia a importância da atenção quanto a encarnados e desencarnados aos quais nos vinculamos. Relativamente a estes últimos, não se pode esquecer que "bons espíritos" são aqueles que, apequenando-se, se transformam em instrumentos de nosso encaminhamento a Deus, porque sabem eles que o culto de todos nós é devido a Deus e não a eles ou aos homens.

"O MESTRE DIZ:" – Quando o Mestre diz, fiquemos atentos; sendo Jesus, se manda, a ordem é justa; se um pedido, é necessário; se adverte, é oportuno... E Ele continua nos falando através do Evangelho, dos livros edificantes, das pessoas sensatas, criteriosas...

"ONDE ESTÁ O APOSENTO EM QUE HEI DE COMER A PÁSCOA" – Em geral, toda casa tem mais de um cômodo. Cada um se destina ou se presta a uma finalidade. É o dono quem a dispõe física e psíquicamente, mediante as condições espaciais e o teor dos seus pensamentos. Jesus informa o objetivo, a fim de melhor orientar a quem se propõe a servi-Lo. Como relatado, para cada finalidade um aposento. Assim como na "casa", cada dependência possui sua destinação específica, também em nossa área de ação, e, mesmo na própria extensão das atividades, necessitamos harmonizar e definir lugar, tempo, circunstância, para o melhor cumprimento das responsabilidades que nos são inerentes.

"COM OS MEUS DISCÍPULOS?" – Só existe mestre quando há discípulo. Só há expositor quando aparecem pessoas interessadas em ouvir. E normal, lógico, que em cada terreno ou contexto estejam presentes coisas, situações, pessoas. No caso em estudo, evidenciam-se Jesus, discípulos, senhor da casa. Ao mencionar: "com os meus discípulos", Jesus oferecia ao dono do aposento informações precisas para que pudesse diligenciar quanto ao preparo do ambiente que os acolheria. E, ainda, quem, diante de uma comemoração, de um momento de felicidade, se sentirá realizado sem a co-participação daqueles a quem ama?

No âmbito da evolução, nossa identidade com as fontes da Misericórdia Divina só nos será gratificante se estendermos pensamentos, interesses e ações até aos companheiros, irmãos em Humanidade, que aguardam nossa cooperação, como a temos recebido daqueles que avançam na vanguarda do progresso. É o que nos mostra o primeiro e Grande Mandamento: "Amarás o Senhor teu Deus e ao próximo como a ti mesmo" (Lc. 10:27).

133

PLANEJAMENTO

Mc. 14:15

"E ele vos mostrará um grande cenáculo mobilado e preparado; preparai-a ali."

"E ELE VOS MOSTRARÁ UM GRANDE CENÁCULO" – Jesus fala do futuro, sem presente. Somente o dono da casa está em condições de mostrar tal ambiente. O "cenáculo", grande refeitório, é campo representativo do pensamento, das idéias de um grupo que, por afinidade, alimenta um mesmo estado de alma, um mesmo objetivo. Reunem-se amigos, familiares em torno de uma mesa para o atendimento das necessidades do estômago, reúnem-se também os elementos afins na alimentação de propósitos que possam sustentá-los em Espírito.

MOBILADO E PREPARADO;" – Além das disposições físicas dos implementos de um cômodo, de um escritório, de uma secretaria, por exemplo, o posicionamento de cada peça e suas características são importantes, porque indicam a finalidade a que se prestam.

Assim, se naquela oportunidade a organização daquele cenáculo se prestaria à ceia do Senhor, válido, hoje, diligenciar-se com boa vontade, a fim de que os ambientes, sejam eles simples ou mais sofisticados, se revistam de objetividade e praticidade e de uma atmosfera de pensamentos dignos. Estarão eles, por consequência, suscetíveis à utilização em qualquer época ou circunstância, por aqueles expoentes da Bondade Maior na concretização dos ideais superiores em favor de todos nós.

À medida em que o esclarecimento nos visita, imperioso se aplique o bom senso e o zelo, sem extremismos, em tudo cuja organização nos é conferida. O que se planeja e se executa com equilíbrio, capricho e interesse, será sempre um piso seguro capaz de, a qualquer época, servir de terreno apto à ação benfeitora da Espiritualidade, na extensão do pensamento e dos desígnios sábios do Criador.

"PREPARAI-A ALI." – Todo aquele que se liga aos interesses do Evangelho é sempre um "conhecido" e mais, um "amigo" de Jesus, a oferecer-Lhe, como no caso em estudo, local em condições de atender às Suas solicitações. Na oportunidade, falam todos os ângulos de interesse, boa vontade e sensibilidade, a emanarem dos escaninhos da consciência de quem pretende servir. Entretanto, como aos discípulos caberia providenciar a ceia, também aos Amigos Espirituais cabe, em função de nossa predisposição pessoal, estruturar o direcionamento do trabalho, em nome do Amor, compatíveis com os valores de que dispomos. Vivemos num mundo de interdependência. No que estiver ao nosso alcance, que saibamos colaborar, para que o Bem se expresse. Só ajudando é que somos ajudados. Por outro lado, aprendemos que ninguém está obrigado a oferecer mais do que possui.

134

OBEDIÊNCIA

Mc. 14:16

"E, saindo os seus discípulos, foram à cidade,
e acharam como lhes tinha dito,
e prepararam a páscoa."

"E, SAINDO OS SEUS DISCÍPULOS"– A obediência é sempre o ingrediente da ordem, da realização. No direcionamento do progresso evidencia-se o ato de obedecer, como fator indispensável à capacidade de dirigir com equilíbrio e autoridade. Para testemunhar confiança no Mestre e adquirir experiencia, os discípulos têm de sair, se colocar em campo. É a ação que nos convoca; nada de êxtases, de fugas da realidade. Na caminhada somos, a todo instante, convocados a cumprir as determinações superiores, e, na pauta das circunstâncias, investidos do dever de orientar no pressuposto de sermos "obedecidos."

"FORAM À CIDADE," – Aglomerado de pessoas, exigindo-nos cuidado no relacionamento. A cidade tem seus suprimentos e vantagens, contudo, não dispensa a vigilância por parte dos habitantes.

Se, nem sempre, o ambiente heterogêneo é o que nos agrada, é ali que vamos identificar as verdadeiras fontes do trabalho e ação no Bem, de que não podemos prescindir.

O campo é a área propícia a sementeira e colheita. Sugere, espiritualmente, o ambiente fértil de arregimentação de recursos que, recolhidos aos celeiros da alma, serão, a tempo certo, dinamizados nos grandes centros das lutas e sofrimentos da massa.

Anos e anos de semeadura e ceifa cedem lugar, no corolário as reencarnaçós, a novas experiências, encaminhado o ser em faixa mais ampliada, à distribuição, pela didática da compreensão e da paciência, em nome da caridade, do vasto conteúdo de amor a beneficiar, em modalidade específica, a todos quantos participam da órbita de sua existência.

"E ACHARAM COMO LHES TINHA DITO," – O fato de tudo estar conforme o previsto por Jesus deve nos alertar para a importância dos Seus ensinos e para as vantagens de colocá-los em prática.

Todas as Suas lições são exatas e válidas todas suas advertências.

Digno de nota o fato de os discípulos acharem tudo como lhes tinha sido dito. A obra de Deus é uma soma de registros em que, nas várias etapas vividas, cada qual recebe o número de talentos por sua participação como oportuna cota de aprendizado, além do júbilo por cooperar na edificação geral. É em função de suas disposições de trabalho que cada criatura recolherá a seu tempo, ante o que já foi feito e diante do que virá mais a frente, o ensejo de aprender e servir, construindo o seu próprio futuro.

"E PREPARARAM A PÁSCOA." – Naquela oportunidade, este era o serviço dos discípulos. Cada tempo pede um tipo de atividade. E, no fazer qualquer tarefa, muito mais importante do que a própria tarefa, é como a realizamos. A "alma" com que concretizamos algo.

135

IDENTIDADE

Mc. 14:17

"E, chegada a tarde, foi com os doze,"

"E, CHEGADA A TARDE," – Entendendo-se "a tarde" como a designação de uma das vigílias em que era dividida a noite, estaríamos entre dezoito e vinte e uma horas. Portanto, no tempo certo, já que tudo tem a sua hora. Após o cumprimento do trabalho ostensivo que nos cabe, é a partir deste momento que buscamos o reabastecimento, diligenciando preparativos ao descanso reconfortador, a fim de que estejamos habilitados ao reinício da tarefa que nos compete.

"FOI COM OS DOZE," – Jesus e os apóstolos, lado a lado. Ora Ele se coloca à frente, nos ensinando, ora atrás, dando-nos oportunidade de exemplificar. Aqui Ele está no meio, no mesmo nível, comungando das mesmas alegrias, dos mesmos cuidados, dos mesmos propósitos, levando-nos a refletir na importância de viver-se cada coisa a seu tempo.

Interessante ressaltar-se que, em momentos peculiares de maior relevância, Jesus está sempre junto dos discípulos, evidenciando o fato de que nunca estaremos sós.

É claro que, no episódio em pauta, exerceu Ele o papel determinante e finalístico. Mas é sempre oportuno considerar-se que é Ele, Jesus, o verdadeiro sustentáculo de cada um de nós, em meio aos testemunhos que nos cabem, segundo os dispositivos da bondade de Deus.

136

FRAGILIDADE ESPIRITUAL

Mc. 14:18

"E quando estavam assentados a comer, disse Jesus: Em verdade vos digo que um de vós, que comigo come, há de trair-me."

"E QUANDO ESTAVAM ASSENTADOS" – Serenos, apoiados na confiança decorrente da presença do Divino Mestre. Certas revelações só serão assimiladas quando a pessoa, estando tranquila, pode ouvir, pensar, refletir.

Para alimentar, seja física ou espiritualmente, necessitamos estar receptivos, firmes, mantendo-nos predispostos relativamente ao que nos vai ser oferecido à mesa.

Quando empenhados em aprender, torna-se imperiosa a harmonia interior, sugerida mais uma vez pela expressão "assentados".

Tal atitude não somente favorece a compreensão dos assuntos veiculados, quanto garante sua metabolização, para o atendimento das atividades que nos sejam cometidas.

"A COMER," – Há o alimento físico, material e o espiritual, representado pelo conteúdo informativo, pela solidariedade, pela confiança do próximo, pelo calor da amizade. O alimento, por excelência, é o amor, que se materializa na execução da obra de Deus.

"DISSE JESUS: EM VERDADE VOS DIGO" – Sem dúvida, a palavra de Jesus é a "verdade". Usando, porém a expressão "em verdade", a Sua comunicação ganha força e maior autoridade, pela limpidez e profundidade de que se emoldura.

Na apropriação mais nítida do ensinamento, emergem, daquele que se identifica com Jesus, os padrões da autenticidade. No novo patamar da escalada não cabe o direcionamento para os terrenos degradantes da inverdade. A mentira, para quem já identificou a verdade, será sempre manifestação infeliz, sustentada no egoísmo e no interesse pessoal, logo, de duração transitória.

Nada obstante a fragilidade de que ainda somos portadores, a insinuar deslizes no encaminhamento dos contatos sociais e familiares, o cristão deve manter-se, a cada instante, vigilante, a fim de que os padrões gerenciadores do Evangelho, dentro de nós, não sejam enodoados pelas vibrações que possam distorcer as verdadeiras propostas de crescimento para Deus, fundamento da verdade que sustenta o próprio Universo.

"QUE UM DE VÓS," – Atitude incisiva como esta tomada por Jesus é normal, quando se trata de criatura muito próxima, já identificada com os propósitos que alimentamos. É a confiança e a estreita convivência que fornecem esta possibilidade de percepção dos propósitos mais secretos. É a mesma autoridade e austeridade que Jesus adotou naquela ocasião que devemos utilizar quanto aos valores que se movimentam no plano interior, a colocarem em risco a nossa segurança.

"QUE COMIGO COME, HÁ DE TRAIR-ME." – A sabedoria de Jesus, já determinara, naquela ocasião, aquele que, sentado à mesa, já manipulara, por sua invigilância, os detalhes da traição. Se, no conceito geral, Judas é o traidor, dada a compreensão do Mestre, a sua atitude não passava de uma fraqueza a que todos nós estamos sujeitoss.

Examinando o fato, hoje, não nos é difícil concluir que o conhecimento e a progressiva identificação com as faixas de realização espiritual nos facultam, também, localizar os pontos frágeis de nossa personalidade, sobre os quais precisamos agir com cautela, a fim de que não venhamos, ainda que pressionados pelos golpes da dor, a cair nas tramas da inferioridade.

Quando fraquejamos na vigilância, deixando algo pelo meio, abandonando um objetivo nobre, adotando o menor esforço, apelando para os recursos exclusivamente exteriores, curvando-nos ao assédio de nossa tendência acomodatícia, sucumbindo-nos nas teias da inveja ou da vaidade, do orgulho ou do egoísmo, estaremos sem a esperança, a confiança dos companheiros encarnados, com os quais nos comprometemos.

137

REFLEXÃO

Mc. 14:19

"E eles começaram a entristecer-se e a dize-lhe um após outro: Porventura sou eu, Senhor? E outro: porventura sou eu, Senhor?"

"E ELES COMEÇARAM A ENTRISTECER-SE" – Em decorrência de um despertamento, de uma conscientização. Cada um, praticamente todos a seu modo, têm faltado aos compromissos com Jesus. Quando reencarnamos, por exemplo, qualquer desvio de objetivos elevados inicialmente propostos expressa traição aos propósitos de elevação.

Segundo sua sensibilidade, a criatura, ante a incapacidade de operar plenamente em consonância com seus ideais superiores, acaba por traçar um perfil de abatimento que, se alimentado no tempo, culminará na gênese de quadros de revolta e inconformação nos meandros da personalidade, quando em luta de afirmação.

"E A DIZER-LHE UM APÓS OUTRO: POR VENTURA SOU EU SENHOR? E OUTRO: PORVENTURA SOU EU, SENHOR? – É comum estarmos "cansados de saber uma coisa", mas ainda perguntamos acerca dela, para vermos se a ausência de confirmação dilui o peso da consciência, pela falha.

Tal fato também se manifesta quando, chamados ou inquiridos, vemo-nos na contingência de um auto-exame. Nessa hora surgem, normalmente, fatores duvidosos de natureza negativa que mantinham despercebidos e que, de imediato, passam a nos preocupar na razão de sua intensidade e grau de sensibilidade consciencial. Daí ser imperioso a constante melhoria dos padrões morais, na empreitada da reeducação de que não podemos prescindir.

138

VULNERABILIDADE

Mc. 14:20

"Mas Ele, respondendo, disse-lhes: É um dos doze, que mete comigo a mão no prato."

"MAS ELE, RESPONDENDO, DISSE-LHES: É UM DOS DOZE," – Ao responder, Ele nos ensina que toda pergunta está suscetível de resposta. Apontando ser "um dos doze", não só coloca em processo de auto-análise todo o Seu grupo; convoca-nos também à manifestação da humildade pelo reconhecimento pessoal de que, sem distinção, todos portamos deficiências a desafiarem a capacidade de persistência no empenho de renovação.

Na esteira das experiências, cada criatura enverga seus ideais, seu grau de determinação, seus pontos fracos. O encaminhamento dos fatos deixou todos, indistintamente, sob análise consciencial. Sábia, portanto, a estratégia do Mestre. Não para instaurar insegurança. Mas, sim, para proporcionar condições de levantamento íntimo quanto ao redimento do processo educativo e aferição quanto à soma de reflexos de natureza inferior que ainda nos assediam, a marcarem tristemente o espelho da alma pelos padrões de infidelidade, frente aos ensinos que, como aprendizes, temos recolhido d'Ele a cada momento.

"QUE METE COMIGO A MÃO NO PRATO." – Antigamente tirava-se o bocado diretamente do prato. Prova de intimidade já era o participar da mesa.

"De meter a mão no prato" com Ele ao mesmo tempo, evidencia maior familiaridade. Temos, nas linhas de Evolução, aproximações que variam de natureza e de intensidade. No grupo a que nos vinculamos, posuímos aqueles a quem nos ligamos de forma estreitada, nos alicerces da afetividade e das experiências passadas. São esses os que integram o círculo mais próximo, ou seja, os que se alimentam dos mesmos pensamentos e propósitos, a "meterem as mãos no mesmo prato."

Se tais agrupamentos bem sintonizados no Amor podem muito realizar, é daí, também, que podem surgir, na ausência da compreensão e do respeito devido a cada um, os mais complexos quadros de sofrimento e desilusão.

139
QUEDA E DOR

Mc. 14:21

"Na verdade, o Filho do Homem vai, como dele está escrito, mas ai daquele homem por quem Filho do Homem é traído! Bom seria para o tal homem não haver nascido."

"NA VERDADE, O FILHO DO HOMEM" – Nomeando-se "Filho do Homem", Jesus, ainda que não tivesse feito a Sua evolução em nosso Orbe, mostrava-nos o que a Humanidade, nas trilhas da regeneração, geraria no Grande Futuro. "Filho do Homem", portanto, é, neste caso, aquele que passou por toda a escala hominal, síntese das conquistas realizadas. Se, na retaguarda, os aglomerados celulares trabalhados por Técnicos Espirituais constituiriam a forma hominídea com suas amplas reservas, Jesus, por Seus ensinos e por Seu testemunho, trabalha na retorta das potencialidades da razão e do sentimento, na formação do Homem Renovado.

"VAI, COMO DELE ESTÁ ESCRITO," – Ocorreriam com Ele os acontecimentos previstos. As profecias são feitas por Espíritos que, conhecendo a atualidade dos seres e o seu pretérito, e o encaminhamento de fatos nos terrenos da experiência, registram, com base no alicerce das causas e das necessidades das criaturas, episódios que se desenrolarão em tempo, às vezes, distante.

A efetivação dos registros, em épocas muito posteriores, serve para nos acordar. É uma expressão da misericórdia do Pai. As profecias comuns, feitas por espíritos menos elevados, com relação aos anteriormente mencionados, podem deixar de se concretizar, servindo como sino que, batendo, adverte. Acatar a advertência ou não, fica a critério da pessoa.

Bom é ter em conta que, em qualquer circunstância, as profecias, quanto ao seu cumprimento, estarão sempre nos desígnios do Criador.

"MAS AI DAQUELE HOMEM POR QUEM O FILHO DO HOMEM É TRAÍDO!" – Para o traidor de Jesus, cuja semente já se achava em seu coração, iniciava-se um processo doloroso na engrenagem da Lei de Causa e Efeito. Ninguém reencarna predestinado ao erro ou ao mal. O ambiente de necessidades e complicações faz emergir naturalmente o candidato aos escândalos. Judas, nesse episódio, foi aquele que, dando azo a sua concupiscência, acabou por se envolver nas teias de sua própria inferioridade. Este fato viria a reservar a seu espírito uma esteira de sofrimentos em reencarnações difíceis e trabalhosas, como a que viria a receber, segundo algumas fontes, como Joana D'Arc, no século XV.

Nada obstante os sofrimentos reservados ao infeliz apóstolo, o ensino fica para nossas reflexões. O Mestre, a quem buscamos servir, está destinado a estar com a Humanidade até o cumprimento de Sua sublimada missão de arrebanhar todas as ovelhas de Seu rebanho. Felizes seremos a cada instante em que justificamos nossa adesão ao seu Evangelho pelas ações edificantes. Não estaremos livres, entretanto, de, em decorrência de dificuldades evolutivas que portamos, traí-lo no rol das circunstâncias, operando frontalmente contra Sua Mensagem de Amor. É por essas faltas, ante a consciência e perante o mundo, que poderemos atrasar a caminhada e lançar obstáculos nos passos daqueles que investem confiantes nos ensinos d'Ele, que reunem as esperanças de felicidade para a grande massa de deserdados que anseiam pela vitória do Bem e do Amor nos corações.

"BOM SERIA PARA O TAL HOMEM NÃO HAVER NASCIDO." – À vista do futuro que o aguardava, esclarecidos pela Doutrina Espírita, o mesmo diríamos nós. Se tivesse renascido noutra oportunidade, mais forte, mais resistente, mais evoluído, talvez não fracassasse. Isso deve nos levar a valorizar a reencarnação, com todas as suas possibilidades de reajustamento para o Espírito Imortal, embora não seja concedida prova superior às forças de ninguém.

Para tanto, seja qual seja a experiência no plano a que fomos colocados pela bondade do Alto, bom é não descuidar da vigilância constante, garantida sempre pelo trabalho digno e pela renovação incessante.

140

ASSIMILAÇÃO

Mc. 14:22

"E , comendo eles, tomou Jesus pão, e, abençoando-o, o partiu e deu-lho, e disse: Tomai, comei, isto é o meu corpo."

"E, COMENDO ELES," – A ceia representa a reunião de congraçamento, de troca de vibrações fraternas e de sustentação, em que cada um, intimamente ligado ao grupo, se alimenta, a fim de angariar forças para os grandes embates da vida.

Na extensão da ideia aos terrenos do espírito, reúnem-se corações para ingestão de recursos que lhes saciem a fome, segundo a natureza e os anseios que os associam em suas metas de atendimento à vida mental, na pauta de seus lídimos interesses. Alimentar com o Cristo pressupõe, portanto, a assimilação dos nítidos valores, suficientes à manutenção da existência.

"TOMOU JESUS PÃO," – Valendo-se Jesus do alimento básico do corpo físico, distribui expressivos elementos espirituais para cada um de nós. Ensinava, como recomenda a boa didática, a partir do concreto, do objetivo, do conhecido...

Sem dúvida, o corpo doutrinário do Mestre se caracteriza como sustento fundamental do Espírito.

"E, ABENÇOANDO-O, O PARTIU E DEU-LHO." – Impregnando-o de boas vibrações, Jesus abençoa o pão, distribuindo cada pedaço, adaptando-o às condições de cada qual que o recebia. Hoje, já não temos dúvida de que cada fatia, cada porção de Seus ensinamentos é distribuída a cada um de acordo com sua capacidade de assimilação. Cada reunião que se faz em nome d'Ele é uma nova ceia em que cada qual oferece a sua cota e recebe, em nome de Sua Misericórdia, parcela de bençãos para continuidade da grande luta.

"E DISSE: TOMAI, COMEI, ISTO É O MEU CORPO." – Não basta estar presente à ceia, é preciso "tomar" o alimento "comê-lo". Só assim estaremos nos apropriando da substância nutritiva contida em Sua mensagem. Somente o "corpo do Cristo" elaborado pela essência do Amor, poderá suprir efetivamente a fome de equilíbrio e felicidade a que aspiramos a cada instante.

O advento do Espiritismo, clareando o entendimento de modo direto, sem figuras, abriu, indubitavelmente, o caminho do conhecimento espiritual que deverá vigorar na Nova Era.

A vida em todas as suas expressões é mantida por alimento específico. No campo físico, biológico, não se pode prescindir do pão ou de produto similar capaz de assegurar o entretenimento do cosmo celular.

Em sua vertente espiritual, a vida, como reconforto vibratório e consciencial, dependerá do suprimento inesgotável do Cristo Jesus, cujos celeiros repletos de Amor garantem a cada um a cota de que carece na subida incessante para Deus.

"Tomai, comei, isto é o meu corpo" dinamiza-se em nível de concretude pela percepção mais profunda. O corpo físico, visível e palpável, assume aqui a função de material didático.

Canalizando com sabedoria o conteúdo essencial da Boa-Nova, Jesus usa o pão material para fazer referência ao "corpo doutrinário" que consubstancia os Seus ensinos. Tornando-o ponto central de observação, em nova dimensão, fornece-nos o sublime alimento da alma, elaborado com o ingrediente de austeros testemunhos, garantindo-nos assim a reserva alimentícia de que a alma necessita; verdadeiras e saborosas fatias do pão da vida que sustenta para a eternidade.

141

CÁLICE

Mc. 14:23

"E tomando o cálice, e dando graças, deu-lho; e todos beberam dele."

"E, TOMANDO O CÁLICE, E DANDO GRAÇAS, DEU-LHO;" – O cálice é o recipiente que, em sentido espiritual, reúne a soma dos valores e propósitos da individualidade arregimentados no tempo, síntese dos potenciais registrados nos milênios vividos e pronto a ser acionado no momento das grandes decisões da criatura. Sob o comando crístico e ao amparo do Criador, eclode no palco terreno a oportunidade da ação e do testemunho, para que o pão da vida já ingerido possa ser metabolizado e distribuído em essência a todas as áreas que compõem o corpo, ou seja, nosso ser e seu raio de influência, com os valores substanciais do Amor. Para tanto, a capacidade de doação sugere renúncia e mesmo abnegação, avocando o sacrifício do fruto da vida que, imolando-se, cede lugar ao substrato, ao vinho oferecido por Jesus em alusão às mais expressivas manifestações do Espírito em comunhão com Deus.

"E TODOS BEBERAM DELE." – Cada um assimila na medida de seus recursos. Todos somos convocados à dinâmica do exemplo. Estaremos ingerindo o cálice toda vez que nos dispusermos ao trabalho em nome d'Ele, pondo em prática os ensinos de Seu Evangelho, colhidos como abençoadas parcelas do pão da vida.

142

TESTEMUNHO E RENOVAÇÃO

Mc. 14:24

"E disse-lhes: Isto é o meu sangue, o sangue do Novo Testamento, que por muitos é derramado."

"E DISSE-LHES: ISTO É O MEU SANGUE, O SANGUE DO NOVO TESTAMENTO," – O empenho determinado de reeducar-se confere vida ao ensinamento e ao espírito que exemplifica. Se a religião do Velho Testamento era exterior, escrava de ritos e de tradições, a do Novo Testamento é interior, com base exclusiva na exemplificação, conferindo vida a cada atitude, a cada gesto, a cada ato.

Reafirmando o papel que o sangue desempenha na distribuição dos recursos apropriados no processo metabólico, este elemento, a que se refere Jesus ao tomar o cálice, é a consubstanciação de seus ensinos, quando laborados no dia a dia. Assim como o vinho surge a partir da dilaceração ou maceração do fruto que o contém, o Novo Testamento, como mensagem viva, dinamizada por pensamentos, palavras e ações, é a essência do Amor que só se manifesta quando nos capacitarmos ao sacrifício, à renúncia e à compreensão, na eleição de uma nova postura de vida.

"QUE POR MUITOS É DERRAMADO." – Muitos e não por todos, porque sempre há alguns, para os quais, por força da evolução, a mensagem de Jesus ainda não tem significação. Esses muitos irão aumentando progressivamente, até que um dia haja um só rebanho e um só pastor.

143

VIVÊNCIA

Mc. 14:25

"Em verdade vos digo que não beberei mais do fruto da vida, até aquele dia em que o beber de novo no Reino de Deus."

"EM VERDADE VOS DIGO QUE NÃO BEBEREI MAIS DO FRUTO DA VIDA," – Sempre que conscientes das responsabilidades que nos competem, e, conduzindo cada ação com senso de equilíbrio, estaremos mantendo a visualização plena da existência futura. Nesse aspecto, Jesus, didaticamente, se identificava com as carências do físico, convivia com o grupo de encarnados, com ele comia e bebia na sustentação do vínculo, sem o que não teria transmitido a Sua mensagem. Sabia que era a última ceia; no entanto, antes que desesperar ou afligir-se, aponta aos circunstantes o novo campo e os novos valores inerentes à vida Espiritual.

"ATÉ AQUELE DIA EM QUE O BEBER NOVO" – A primeira ceia foi material, exterior, trazendo precioso ensinamento quanto ao seu significado espiritual. A partir de então, era mister que se aguardasse o tempo e a evolução, possível de ser conquistada pela aplicação prática dos postulados assimilados. Só então, dentro de um desenvolvimento natural, implícito na Lei de Causa e Efeito, alcançaria o grupo o crescimento decorrente do aprendizado e dos testemunhos, habilitando-se a um plano de ressonância vibratória maior com o próprio Cristo. É nesse patamar que circula toda a essência do Amor, alimento das almas, reportado por Ele em cada passo daquele evento inesquecível. Pelo melhor ajuste das expressões vibratórias com o Bem Maior, abrem-se as válvulas de ressonância natural "Mestre e discípulo", garantindo o momento de concretização da grata promessa: "Até aquele dia em que o beber novo no Reino de Deus".

"NO REINO DE DEUS." – Jesus, como Mestre, se valia de um acontecimento tradicional para transmitir as orientações indispensáveis ao trabalho renovador. Naquela oportunidade, associava Ele o pão e o vinho ao processo de semeadura, colheita e utilização dos valores inerentes ao Espírito.

O discípulo aprendia a lição. Com essa orientação, estava dotado dos instrumentos para as grandes tarefas projetadas.

O tempo é precioso elemento e apresenta-se como bênção inestimável a todo aquele que se desvincula das faixas que o prendem aos interesses de retaguarda. Por sua adesão a uma nova vida em que o trabalho, em novas bases, passa a ser a tônica de seu cotidiano, não somente sabe aproveitá-lo, mas também acompanhar e aguardar a sua marcha inexorável.

É ele, o tempo, que traz as oportunidades e a concretização de ideais e esperanças a todos os seres no rumo da perfeição, quando, então, transferirá aos que entrarem "no Reino de Deus" os direitos da imortalidade e o usufruto da eternidade. Nessa hora, "a nova" oportunidade de identificação com o Cristo se fará continuadamente, em feliz dinâmica no coração daqueles que se libertam.

144

ELEVAÇÕES

Mc. 14:26

"E tendo cantado o hino, sairam para o Monte das Oliveiras."

"E, TENDO CANTADO O HINO" – Os hinos eram os salmos. Cada um para uma ocasião. Segundo alguns estudiosos, este hino entoado por Jesus e seus discípulos era o grandioso Haliel, compreendendo os Salmos 113 a 118. A beleza e a profundidade desses Salmos evidenciam bem aqueles momentos que precediam o imenso sacrifício a que Jesus se entregava em favor de toda Humanidade.

A união de vibrações, nesse caso, proporciona não apenas segurança no Poder Divino, mas confiança e força para a empreitada a ser levada a efeito.

"SAIRAM PARA O MONTE DAS OLIVEIRAS." – A leste de Jerusalém, pouco mais de um quilômetro, cem metros acima do Templo, separado da cidade pelo vale do Cedrom. Dista de Jerusalém tanto como a jornada de um sábado (At. 1:12). 'Jornada de um sábado' era a distância que um judeu podia andar nesse dia da semana, equivalente à do tabernáculo à última tenda, quando acampados no deserto. No sábado, havia muitas restrições.

O Evangelho registra elevações geográficas, tais como Monte das Oliveiras, Tabor, Calvário. Espiritualmente considerados, representam pontos culminantes da individualidade, de onde podemos alçar voos de libertação, ou, na falta de equilíbrio e de vigilância, precipitarmo-nos em despenhadeiros na forma de frustrações e desilusões.

Do Monte das Oliveiras, Jesus partia para a vitória; deixando, no próprio símbolo, a claridade para redenção de todo o Orbe. No fruto da oliveira encontra-se o combustível para a manutenção dessa claridade. E esse combustível é extraído, como no caso da uva, esmagando-se ou pisando-se o fruto. É a capacidade da criatura, em oferecer a si mesma, os ingredientes da paz e da felicidade em favor daqueles que a cercam.

É nessa atitude de auxílio e cooperação desinteressada que o Amor se faz presente em forma de luz, junto de corações aflitos, que por sua vez se destinam às aquisições mais evidentes na edificação que lhes cabe atingir.

145

JÚBILO RENOVADO

Lc. 6:20

"E, levantando Ele os olhos para os seus discípulos, dizia: Bem-aventurados vós, os pobres, porque vosso é o Reino de Deus."

"E, LEVANTANDO ELE OS OLHOS PARA OS SEUS DISCÍPULOS," – Discípulo: aluno, aprendiz.

"Levantando os olhos" e dirigindo-os aos discípulos, Jesus define, mais uma vez, sua condição de Mestre que, no firme propósito de ensinar com amor, enfoca o objetivo e a base fundamentais de qualquer processo de aprendizagem no aluno.

Essa atitude nos deixa entrever a tônica da humildade, quando Jesus adequava todo o seu poder e autoridade aos potenciais daqueles que O ouviam, sem perder de vista, na postura de erguimento dos olhos, a fonte inesgotável dos suprimentos superiores.

"DIZIA" – Sempre que Jesus dizia algo, transmitia uma mensagem, dava uma lição. Nada de palavras vãs, dispensáveis.

Matriculados na escola espírita, onde vasta é a extensão de conhecimentos que vêm nos iluminando, formamos uma mentalidade mais gratificante.

A incorporação desses recursos vem tocando a alma de muitos desesperançados e tristes que, de ânimo alevantado, descobrem ângulos de júbilo renovado, num despertar diferente, fundamentado na consciência da imortalidade e na certeza do amparo que sempre se faz presente.

A permanência nesse patamar e o encaminhamento para as metas concretas da felicidade dependerão, no entanto, daquilo que temos exteriorizado na forma de base de um novo sistema de vida.

Ouvindo, planejamos; dizendo, edificamos. A orientação de Jesus vem chegando a cada um por sua disposição de ouvir o que Ele diz.

E cada qual atinge o degrau de segurança quando adquire a capacidade de "falar" a linguagem do Amor que o sustenta e o enriquece a cada momento.

"BEM-AVENTURADOS VÓS, OS POBRES," – Pelo fato de a pessoa ser carente, não significa que seja bem-aventurada. Na assertiva em exame, "pobre" é aquele que, pelo auto-exame, conhece a sua condição de necessitado. A situação daquele que está empenhado em aprender mais, compreender mais, realizar mais. Que vive um clima de permanente "vir a ser", espiritualmente falando, para melhor servir.

"PORQUE VOSSO É O REINO DE DEUS." – O Reino de Deus não vem com aparência exterior. Está dentro de nós. Ora, se nos considerarmos sempre em regime de crescimento, em aprendizado, jamais nos decepcionaremos conosco mesmos. Quando inteirados das nossas limitações, não nos hipervalorizaremos. Fazendo o que podemos, e como podemos, continuaremos com a paz no coração, e isto é o estado de alma feliz, de que nos fala Jesus.

146

CARÊNCIA

Lc. 6:21

"Bem-aventurados vós, que agora tendes fome, porque sereis fartos. Bem-aventurados vós, que agora chorais, porque haveis de rir."

"BEM-AVENTURADOS VÓS QUE AGORA" – Enfim, estamos nos despertando para o que é verdadeiramente importante. Para quem sintoniza Jesus, o "hoje", o "agora" é o momento mais auspicioso, em termos de aproveitamento da experiência. Assim como, em prece, nos é sugerido pedir o "pão nosso de cada dia", o Messias nos orienta quanto à valorização do "agora" como sendo a importante dádiva do Criador para as mais felizes vitórias. Ao aprendiz que já sabe discernir, o minuto que passa oportuniza, no âmbito da eternidade, a ação segura no Bem ou a captação dos valores para ampliação das possibilidades de trabalho.

Tanto o "hoje", como o "agora" assumem capital importância, que cresce à medida que, avocando as experiências do ontem, sabemos vivenciá-lo, sem perda das perspectivas do grande porvir.

"TENDES FOME" – No sentido moral, podemos identificar aqueles elementos que ainda nos faltam à estruturação da personalidade, em bases cristãs a que nos propomos, até nos condicionarmos para adquiri-los. É a fome de solidariedade, de amizade, de humildade, de colaboração, de justiça, de amor.

"PORQUE SEREIS FARTOS." – Da luta incessante no rumo do objetivo maior, mantida pela carência detectada, abrem-se gradativamente os celeiros mantenedores dos mais significativos momentos de paz e de equilíbrio. A partir de então, o coração suprido do conhecimento e da fé propõe novas estratégias de realização. Trabalho e cooperação perseverantes emergem de dentro, em nova dimensão de vida, para além dos horizontes que ainda limitam a nossa visão.

"BEM-AVENTURADOS VÓS, QUE AGORA CHORAIS" – Chorar é fato que reflete o sofrimento, a dor, normalmente em razão da Lei de Causa e Efeito, a distribuir a cada um segundo as suas obras, embora possamos ter o pranto decorrente de outras posições da alma.

No texto em estudo, concluímos como bem-aventurado aquele que, em meio às lágrimas e consciente de que está ressarcindo seus débitos, vê, por entre as dificuldades presentes, os lampejos da esperança em dias mais felizes.

Os que hoje deploram as quedas estão se preparando, se fortalecendo para não mais cometê-las.

Dimensionando o papel das lágrimas, segundo as razões que as precipitam, sem mágoas, sem espírito de marginalização pessoal, estaremos não só ampliando os limites para uma ótica mais límpida, mas também projetando posições novas que poderão assegurar instantes de sorriso e de bem-estar.

A sabedoria do Mestre aponta "o chorar" como fator capaz de gerar a alegria. As lágrimas vertidas sem as vibrações do ódio lavam não apenas os olhos físicos. Derramam-se vibratoriamente terreno a dentro da alma, escoimando-a de ressentimentos e tristezas. Nos fundamentos da fé em Deus, acabam por clarear a visão interior, na sublime edificação e na instauração de um tempo melhor.

"PORQUE HAVEIS DE RIR." – Contentamento decorrente das próprias vitórias. Os êxitos, principalmente os espirituais, promovem justos sorrisos. À tristeza de agora, se não houver revolta, desespero, ausência de fé, sucederá a alegria. Não consideremos isso, porém, só com relação à vida futura, no plano espiritual. A todo instante, já que o Espírito é imortal, a existência, na Terra ou nas esferas espirituais, assegura, em nome da Misericórdia e na pauta da semeadura de cada um, momentos risonhos, mesmo que estejamos, ainda, vinculados a faixas de testemunhos imprescindíveis à sua progressão.

147

SEPARAÇÃO

Lc. 6:22

"Bem-aventurados sereis quando os homens vos aborrecerem e quando vos separarem, e vos injuriarem, e rejeitarem o vosso nome como mau, por causa do Filho do Homem."

"BEM-AVENTURADOS SEREIS" – A época foi exposta em termos futuros, pois, só à medida em que tomamos conhecimento de uma instrução e a sentimos, é que passamos a experimentar os seus resultados. No caso, Jesus está indicando uma consequência feliz para todos quantos adotem a diretriz que Ele aponta.

"QUANDO OS HOMENS" – Muitas vezes ficamos admirados com as diversidades e divisões existentes entre os homens. Tal fato, entretanto, se explica à luz da Lei de Evolução. Sendo a vida compreendida por cada um à sua maneira, é natural que haja disparidade e mesmo divergência no modo de agir e reagir, porque, dispondo de livre-arbítrio, cada qual o utiliza a seu modo. Então, diante de conceitos que se diferenciam, o Cristianismo, que apresenta, entre outras coisas, o perdão das ofensas, a renúncia, o Amor aos inimigos, pode ser encarado como doutrina estranha aos interesses de muitos de Seus perseguidores também. E é natural que estes, mais sintonizados com o pensamento do Cristo, sejam, por isso mesmo, alvo das reações negativas dos que não encaram a vida de igual maneira.

"VOS ABORRECEREM" – Aborrecer: causar tédio, desgosto. Vemos aí a gama de problemas que poderão criar dificuldades, obstáculos e sofrimentos para quem busca empreender a marcha do conhecimento, sob a égide do Cristo. Tais problemas podem assumir vários aspectos, da maledicência à perseguição; da indiferença ao desafio. No entanto, não devemos nunca nos preocupar na neutralização desses problemas, contra seu agente. Não é de bom alvitre, nem lícito combater-se pessoas, mas o fato em si. Porque o que nos pode causar aborrecimento não é o maldoso, mas a maldade, não é o mentiroso, mas a mentira, não é o viciado, mas o vício...

A questão é saber enfrentar tudo com a paz presente, para que não se perca o estado de bem-aventurança. Deve alimentar a nossa atitude a certeza de que, todos, um dia, como filhos de Deus, hão de transformar-se.

"E QUANDO VOS SEPARAREM," – Colocar à margem, manter à parte, não dispensar consideração, congelar, o que se pode dar com a pessoa, com a mensagem por ela veiculada, ou com ambos.

O conhecimento dos ensinos de Jesus nos alerta para este fato. Necessário se faz saibamos discernir as produções pessoais, ideias, conceitos, do ser que os transmite, para que não venhamos, por irreflexão, a direcionar qualquer tipo de reação contra quem quer que seja, na criação de novas causas de sofrimento para o porvir. De outro modo, cabe-nos examinar a essência de cada comunicação porque, nem sempre, o seu portador é fiel na sua transmissão. Por falta desse discernimento, temos, no decorrer dos séculos, levado muitos a sofrer e, paralelamente, marginalizado ou rejeitado muitas preciosidades em termos de conteúdo, pela alimentação da vaidade e do endurecimento na assimilação das verdades emergentes. Enquanto nos desprezam é uma coisa, mas, quando o fazem com a mensagem, a situação assume novas proporções. A isso, o Mestre se referiu assim: "E tu Cafarnaum, que te ergues até aos céus, serás abatida até aos infernos; porque, se em Sodoma tivessem sido feitos os prodígios que em ti se operaram, teria ela permanecido até hoje. Porém, eu vos digo que haverá menos rigor para os de Sodoma, no dia do juízo, do que para ti." (MT.11:23 e 24)

Preciso, também, ter em conta que todos estamos sujeitos aos eventos da aproximação e da separação.

Vincular e desvincular são fatos inerentes ao complexo evolutivo. Isto se dá através de transferência de trabalho, de cidades, de planos (reencarnação-desencarnação), de grupos, sempre com vistas à ampliação da capacidade auto-afirmativa, diante de Deus e perante o próximo, com que angariamos, gradativamente, novos caracteres para o progresso da alma.

"E VOS INJURIAREM," – Injuriar é ofender, insultar, difamar. Precisamos nos conscientizar de que constitui valiosa oportunidade o sermos injuriados por nos esforçarmos por sermos cristãos, aderindo com determinação aos ensinamentos de Jesus, pois implica isso na exemplificação de Suas lições, única maneira de nos tornarmos melhores, aproveitando bem a reencarnação. A virtude compreende, suporta e desculpa as ofensas.

De outro lado, é fácil depreender que a presença de quem cultiva um modo de vida responsável, cristão, perturba a todos quantos ainda não atingiram um sistema mais equilibrado, consonante com os ditames do Evangelho.

"E REJEITAREM O VOSSO NOME" – Rejeitar refere-se a desprezar, repelir, afastar, não admitir. Rejeitar o nome é colocá-lo à parte.

Marginalizar a pessoa e a sua lembrança porque, com sua adesão a padrões renovados, vem se tornando diferente, pondo em risco os valores vigentes no ambiente ou no grupo. Trata-se de um reflexo de alguma coisa que, naturalmente, estará ocorrendo com todo aquele que, identificando uma nova forma de vida, e buscando-a, passa automaticamente a criar uma nova personalidade, "rejeitando" suas antigas conceituações. "...E vivo, não mais eu, mas Cristo vive em mim." (Gal. 2:20)

"COMO MAU," – No conceito do homem vulgar, só é bom o que ou quem corresponde ao que ele é e aos seus anseios. Alguém é bom quando pauta sua vida pelas diretrizes de quem ele assim o considera, e se dispõe a seguir suas pegadas.

Com o cristão está em processo de libertação, deve procurar ser autêntico, não diferente, coerente com aquilo que pode recolher dos exemplos de Jesus, independentemente do que pensam os circunstantes.

Quando os ditames da consciência conseguem direcionar o sistema de vida, nem sempre o seu modo de ser pode atender às aspirações e conceitos daqueles que integram o seu ambiente. Segundo o seu grau de sensibilidade e percepção, de seu modo de ser podem surgir diversas situações ou atitudes, a gerarem as mais variadas impressões da parte de quem o observe.

Quando as mudanças de comportamento se tornam mais nítidas, ostensivas, sob a inspiração do Alto, podem mesmo atingir, sob a tutela da maldade ou da ignorância, manifestas ou veladas atitudes de rejeição, em decorrência dos mecanismos de resitência a toda ideia nova.

"POR CAUSA DO FILHO DO HOMEM –" Com a disposição de pôr em prática os ensinamentos de Jesus, é perfeitamente normal o surgimento de muitos testemunhos. Tal situação, contudo, só deve ser motivo de alegria, uma vez que expressa o propósito de definição no Bem maior. Nesse empenho está em pauta, como causa, Jesus, o Mestre, ou a nova personalidade em processo de elaboração, no íntimo do aprendiz. E quando alguém consegue perseguir plenamente a meta delineada, laborando o aparecimento do "Filho do Homem", através das mudanças de pensamento e comportamento, encaminha-se para novos campos de evolução, passando a viver numa dimensão superior, desvinculando-se da esteira das reencarnações expiatórias, pelo ajuste em outra faixa de vibrações.

148

RECONFORTO

Lc. 6:23

"Folgai nesse dia, e exultai; porque, eis que é grande o vosso galardão no Céu, pois assim faziam os seus pais aos profetas."

"FOLGAI NESSE DIA," – Alegrar, experimentar grande alegria, pelo fato de passar pelas dificuldades com equilíbrio e sem se envolver, sem se comprometer, desonerando-se dos fatos que sobrecarregavam, pesava ao Espírito em seu testemunho.

"Nesse dia", já que tudo tem hora, mais cedo ou mais tarde, tão logo cessem os impositivos originários da Lei transgredida, da experiência vivida, na busca de afirmação em novos propósitos com o Cristo.

"E EXULTAI;" – Regozijai. Exultar é um júbilo que se manifesta intensamente, em profunda euforia, dentro de cada qual, a envolvê-lo todo, em transportes de bem-estar, resultante da vitória que se concretiza.

O Evangelho é uma mensagem que trabalha com a semente. O fruto é sempre o resultado.

Apegados ao conceito de felicidade que o mundo apresenta, costumamos permanecer presos a concepções relativas de júbilos, de características transitórias, que acabam obnubilando a visão ante as verdadeiras e insuperáveis manifestações de regozijo espiritual.

Ainda envolvida no casulo vigoroso da fé e da esperança, a felicidade real já se esboça em atitudes pessoais que, em determinados momentos, somos capazes de adotar, no âmbito da solidariedade, para além dos interesses pessoais. Em tais momentos nos é possível penetrar nas suaves vibrações de harmonia, de onde nos é permitido compreender, pelo menos em parcela, o "exultai" de que nos fala Jesus.

"PORQUE, EIS QUE É GRANDE O VOSSO GALARDÃO NO CÉU," – O Mestre vai passar à exposição do motivo, esclarecendo "porque" tal fato se expressa. O "galardão", prêmio, recompensa, que se reserva "no céu", ou seja, nas profundidades do Espírito. Uma vez identificada com os ideais de libertação, e conseguindo lançar-se nos terrenos da realização, aciona a criatura as válvulas de captação das manifestações da misericórdia de Deus, presentes no Universo e à disposição de todos aqueles que buscam apreendê-las.

"POIS ASSIM FAZIAM OS SEUS PAIS" – Procediam de igual modo: tinham reações semelhantes, em face de idéias novas, comportamentos semelhantes. "Seus pais", não genitores. Não só ancestrais ou antepassados, os quais podem ser os mesmos espíritos. Ontem perseguindo, injuriando, rejeitando; hoje, buscando converter-se ao Evangelho, submetidos à mesma prova. É para se folgar e exultar, já que se trata de uma quitação, com a consequente libertação.

"AOS PROFETAS." – Os profetas de Israel eram arautos da verdade, pregando o Deus único e a necessidade de se observar os mandamentos. Geralmente, eram portadores de ostensivas faculdades mediúnicas. Durante sua vida conheceram altos e baixos, ora consagrados pelas autoridades e o povo, ora por eles perseguidos, maltratados e até sacrificados.

Dentro da Lei de Causa e Efeito, os perseguidores do passado podem ser os perseguidos do presente. Este postulado legal encontra-se bem claro no Evangelho: "Então Jesus disse-lhe (a Pedro): "Mete no seu lugar a tua espada; porque todos os que lançarem mão da espada à espada morrerão" (Mt. 26:52).

149

RIQUEZA

Lc. 6:24

"Mas ai de vós, ricos! Porque já tendes a vossa consolação."

"MAS AI DE VÓS, RICOS!" – A riqueza em si não é boa nem má. Neutra, se tornará boa ou má, de acordo com o uso que fizermos dela. No caso, Jesus parece advertir os ricos materialistas, que fazem dos bens, de que são mordomos e administradores temporários, a razão de sua vida e de suas alegrias, com esquecimento do cultivo dos bens espirituais. Quem assim procede e tudo coloca na dimensão apenas da vida física, tão passageira, é, de fato, um necessitado, digno de compaixão.

Sob o enfoque espiritual, podemos destacar o posicionamento da criatura que, pobre ou rica no sentido material, alimenta a ideia de já estar plenamente abastecida dos recursos educativos, dispensando, em virtude desse falso posicionamento, toda e qualquer indicativa que vise a continuidade de seu crescimento.

"PORQUE JÁ TENDES A VOSSA CONSOLAÇÃO." – Não é difícil perceber a falta de visão dos que agem exclusivamente em função dos interesses imediatistas. A consolação reside no fato de procurarem tirar o máximo da vida terrena, quando, ao contrário, o reconforto interior é resultante do máximo que pudermos oferecer à vida. Se já não sofrem – na ilusão em que vivem – virão a sofrer mais tarde, quando visitados pela dor ou pela percepção de que se aproxima o momento de se desprenderem das posições que ostentam, vendo-se na contigência de tudo abandonar, pois nada podem levar consigo. Os desequilíbrios, pois, já se manifestam nesta existência, podendo acompanhar o ser para além do plano físico, quando se conscientiza de que poderia ter vivido de modo diferente, sendo mais útil ao próximo e a si mesmo.

150
ADVERTÊNCIAS

Lc. 6:25

"Ai de vós, os que estais fartos, porque tereis fome. Ai de vós, os que agora rides, porque vos lamentareis e chorareis."

"AI DE VÓS, OS QUE ESTAIS FARTOS, PORQUE TEREIS FOME" – Quem tudo tem agora, e não lhe dá valor, precisa tudo perder, para valorizar. Por nos encontrarmos num mundo de provas e expiações, só apreciamos muita coisa depois que a perdemos.

E o problema não é do mundo, porém nosso mesmo, consequência das imperfeições. Muitos somente dão valor à saúde do corpo físico, quando se encontram enfermos; ao emprego, quando o perdem...

Espiritualmente concebida a afirmativa, será sempre lamentável para alguém admitir-se farto, com seu celeiro repleto, uma vez que perceberá, no devido tempo, que, por julgar possuir, deixou de conquistar padrões de sustentação de seu espírito. Infeliz, constatará que tudo o que arregimentou pouco ou nada significa diante dos reservatórios inesgotáveis do Plano Maior.

"AI DE VÓS, OS QUE AGORA RIDES," – Rir não é o problema. Precisamos, contudo, ver quando, como e porque rimos. Se o fazemos em face de acontecimentos menos felizes, por sarcasmo, ou, inebriados pelas facilidades de uma existência temporal, que por sua vez é passageira, amanhã seremos convocados à realidade. Por isso, novamente, a assertiva, concitando-nos à avaliação de nosso modo de ser, na valorização e assimilação dos fatores capazes de gerarem a alegria espontânea e cristã.

"PORQUE VOS LAMENTAREIS E CHORAREIS." – Mais cedo ou mais tarde, a vida nos responde segundo a natureza da semeadura, quando, então, lamentaremos ou nos regozijaremos de acordo com o procedimento adotado. Se temos o livre-arbítrio, é natural que a Lei de Causa e Efeito atue sobre nós.

Na lamentação há como que uma auto-punição. Chorando, deplorando, já existe o desejo de nova experiência, de nova oportunidade, com o propósito de acertar.

Em face dos conhecimentos que nos visitam na atualidade, sugerindo a firme adesão a um sistema reeducativo e operacional no Bem, seremos amplamente felizes se, em meio às decepções que nos atingem, soubermos identificar os caminhos mais seguros de soluções, no reencontro da harmonia de que carecemos.

Realizar sempre um exame de consciência é providência útil, para vermos como temos vivido e, se necessário, passarmos a viver de modo a não termos do que nos lamentar.

151
SELEÇÃO

Lc. 6:43

"Porque não há boa árvore que dê mal fruto,
nem má árvore que dê bom fruto".

"PORQUE NÃO HÁ BOA ÁRVORE QUE DÊ MAU FRUTO, NEM MÁ ÁRVORE QUE DÊ BOM FRUTO." – Assim como a árvore é sustentada por Leis que regem o reino vegetal, todos nós, seres em evolução, guindados à razão, somos garantidos por Leis específicas que nos asseguram a faculdade de existir, como seres imortais. Contamos também com recursos inestimáveis, a fim de oferecermos à vida a cota de participação, doando caracteres de auxílio no grande edifício da criação, tanto quanto a "árvore" pode e deve produzir na pauta de sua espécie e qualificação. Realmente, cada uma produz de conformidade com seu gênero e qualidade. Se ela é boa, podemos e devemos esperar bons frutos. E não se pretende que uma árvore má nos reserve bons frutos.

Destinando-se o ensinamento de Jesus mais diretamente ao Espírito, a colocação apresenta sentido mais profundo. A árvore, como doadora de frutos, de oxigênio, de sombra, é o símbolo inequívoco do Espírito em sua caminhada. O que dimana dele em pensamentos, palavras e obras são os frutos, cuja qualificação estará sempre relacionada ao sentimento e às propostas que cultiva na intimidade da vida mental.

152

PRODUÇÃO

Lc. 6:44

"Porque cada árvore se conhece pelo seu próprio fruto; pois não se colhem figos dos espinheiros, nem se vindimam uvas dos abrolhos."

"PORQUE CADA ÁRVORE SE CONHECE PELO SEU PRÓPRIO FRUTO;" – Assim como cada árvore tem suas características, cada espírito possui valores que se vão aperfeiçoando sempre e gradativamente. Devemos admitir, porém, que, havendo boa vontade e perseverança, o processo tende a ser dinamizado, agilizado.

A boa árvore é sempre um repositório de valores positivos. Forçoso reconhecer que a criatura põe à mostra o que é, quando reage, do que quando age, porque a reação é espontânea, foge a toda e qualquer planificação.

"POIS NÃO SE COLHEM FIGOS DOS ESPINHEIROS," – Jesus se referia muito à figueira e à parreira. Ambas dão frutos com uma particularidade: sem florescer. E oportuno é reconhecer que as flores, sempre belas, úteis com seu aroma e essência, a evidenciarem a sabedoria e a perfeição da Divindade, podem, em última análise, não passar de simples ornamento, principalmente, diante da presença do fruto que, por alimentar, prepondera no plano das opções. Ante a necessidade de atendimento da fome física ou espiritual, necessário discernir entre o essencial e o acessório; nesse caso, o enfeite torna-se dispensável. Espiritualmente compreendido, pode expressar simples componente exterior sem qualquer perspectiva de mudança estrutural da criatura. Com isso, aprendemos que os espíritos devem "crescer" e frutificar, sem fornecer clima para ilusões nem se deter nelas.

O figo é um alimento fornecido pela figueira. Ótimo já termos atingido a condição de "espíritos-figueiras", capazes de produzir algo que sustenta. Nessa altura, já temos responsabilidade, tanto que o Mestre advertiu a figueira estéril: "Nunca mais coma alguém fruto de ti." (Mc 11:14).

Certos disso, devemos lembrar que não apenas existem "figueiras infrutíferas", mas, também, "espíritos-espinheiros" que, além de não produzirem, constituem verdadeiro martírio para aqueles que convivem em seu campo de ação.

"NEM SE VINDIMAM UVAS DOS ABROLHOS."– Não se podem colher uvas dos abrolhos, que são plantas rasteiras e espinhosas. Apesar de sua função no processo evolutivo, o abrolho não ocupará o lugar da videira, planta de produção peculiar, a nos indicar, simbolicamente, toda a mecânica da renovação do Espírito com Jesus. Todos nós, que ainda nos fixamos como espinheiros, somos convocados às mudanc;as de essência para que, transformando-nos em videiras na vinha do Senhor, capacitemo-nos à prática do Bem, com Ele, que nos afirma: "Eu sou a videira verdadeira, e meu Pai é o lavrador. Toda a vara em mim, que não dá fruto, a tira; e limpa toda aquela que dá fruto, para que dê mais fruto." (Jo. 15:1 e 2)

153

TESOURO

Lc. 6:45

"O homem bom, do bom tesouro do seu coração tira o Bem, e o homem mau, do mau tesouro do seu coração tira o Mal, porque da abundância do seu coração fala a boca."

"O HOMEM BOM, DO BOM TESOURO DO SEU CORAÇÃO TIRA O BEM" –Tudo depende do sentimento. O sentimento é que dá cor e perfume às exteriorizações do homem. Falamos de "sentimento", não de sentimentalismo, que é o sentimento desequilibrado, fruto das imperfeições. Vejamos posturas que podemos assumir:

— quando "só razão" diante do sofrimento, dizemos simplesmente e de forma acertada: Lei de Causa e Efeito;

— quando apenas sentimentalistas, reconhecemos a Lei de Causa e Efeito e entramos na lamentação, que nada constrói;

— quando de sentimento equilibrado, admitimos a Lei de Causa e Efeito, diligenciando: o que se pode fazer para minimizar os problemas do companheiro? E, identificados os recursos, partimos para a ação.

"E O HOMEM MAU, DO MAU TESOURO DO SEU CORAÇÃO TIRA O MAL" – É a mesma Lei. Cada um dá do que tem. Daí a necessidade de nos esforçarmos no sentido de burilarmos o sentimento.

Em qualquer empreendimento, bom investigar o seu motivo. Participando de uma atividade, devemos questionar o interesse que nos move. O coração, como reservatório de experiências colhidas e repetidas no tempo e no espaço, possui valores de utilidade atual, outros de gradação relativa e outros já totalmente superados.

A qualidade dessa reserva, que é o nosso tesouro, é definida capacidade de discernimento de cada um. Assim como a criatura menos feliz, presa a interesses imediatistas, desequilíbrios, crimes ou viciações, retira do mau tesouro os instrumentos capazes de lhe assegurarem a continuidade de seus desmandos, aquela que polariza a sua vida com os postulados de Jesus, em nível de Amor, busca, no acervo de seu coração, o que há de mais precioso para expansão de seus propósitos de redenção.

"PORQUE DA ABUNDÂNCIA DO SEU CORAÇÃO FALA A BOCA." – A todo momento, em cada acontecimento externamos, por lei natural, o que temos intimamente. O que sentimos reflete-se sempre, dando vibrações, colorido e forma, aos fatos de que participamos, por pensamentos, palavras, gestos, atitudes, ações que podem ser registrados por encarnados ou desencarnados.

Isso é tão importante que Jesus, no templo de Jerusalém, se detinha na observação não do "que", mas do "como" no comportamento das criaturas: "E estando Jesus assentado defronte da arca do tesouro, observava a maneira como a multidão lançava o dinheiro na arca do tesouro..." (Mc. 12:41).

Examinemos como temos agido e peçamos a Deus forças para irmos modificando o modo de sentir para, em crescente ação reeducativa, nos identificarmos com a Doutrina do Senhor, que é o Guia e Modelo para a Humanidade.

154

AUTO-ILUMINAÇÃO

Lc. 8:16

"E ninguém, acendendo uma candeia, a cobre com algum vaso, ou a põe debaixo da cama; mas põe-na no velador, para que os que entram vejam a luz."

"E NINGUÉM," – Sem exceção; não importa o que, quando e onde.

"ACENDENDO" – Tempo de verbo definindo um eterno presente, tal qual o processo de evolução das criaturas. Para a candeia ser acesa, necessita de combustível e pavio. E ambos se gastam. Lembra a busca, o trabalho e a perseverança imperiosos, a aquisição, a manutenção e o desenvolvimento de todo conhecimento ou experiência. Quem acende uma candeia ou qualquer fonte de iluminação é o primeiro a beneficiar-se. A luz expressa o conhecimento, a fé esclarecida, que, por sua vez, pode variar de intensidade. O sábio pode iluminar o mundo com os seus conhecimentos; o santo, com as suas virtudes. Devemos igualmente, pelo estudo e pelo trabalho, fazer luz interior, para iluminar as trevas do erro que aí se encontram.

"UMA CANDEIA" Era a lâmpada daquela época. Todavia, mudaram os processos de iluminação. Espiritualmente, este progresso nos recorda o fato de não podermos parar, de darmos por satisfeito, como realizado, o conhecimento satisfatório de ontem, que hoje pode se encontrar totalmente superado. Imaginemos se tivéssemos de dirigir um carro moderno, numa estrada, à noite, dispondo apenas da luz de uma candeia. No entanto, o desenvolvimento das técnicas nos trouxe os potentes faróis da atualidade.

Empenhemo-nos em acender a candeia, sabendo, por um lado, respeitar quem tem pouca luz, e, também, ver na luz maior dos outros a oportunidade de avaliar nossas limitações, em todos os campos da aprendizagem.

"A COBRE" – Cobrir é por aguma coisa por cima, velar. Em se tratando da luz, revela egoísmo altamente prejudicial a nós e ao próximo. Prejuízo pessoal pela falta de claridade que a nós mesmos impomos, no cultivo dos interesses egoísticos, pela falta de legitimidade na busca dos novos padrões do Espírito, que se abrem à percepção. E, quando imersos no casulo da insensibilidade, impedimos, também ao outros, a identificação das suas possibilidades imprescindíveis à dinamização de seus potenciais superiores.

"COM ALGUM VASO," – Acender uma luz para em seguida cobri-la é contra-senso. Por ausência de oxigênio, ela corre o risco de se apagar. Conhecimento que não circula fica fora de moda; não cresce com os juros e correção monetária das trocas de ideias. O evangelista Marcos não se refere a "vaso" mas escreve: "debaixo do alqueire" (Mc. 4:21).

"Alqueire" – medida de capacidade – 9 litros. Medida lembra cálculo. É o homem-computador de nossa época, que, quando dissociado dos interesses espirituais, só se move, só faz algo por interesse pessoal, colocando seu conhecimento e experiência a serviço exclusivo das operações egoísticas.

Cobrir a luz "com algum vaso", é permitir que criações imediatistas venham a envolver as mensagens de Amor, por nós já assimiladas, impedindo que elas possam se refletir em favor de nosso equilíbrio e daqueles que aportam ao nosso campo de ação.

"OU A PÕE DEBAIXO DA CAMA;" – É insensatez acender uma candeia, um foco de luz e colocá-lo debaixo da cama. Muitos, contudo, o fazem, pondo sua fé e seu conhecimento a serviço do próprio comodismo. Se o do cálculo quase sempre pensa em vantagens monetárias, o da cama só se importa com o bem-estar. Exemplificando: se o primeiro "vende" a mediunidade, este gosta das festas, das atenções, das gentilezas, dos agrados. A ambos será perguntado: o que fizeram do valioso talento do conhecimento?

"MAS PÕE-NA NO VELADOR" – Velador, suporte vertical de madeira, assentado numa base ou pé, terminando no alto, por um disco onde se põe um candeeiro ou uma vela. Quanto mais alta é colocação uma lâmpada, maior será o seu raio de ação. Conhecimento colocado no alto revela sua natureza superior, sob influência espiritual de igual nível. O velador é o lugar para se colocar a fonte de luz. A luz, quando fixa, revela o local em que nos encontramos; quando à frente e em movimento, guia. Conhecimento e experiência colocados a serviço da coletividade, de encarnados e desencarnados, é, sem sombra de dúvida, a luz sobre o velador.

"PARA QUE OS QUE ENTRAM VEJAM A LUZ." – Encontramo-nos, nós do plano físico, sob as limitações da reencarnação na Terra, ainda um mundo de provas e expiações. Diariamente, são muitos os espíritos que tomam um novo corpo de carne em busca da progressão espiritual. E nós, que tanto temos recebido do Plano Maior, não podemos furtar-lhes o ensejo de conhecer e experimentar o que já adquirimos. É dando que recebemos. Daquilo que lhes oferecermos é que teremos em troca. Toda a Humanidade está em evolução, num abençoado fluxo interativo. Eduquemos e receberemos de retorno reações educadas que nos cercam. Encarceremos o conhecimento e, fatalmente, teremos a reação da ignorância.

155

CONHECIMENTO

Lc. 8:17

"Porque não há coisa oculta que não haja de manifestar-se, nem escondida que não haja de saber-se e vir à luz."

"PORQUE NÃO HÁ COISA OCULTA QUE NÃO HAJA DE MANIFESTAR-SE," – O que está oculto, provisoriamente, assim permanece em decorrência da ignorância. Tanto é assim que Paulo escreveu: "Mas, quando se converterem ao Senhor, então o véu se tirará." (II Cor. 3:16). Nisso está a Justiça e a Misericórdia. É justo, porque ainda não temos capacidade. É misericordioso, porque um conhecimento ao alcance de alguém inabilitado pode trazer grandes problemas. Daí o registro "converterem ao Senhor", pois um sentimento reto, um coração voltado para o Bem, tudo utiliza de modo justo. "Não há coisa oculta que não haja de manifestar-se", será sempre a indicativa do processo evolutivo, de aquisições paulatinas e progressivas, bem como o fato de ter que vir à tona aquilo que a Lei venha a determinar, em sua dinâmica inestancável.

"NEM ESCONDIDA QUE NÃO HAJA DE SABER-SE E VIR À LUZ" – É da Lei, não há como esconder algo de todos por muito tempo. O que é verdade, mais cedo ou mais tarde se universaliza. Há situações e circunstâncias, encarnados e desencarnados para divulgá-la em todas as partes do mundo. Por outro lado, os espíritos podem penetrar na intimidade dos pensamentos. Com relação às pessoas, nós as conhecemos não só pelas ações, mas, principalmente, pelas reações, que são espontâneas, legítimas, reveladoras. A mente é como um livro aberto. Se pensássemos mais que assim é, isso muito influiria em nossa vida, levando-nos a evitar pensamentos e atos escusos que alimentamos, supondo que ninguém está vendo.

156

PATRIMÔNIO ESPIRITUAL

Lc. 8:18

"Vede, pois, como ouvis; porque a qualquer
que tiver lhe será dado, e a qualquer que
não tiver, até o que parece ter
lhe será tirado."

"VEDE, POIS, COMO OUVIS;" – Quando já conscientes, tudo o que chega à nossa faixa de assimilação passa a ser observado e examinado acuradamente, em razão das consequências, positivas ou negativas, que possam advir com base na Lei de Causa e Efeito. Oportuna e sábia a afirmativa do Mestre: "Vede, pois..." A advertência, recolhida com humildade, é sempre um instrumento de orientação e refreamento, no grande esforço de seleção de valores, com vistas ao crescimento espiritual. Canaliza o ensino do Evangelho, com o Seu magnetismo, recursos sutis capazes de nos auxiliarem no afastamento, e, mesmo rejeição do que não seja lícito ou bom, ao tempo em que nos fortalece, nos encoraja à adoção, na moldura do equilíbrio e da ponderação, de tudo quanto seja útil na empreitada de uma vivência feliz.

"PORQUE A QUALQUER" – A orientação de Jesus está à disposição de todo aquele que, pela utilização de seus recursos de seleção, se disponha a empreender a luta renovadora.

"QUE TIVER" – Precisamos avaliar o que temos e o que não temos. Temos o que se incorpora ao patrimônio espiritual. O que trazemos e levamos conosco, no regime das reencarnações: o Bem e o Mal; a inteligência e o conhecimento; as virtudes e os vícios; e assim por diante. E o que possuímos é propriedade intransferível. A mãe humilde, por exemplo, pode desejar transferir um pouco de sua humildade ao filho orgulhoso, todavia, não conseguirá isso, mecanicamente. Somente falando, aconselhando e vivenciando, poderá plasmar, no entendimento dele, o interesse em obter essa qualidade. É o legítimo trabalho do Amor. O que temos permanece conosco. O que detemos é provisório, temporário, sujeito a prestação de contas, pois, neste caso, não passamos de mordomos, de usufrutuários.

"LHE SERÁ DADO" – Quanto mais a criatura possui, mais facilidade experimenta em aumentar, multiplicar, espiritual ou materialmente falando. Há um ditado que diz: "As águas correm para o mar". Em matéria de idiomas, por exemplo, conhecendo alguns, mais facilidade se encontra para dominar outros. Uma vitória sobre uma tendência negativa, sobre uma tentação, nos dá forças e condições para atingir outras conquistas...

"E A QUALQUER QUE NÃO TIVER" – Se temos o que é espiritual, o que a nós se incorpora, tudo quanto está fora de nós, não temos. Adotando a auto-análise, providência indispensável ao processo reeducativo, não nos será difícil avaliar a extensão das sombras da ignorância que ainda nos envolvem. Tal fato nos induz ao constante propósito de aperfeiçoamento a que estamos convocados.

"ATÉ O QUE PARECE TER" – O verbo "parecer" lança luzes sobre a questão. O que "parece" não é real. É ilusão. É miragem. Produto da hipervalorização pessoal. Às vezes, julgamos possuir quando, efetivamente, não possuímos. Mesmo quanto às virtudes, isso normalmente ocorre. Quando agimos premeditadamente, podemos acertar, aparentando conhecimento, no entanto, quando reagimos, nem sempre dentro dos princípios adotados na ação, constatamos o espaço que medeia as conquistas efetivas das aparentes, evidenciando que apenas "parecemos ter" mas que, de fato, não possuímos. Não é sem razão que Jesus, de outra feita, nos alerta: "Vê, pois, que a luz que em ti há não sejam trevas" (Lc. 11:35)

"LHE SERÁ TIRADO". – Sim, porque, se na sua ignorância, alguém presume ser ou ter algo, na hora da aferição de valores se conscientizará da realidade ou, então, ao deixar a Terra, pelas portas da desencarnação, notará que lhe foi tirado tudo aquilo que julgava ser seu. Aliás, o próprio corpo físico que, para muitos, é propriedade sua, não passa de um bem valioso que detemos, transitoriamente, para progredir. Seguindo este raciocínio, com relação às coisas materiais, tudo quanto utilizamos não passa de empréstimo; não damos nada a ninguém, passamos adiante; ao desencarnar, nada deixamos, porque somos, sim, obrigados a devolver à vida aquilo que passava, transitoriamente, por nossas mãos.

157
LIVRE-ARBÍTRIO E RENOVAÇÃO

Lc. 9:23

"E dizia a todos: Se alguém quer vir após mim, negue-se a si mesmo, e tome cada dia a sua cruz, e siga-me."

"E DIZIA A TODOS:" – O ato de falar implica em muita responsabilidade, que cresce à medida que se ampliam os conhecimentos. Como Jesus, quando falamos, devemos dizer positivamente alguma coisa. As palavras estão sempre exteriorizando aquilo de que está repleto o coração.

No texto em estudo Ele "dizia a todos". Aceitá-Lo, porém, vai depender da decisão e do entendimento de cada um. Hoje, O ouvimos novamente tomando conhecimento do Evangelho. Cabe-nos, pois, a decisão pessoal de acolhê-lo, levando a Sua Mensagem à prática.

"SE ALGUÉM QUER" – Ele deseja que todos O sigam. Entretanto, respeita o livre-arbitrio e a evolução de cada qual. Nem por isso deixa de endereçar o convite, dando a entender que Ele não julga a posição de ninguém.

O convite é individual e todas as realizações espirituais, ainda que em grupo, apresentam ressonâncias individuais.

"VIR APÓS MIM" – Afeitos a ingerir convites irrefletidamente, as experiências nos têm reservado decepções, sofrimentos. Quase sempre temos visto, nesses chamamentos, oportunismos, atendimentos ao menor esforço e vantagens pessoais.

O convite de Jesus, porém, implica em testemunhos de lealdade na assimilação de seus ensinos e consequente distribuição das cotas de Amor que devemos à própria vida. O exame da Boa-Nova proporciona a todos nós a consciência da plena felicidade, que só atingimos na luta de redenção. Segui-lo, sim. Com Ele à frente, sabemos que estamos sendo bem direcionados, porque sabe providenciar o melhor para todos.

"NEGUE-SE A SI MESMO" – Renúncia à tudo aquilo que nos prende à retaguarda da inferioridade, a evidenciar o interesse pessoal.

Firmando-nos em Sua Mensagem de Luz, estaremos nos dispondo a aceitar seu convite voluntariamente. No entanto, uma vez matriculados em Sua escola, somos devedores dos tributos de fidelidade a seus princípios, de disciplina e esforço, capazes de nos proporcionarem o progresso e as etapas sucessivas, dentro do educandário a que nos ajustamos. À medida que se desenvolvem os novos valores, na proporção em que Ele penetra o coração, vai se afirmando em nós o homem novo que irá substituir, sem saudosismo, o homem velho.

Claras são as expressões de Paulo: "Assim que, se alguém está em Cristo, nova criatura é: as coisas velhas já passaram; eis que tudo se fez novo." (II Cor. 5:17).

"E TOME CADA DIA" – O imperativo é assumir a responsabilidade, espontaneamente. Hoje, amanhã e depois. Não somente num só dia, como se a vida fosse de um dia de acerto e de vários de desatinos. Evidencia-se aí o fato de que não devemos nos sobrecarregar com lembranças de um passado desagradável, nem, muito menos, nos afligir hoje com o que, representando dificuldade, possa ocorrer no futuro.

Quem vive corretamente cada momento, assumindo com amor as suas responsabilidades, vence aflições que nem chegam a se caracterizar e, sobrepujando a própria mecânica dos minutos que se sucedem, aprende a viver no Eterno.

"A SUA CRUZ," – Realmente, cada um tem a sua cruz. Devemos nos esforçar para entendermos e aceitarmos a nossa condição pessoal, e tudo se tornará menos pesado. Porque essa realidade expressa os propósitos de Deus a nosso respeito, segundo as sementes que lançamos na terra do destino e o plano de ação que Ele tem reservado para cada um dos seus filhos. E cada cruz se expressa nas obrigações, nos compromissos, nas limitações e fraquezas, nas responsabilidades que nos competem, na enfermidade, nas exigências do trabalho, num parente problema...

"E SIGA-ME" – Seguir Jesus é agir de tal modo que tenhamos a consciência tranquila, em qualquer situação. Acampanhá-lo é exercitar os seus ensinamentos, em todas as circunstâncias.

158

OPÇÃO PESSOAL

Lc. 9:24

"Porque, qualquer que quiser salvar a sua vida, perdê-la-á; mas qualquer que, por amor de mim, perder a sua vida, a salvará."

"PORQUE, QUALQUER QUE QUISER" – Sem distinção. Qualquer criatura. Homem ou mulher. Rico ou pobre. Culto ou ignorante. Vai depender de cada um. Nos terrenos do Amor, o livre-arbítrio é a Lei que prepondera. O Reino de Deus não é constituído de forçados, mas integram-no aqueles que, no aproveitamento das experiências reencarnatórias, se dispuseram ao renascimento do Espírito, reunindo caracteres que lhes proporcionem a segurança e a felicidade que lhes são inerentes.

"SALVAR A SUA VIDA," – Defender, abrigar, pôr a salvo. Depende de cada qual sentir-se carente de salvação. É questão de conscientização. Somos os únicos responsáveis pelas atitudes que tomamos e, em consequência, deveremos responder por tudo, individualmente. É certo que podem acorrer atenuantes ou agravantes.

Aquele que se coloca suscetível de ser salvo já pode perceber o vasto mar de dificuldades e envolvimentos a que a existência transitória o pode conduzir. Este fato faz parte da mecânica da evolução. Necessitamos carecer e buscar muitas coisas, a fim de que um dia saibamos delas prescindir, levando conosco não a "coisa", mas a essência do aprendizado que ela nos tenha proporcionado. Ensinam-nos os amigos espirituais que tudo que é salvo não o é para a inércia ou inutilidade. O Cristo espera a ação consciente dos que "têm sido salvos".

"PERDÊ-LA-Á" – Optando pela vida transitória e suas vantagens, acabamos por comprometer a vida permanente. Quando Jesus ofereceu Sua vida aos nossos corações, viveu-a de modo a fixar o "Caminho" seguro a garantir êxito em nossa proposta de redenção, sem os perigos e diculdades dos desvios e desastres na jornada.

"MAS QUALQUER QUE, POR AMOR DE MIM," – O amor de Jesus se caracteriza pelo trabalho em Sua seara e pela exemplificação de Sua doutrina. A adesão a Ele implica a renúncia que nos leva a abrir mão de vários interesses até então alimentados, pela incorporação de novos padrões, num sistema prático e feliz de constante renovação consciente.

"PERDER A SUA VIDA," – É identificação de novo plano para nossa existência que redunda na desativação de muitos valores, pela compreensão de sua relatividade e que passam a ser entendidos em sua legítima dimensão. O cristão será sempre uma figura discreta no cenário da vida, no que tange ao campo material, aos valores humanos.

"A SALVARÁ."– Futuro. Salvar com sentido de assegurar, garantir a vida em termos diferentes, isto é, em suas amplas expressões de imortalidade.

159

APROVEITAMENTO

Lc. 9:25

"Porque, que aproveita ao homem granjear o mundo todo, perdendo-se ou prejudicando-se a si mesmo?"

"PORQUE, QUE APROVEITA AO HOMEM" – Realmente, a vida consiste de buscas em que cada qual espera alcançar metas capazes de lhe proporcionar euforia e serenidade pessoais.

Dizendo-nos "que aproveita ao homem" Jesus endossa esse fato, indica-nos fatores a serem trabalhados na busca de afirmação espiritual. Essa seleção se faz imperiosa por que qual vantagem existe na conquista de muita coisa exterior, se a paz, reflexo da vida verdadeira, ficar comprometida?

"GRANJEAR O MUNDO TODO," – Obter, conquistar, adquirir. Ainda que fosse possível granjear o mundo todo na sua feição material, isso seria muito pouco, segundo nos afiançam os amigos do Plano Maior, se comparado com migalhas da vida espiritual e dos seus bens. E devemos ainda considerar que tudo quanto é material e passageiro – se colocado como fim e não como um meio para favorecer a nossa evolução – seria diabólico.

Valorizando mais as coisas do mundo do que as do Espírito, nos colocamos a serviço das trevas, com sérios prejuízos. E, não pensemos que os cuidados do mundo no trazem problemas, não originam sofrimentos!...

"PERDENDO-SE" – O caminho a ser seguido deve ser o de Jesus. O Bem que Ele palmilhou e nos aconselha a fazer o mesmo, é para o nosso bem, e para adquirirmos a vida permanente. Se acompanhamos outros, se perseguimos objetivos diferentes, é natural que nos percamos nos labirintos das paixões, do egoísmo, dos desequilíbrios de toda a sorte, na ânsia de viver os prazeres de uma vida que se esgota, que provoca a morte.

"OU PREJUDICANDO-SE A SI MESMO?" – Que se perde. Quem se confunde, acaba prejudicado. E os prejuízos não são apenas espirituais, são físicos também. Com o desequilíbrio, contraímos muitas doenças. Deixamos de merecer a confiança do próximo.

Frequentemente, porém, os desajustes de alguém se refletem, prejudicando terceiros. São, esses, pessoas que se envolveram igualmente nos processos de sua queda ou se dispuseram, em nome do Amor, a auxiliá-lo a reerguer-se do plano infeliz a que se jungiu em face da Lei de Causa e Efeito.

"Que daria o homem pelo resgate de sua alma?" (Mc. 8:37). Responderíamos: tudo. E é por isso que encontramos, nos caminhos do mundo, analfabetos, cegos, surdos, estropiados, cancerosos, hansenianos... Estão dando tudo que representava muito para a sua visão deturpada das pessoas, das coisas e das paisagens do mundo, para a libertação de suas almas.

160

A CAMINHO DE JERUSALÉM

Lc. 13:22

"E percorria as cidades e as aldeias, ensinando, e caminhando para Jerusalém."

"E PERCORRIA AS CIDADES E AS ALDEIAS," – Como Mestre, são várias as ações e atitudes do Cristo a tangerem nossa sensibilidade, especialmente quando permanecemos voltados aos interesses de crescimento espiritual. Mais uma vez, o Evangelho encerra, com amplas ressonâncias, a dinâmica de quem, reunindo toda uma proposta de cooperação, de orientação, canaliza em cada passo suaves padrões a favorecerem nossa libertação.

O ato de percorrer cidades e aldeias evidencia a prática do aprendiz, a predisposição e a incansável busca, operada por Jesus, oferecendo condições para que as Determinações Divinas possam manifestar-se, atualmente, segundo necessidades e programações dos Planos Superiores, em favor de todos.

Candidatos à aprendizagem e à cooperação, válida se faz a aceitação dessa fórmula de ação, a expressar, de um lado, trabalho perseverante, e, de outro, sensibilidade e discernimento, deixando ao Criador prover quanto aos reais objetivos da tarefa a que nos empenhamos.

"ENSINANDO, E CAMINHANDO PARA JERUSALÉM."– Egressos de muitas experiências, percorrendo variados e extensos territórios, no atendimento aos caprichos pessoais, tidos como instrumentos de afirmação na escalada evolutiva, acabamos por emergir um dia, sob o amparo superior, para um plano em que se abrem as perspectivas de uma vida mais seletiva, mais verdadeira. Visitados por um melhor discernimento quanto ao roteiro a seguir, aceitando, por fim, a escada ascensional no rumo de Jerusalém, que se posiciona para além das fronteiras das convenções humanas, piso da efetiva euforia da alma. Em cada passo da escalada, sustentado no empenho de aprender e servir, a que acabamos de aderir, firmamo-nos na posição segura de que amar a Deus e ao próximo, em ritmo incansável, será sempre assegurar paz e reconforto na trilha do progresso.

Orientando-nos, através do exemplo vivo, o Rabi percorre o caminho do propósito de ensinar.

Sempre que se posicione como aprendiz responsável, a criatura penetra o âmago do bem-estar interior, a irradiar-se em agradáveis vibrações de segurança e autoridade junto daqueles que, no plano das circunstâncias, usufruem de sua conviência. Abre-se para eles, também, com isso a possibilidade de assimilarem, por sua vez, a gratificante proposta de "caminhar-se para Jerusalém", como providência geradora da felicidade.

Descuidados dessa iniciativa sábia e redentora, temos circulado por veredas diversas, consumindo energia e estiolando oportunidades, presos ao personalismo escravizante e aos interesses imediatistas, sem valorizar as sugestões que nos visitam em nome do Amor, deixando sempre para o futuro, quem sabe distante, o acesso aos planos da libertação.

161

DE PASSAGEM

Lc. 19:1

"E, tendo Jesus entrado em Jericó, ia passando."

"E, TENDO JESUS ENTRADO EM JERICÓ," – Jericó, cuja palavra significa "lugar de fragrância", localizada na Judéia, era, ao tempo de Jesus, a segunda cidade mais importante da Palestina. Apresentava comércio desenvolvido com o seu povo habituado à circulação de dinheiro, fato que, possivelmente, ensejou ao Mestre ensinar a parábola dos dez servos e das dez minas. (Lc. 19:11 a 27).

Sendo a mensagem do Evangelho direcionada para o Espírito em sua essencialidade, Jericó se evidencia não só como ambiente geográfico. É também representativa da província psíquica, presente no campo mental, onde aprisionamos, quando vinculados aos interesses transitórios, os melhores valores, importantes ao progresso.

Penetrar, manter contato, estabelecer sintonia e operar na faixa de ação que nos compete, consoante as determinações Superiores, eis a proposta inteligente endereçada aos corações que querem, positivamente, vencer...

De posse dessa verdade, devemos nos colocar mais atentos, buscando identificar fatos e motivos que apresentem mensagens mais substanciosas. Muitas vezes, o Mestre tem visitado a Jericó de nossas almas, buscando atrair atenção para novas faixas de vibração. No entanto, temos permanecido desinteressados, deixando que tais oportunidades se percam, em razão da cristalização que insistimos manter, milênios afora.

"IA PASSANDO." – O Cristo não fica em Jericó. Entrar, sair e continuar a caminhada é tônica de quem labora, sem apego. Há uma tendência de permanecermos junto de pessoas, situações e coisas, no cultivo de ligações perniciosas ou improdutivas. As vinculações, quando estruturadas nas bases do Amor, não implicam um estacionamento além do justo e do necessário, o que nos compete avaliar, quando atentos ao aprendizado, sensíveis às determinações do Criador, e em face do imperativo de caminhar, progredir.

162

POSSES

Lc. 19:2

"E eis que havia ali um varão chamado Zaqueu; e era este um chefe dos publicanos, e era rico."

"E EIS QUE HAVIA ALI UM VARÃO CHAMADO ZAQUEU" – A narrativa evangélica frisa a existência em Jericó de um varão, adiantando até o seu nome: "Zaqueu".

Podemos dizer que Jesus foi àquele local por causa de alguém. Não se trata de um fato isolado. Quando avaliamos acerca da Misericórdia Divina, percebemos que todos, insistintamente, são usufrutuários, a nivel pessoal, das providências superiores.

Zaqueu não constitui unicamente um instrumento passivo, ao acolher a bondade do Mestre. Respondendo positivamente ao amparo, continua a refletir, ainda hoje, na extensão dos ensinos da Boa-Nova, a atitude marcante da renovação, do Espírito Imortal, que se desprende dos laços da retaguarda escravizante para os planos felizes da Vida Maior.

"E ERA ESTE UM CHEFE DOS PUBLICANOS," – Sobre os publicanos, *O evangelho segundo o Espiritismo*, na Introdução, item III, apresenta dados históricos valiosos: "Os publicanos eram os arrendatários das taxas públicas que, na desincumbência de suas funções extrapolavam, às vezes, para o atendimento de interesses pessoais, adquirindo riquezas resultantes de lucros escandalosos. Por isso, não eram vistos com bons olhos, por grande parte da população." Zaqueu, além de publicano, exerce a função de chefia, o que nos faz deduzir acerca do conceito de que era objeto.

Essa posição mostra o alcance da decisão de Zaqueu e dos obstáculos que necessitaria vencer, na busca da meta visualizada.

Se, de um lado, "chefe de publicanos" evidencia todo um sistema estruturado no tempo para atender aos chamamentos do mundo, segundo os padrões da Justiça; de outro, aponta, em decorrência da saturação, do isolamento, da marginalização, perspectivas diferentes de análise em que o ato exclusivo de receber deve ceder lugar às possibilidades de servir.

"E ERA RICO." – O título "publicano" trazia em seu bojo amplo potencial, de cunho puramente humano, a possibilitar, ao seu portador, retirar dele tudo o que servisse para atender aos caprichos e pretensões de natureza imediatista.

Sob o mesmo prisma, a riqueza torna presente reservas bem posicionadas, prontas a responderem adequadamente à individualidade, em suas buscas pessoais e egoísticas.

Os títulos e os valores materiais constituem uma prova ímpar, capaz de aferir as verdadeiras disposições de desprendimento do ser, em sua atividade espiritualizante. Por proporcionarem, com facilidade, o atendimento das mais diversificadas solicitações, sob a insinuação da retaguarda materialista, constituem-se, por isso mesmo, expressiva oportunidade que, se conduzida com discernimento, assegura os mais evidentes êxitos nos terrenos da alma.

163
OBSTÁCULOS

Lc. 19:3

"E procurava ver quem era Jesus, e não podia, por causa da multidão, pois era de pequena estatura."

"E PROCURAVA VER QUEM ERA JESUS," – É da Lei que aquilo que se busca, encontra-se. Tal resposta está sempre na razão direta da disposição, das energias, da direção e seleção de elementos que venhamos implementar. O próprio Cristo definiu: "Buscai, e achareis" (Lc. 11:9).

Ao procurar ver Jesus, diligenciando meios suficientes, Zaqueu laborava em novo campo mental. Via surgir nos escaninhos de sua alma os desejos de redirecionamento, já que, gravitando por muitos séculos nos parâmetros do egocentrismo, apresentava os reflexos da solidão, da nostalgia, características naturais de quem vive exclusivamente para si.

"E NÃO PODIA, POR CAUSA DA MULTIDÃO," – Não raro, encontramos dificuldades na marcha. Expressam elas os pontos avaliadores das disposições do ser, ao tempo em que aferem o grau de merecimento e a capacidade de cada qual na empreitada do crescimento.

Os objetivos de Zaqueu também apresentavam obstáculos a exigirem análise e busca de superação. A multidão, constituída de necessitados, de curiosos, que normalmente permanecia junto de Jesus, no aguardo de alguma coisa, transforma-se em empecilho desafiador para os propósitos do publicano de Jericó. Também integrante dessa massa, Zaqueu constata e estuda as dificuldades que lhe cabem superar, buscando concomitantemente soluções que favorecessem o atendimento de seu ideal.

Se, no plano externo, tal multidão impeditiva era fato notório, em meio aos planos de erguimento espiritual podemos também identificá-la nos elementos e acontecimentos que, ampliados, se transformam em barreiras quase que intransponíveis. Não se pode esquecer, todavia, que essas manifestações de natureza externa são, em sua maioria, reflexos da vasta soma de imperfeições e experiências de igual teor que trazemos desta e de outras vidas.

Temos também uma "multidão interna" composta pelas personalidades que animamos nas diversas existências físicas, distanciadas e indiferentes quanto a Jesus ou ao Bem.

Carreamos conosco o publicano, o fariseu, o materialista, o positivista, o insensível, o oportunista que fomos ontem e que às vezes ainda remanescem. E hoje, quando nos empenhamos em ver Jesus, em nos voltar para Ele, obviamente encontraremos barreiras no próprio íntimo. O pior inimigo reside dentro e não fora de nós.

"POIS ERA DE PEQUENA ESTATURA." – Em matéria de estatura espiritual, ainda somos crianças no entendimento e na virtude. Passíveis de crescer – é claro – com determinação e perseverança no Bem.

O personagem desse episódio, a sugerir significativa informação renovadora, vence o tempo e está presente hoje, naquele que, ante a passagem do Cristo, vê-se convocado a novas direções rumo ao grande porvir. Identifica a multidão de dificuldades que ainda traz em seu coração. A par disso, quando sintonizado, reconhece, ao sabor da simplicidade, ser pequeno, carente, necessitado dos caracteres que só o Cristo pode nos oferecer.

164

RECURSO DE ELEVAÇÃO

Lc. 19:4

"E, correndo adiante, subiu a uma figueira brava para o ver; porque havia de passar por ali."

"E, CORRENDO ADIANTE," – Esforço de desvincular-se do envolvimento menos feliz, cultivado no tempo, através do empenho de afirmação em novo piso. Nesse caso, a atitude de correr à frente é fato perfeitamente válido e indispensável. É a projeção da mente a desprender-se da acomodação e dos condicionamentos, visando esboçar os novos quadros, a serem preenchidos gradualmente em passos naturais, em meio às experiências e oportunidades, segundo as Concessões Divinas.

Digna de nota a diligência de Zaqueu, adotando presteza e celeridade, ante aproximação de Jesus. Não podia o publicano de Jericó perder o precioso momento de visualizar o Mestre.

De outro lado, num mundo de agitações, como o de hoje, é imperioso cuidar-se quanto ao encaminhamento das decisões e atitudes de cada instante, a fim de que não se confunda determinação com precipitação. Quantas vezes, por falta de discernimento, penetramos terreno a dentro das irreflexões, elegendo posturas inadequadas na moldura da ansiedade, da aflição ou da pressa sistematizada, gerando desequilíbrios e alimentando uma visão distorcida do ritmo evolutivo.

"SUBIU A UMA FIGUEIRA BRAVA PARA O VER;" – Figueira brava ou sicômoro. Estranho o fato de um chefe de publicanos e rico subir numa árvore em plena via pública, à vista de todos. Contudo, para ver Jesus, somente sacrificando conceitos e preconceitos, a fim de quebrarmos a sequência de permanência na horizontalidade milenar.

Muito simbólica a circunstância de ser uma "figueira brava". O propósito de visualizar Jesus, por parte de Zaqueu, exigiu a providência de elevar-se acima do nível do chão.

Empenhados no mesmo sentido, vimo-nos convocados à mesma iniciativa. Sendo o sicômoro árvore de pouca expressão produtiva, rejeitada por sua ineficiência, faz-se retratada hoje nas pessoas, situações e coisas, consideradas alienadas e mesmo desprezadas no contexto a que estamos ajustados.

Nas linhas do conhecimento espiritual, passam a ser aceitas e estimadas como instrumentos válidos e preciosos no encadeamento dos fatos que nos dizem respeito, desde que saibamos adotar os crivos da compreensão, da paciência e do entendimento.

Na face interna do ser, pode-se ver nessa árvore a soma dos vícios e imperfeições a que devemos nos sobrepor com os lances seguros da sensibilidade e da determinação. No convívio com os ensinamentos do Cristo, nos será possível neutralizá-los em meio aos acontecimentos do dia a dia, no trabalho perseverante que nos cabe empreender no Bem de todos.

"PORQUE HAVIA DE PASSAR POR ALI." – Onde quer que o Espírito se encontre encarnado ou desencarnado – chega sempre a hora de Jesus "passar" perto. Na verdade, o Senhor está junto de todos. A questão não é propriamente de local, mas de estado de alma que nos credencia ver o grande Amigo da Humanidade. As circunstâncias dependem de livre-arbítrio, boa vontade, evolução, sensibilidade e discernimento.

Consubstancia tal passagem a presença de um amigo, de uma criança, de um enfermo, de um livro, mesmo de um fato, ou seja, tudo quanto possa movimentar o espelho da mente na direção de novos sistemas de vida.

165

CONVITE

Lc. 19:5

"E, quando Jesus chegou àquele lugar, olhando para cima, viu-o e disse-lhe: Zaqueu, desce depressa, porque hoje me convém pousar em tua casa."

"E QUANDO JESUS CHEGOU ÀQUELE LUGAR," – Jesus normalmente aporta aos ambientes e participa de situações, visando levar sustentação e oportunidades de realizações. E isso se dá na hora exata, nem antes, nem depois.

A identificação de Sua presença resulta da capacidade de visualização e do estado íntimo que experimentamos, segundo os anseios e interesses que cultivamos.

É de ressaltar-se, portanto, que a chegada do Messias àquele ambiente de Jericó proporcionaria acontecimento da maior repercussão.

Passados já quase dois milênios desse fato, inspirador de notórias expressões no plano reeducativo, sem qualquer dúvida vemos que Ele é a meta em si. A Sua diligência, no terreno das circunstâncias, está sempre a emergir, convidando-nos a novos empreendimentos, a novos objetivos.

"OLHANDO PARA CIMA, VIU-O" – A faculdade da visão é conquista inalienável na rota do aprendizado. É pelos olhos que detectamos elementos que sensibilizam o Espírito em sua jornada.

É por eles que acabamos por sintonizar com tudo aquilo que reflita os melhores anseios.

Jesus, "olhando para cima", não evidenciava apenas Sua identificação com o Alto. Testemunhava, também, a necessidade de Zaqueu que, apesar de suas acentuadas vinculações com as faixas humanas, denotava, a partir de então, seguros propósitos de crescimento.

Desse modo, qualquer busca ao Superior envolve, por condição natural, a necessidade de identificação na ação diária, com tudo quanto expresse trabalho realizador, localizado sempre nas faixas mais carentes a solicitar amparo e ajuda.

"E DISSE-LHE: ZAQUEU, DESCE DEPRESSA," – Auspiciosa a referência ostensiva de Jesus a Zaqueu. Em todos os momentos decisivos da caminhada, o chamamento se faz de modo direto, pessoal, intransferível.

A recomendação "desce depressa", engloba todo um potencial de atividades decisivas e determinantes.

Tal manifestação só foi possível graças ao fato de Zaqueu ter se esforçado e ascendido a um plano mental mais elevado.

No empenho de aprendizado dos novos princípios regeneradores, estaremos provisionando os caracteres para uma nova posição no contexto evolutivo. E, quando a suave mensagem do Cristo é assimilada nos meandros da consciência, estaremos diante de vasto campo de realizações.

É o coroamento das propostas inicialmente formuladas na retina mental, implícita na atitude de Zaqueu em subir na figueira. Tal disposição só será possível concretizar-se na ação tangível quando, abrindo o coração ao trabalho, ouvirmos a voz do Mestre: "desce depressa", em forma de súplicas decorrentes da dor e do sofrimento, e anseios da ignorância e da viciação vigentes nos planos mais carentes da experiência humana.

"PORQUE HOJE ME CONVÉM POUSAR EM TUA CASA." – A "pousada" apresenta a idéia de transitoriedade. A identificação com o Cristo é fato que se faz, também, de modo gradativo.

A eventualidade de Sua presença no coração, caracterizada pela sintonia com novos valores de vida, será uma constante ou continuará em seu aspecto transitório até que o ser adote a disposição do trabalho perseverante.

A partir de então, alcança diferente faixa de interesses sobre os fundamentos do Evangelho, a assegurar, agora em termos de afinidade, sua plena relação com Aquele que é a "Luz do Mundo" (Jo. 8:12).

166

JÚBILO ESPIRITUAL

Lc. 19:6

"E, apressando-se, desceu,
e recebeu-o gostoso."

"E, APRESSANDO-SE DESCEU" – Digna de nota a atitude resoluta de Zaqueu, vivenciando a grandeza da obediência. Nas bodas de Caná, a Mãe de Jesus falou aos serventes: "Fazei tudo quanto Ele vos disser"(Jo. 2:5).

Maria, com sua sensibilidade e conhecimento, soube indicar a importância de sermos sensíveis às orientações do Mestre, capazes de nos guindarem às mais elevadas condições espirituais, ainda que, para tanto, seja imperioso "descer". Aliás, se a iniciativa de Zaqueu, ao subir no sicômoro, o posicionou em plano mais alto, na busca de identificação com os melhores elementos de redenção, não se tornou difícil que percebesse o fato de que, somente se ajustando aos terrenos onde vigem as necessidades maiores, se capacitaria a dispor das seguras possibilidades de servir, em consonância com as lições vivas do Cristo, sob a luz da caridade.

"E RECEBEU-O GOSTOSO." – O estado de alma revelado por Zaqueu é resultante de todo um processo, encadeado através dos milênios. É de se admitir que Jesus, com Sua clarividência, sabia de antemão que estaria naquele dia hospedado em casa de Zaqueu. Tal conscientização podia, perfeitamente, se embasar no acompanhamento operado por Ele junto ao espírito desse personagem.

É também de se ressaltar que qualquer empreendimento elaborado com naturalidade e sabedoria não pode culminar senão no ápice de profundos júbilos espirituais.

As experiências de Zaqueu no tempo, a saturação de hábitos a exigirem mudança em sua existência de então, pelo atendimento exclusivo das vantagens transitórias, o despertar para uma nova vida, os passos iniciais no âmbito mental: "querer ver Jesus", a diligência operacional em atender a esta proposta totalizaram a soma de fatores que favoreceram, indubitavelmente, o alcance feliz de seus ideais.

O episódio com Zaqueu, em Jericó, permanece como inesquecível exemplo de diligência, humildade, obediência e determinação para todos nós que ainda lutamos na superação das dificuldades alimentadas no tempo e no espaço. Por seu exemplo, descortinam-se a cada qual as possibilidades de termos o Cristo, efetivamente, recebido no coração, em vibrações de alegria e de bem-estar.

167

MURMÚRIO

Lc. 19:7

"E, vendo todos isto, murmuravam, dizendo que entrara para ser hóspede de um homem pecador."

"E, VENDO TODOS ISTO, MURMURAVAM" – Na Palestina, ao tempo de Jesus, era comum, quando se dava um banquete, deixar as portas abertas, sendo permitido aos transeuntes entrar para ver.

É o que ocorreu nesse episódio entre Jesus e Zaqueu, acrescentando-se o fato de que todos murmuravam.

Em nosso ambiente físico ou psíquico, estão sempre presentes encarnados e desencarnados, incluindo-se, naturalmente, aqueles que nem sempre são simpáticos a nós. A certeza disso deveria contribuir decisivamente para termos uma conduta sempre reta.

Interiorizando esse acontecimento em casa de Zaqueu, vimo-nos ante conceitos e posicionamentos mentais que guardamos e alimentamos no dia a dia.

Sempre que um fato marcante domina o centro das cogitações pessoais, de imediato, desencadeiam-se ações e reações íntimas, de apoio ou de resistência, a exigirem determinação e capacidade de administração correta das ideias.

"DIZENDO QUE ENTRARA PARA SER HÓSPEDE DE UM PECADOR." – O modo com que murmuravam os circunstantes de Jesus e Zaqueu apresentava aspectos peculiares.

Normalmente, "murmurar" é dizer em voz baixa, com referências a alguém, nem sempre positivamente. Costuma-se dizer que, no murmúrio, fala-se baixo, como se fosse para a própria consciência não ouvir.

Em casa de Zaqueu os comentários envolviam o fato de o Mestre se hospedar na residência de um homem pecador. Tal conceituação se prendia a Zaqueu, por ser um publicano, normalmente tido como gente inescrupulosa.

Depreende-se, a par disso, ser comum a existência de criaturas a nutrirem desculpismo sistemático, decorrente do sussurro alimentado pelas forças viciosas da nossa inferioridade, frente às propostas evangélicas que nos visitam.

Em virtude de uma postura ainda inadequada, pelas imperfeições que remanescem em nós, é normal vincularmos pensamentos de reflexão quando novas idéias nos são propostas, argumentando em silêncio no mundo mental, a possível indignidade de acolhimento desses novos valores. Diante desse fato, a humildade é avocada, já que qualquer avanço rumo à perfeição inicia-se em meio à ganga de erros e fraquezas morais sustentados por muitos milênios.

168
DOAÇÃO E RESTITUIÇÃO

Lc. 19:8

"E, levantando-se Zaqueu, disse ao Senhor: Senhor, eis que eu dou aos pobres metade dos meus bens; e, se nalguma coisa tenho defraudado alguém, o restituo quadruplicado."

"E, LEVANTANDO-SE ZAQUEU, DISSE AO SENHOR":– Postura externa, a refletir o posicionamento interno. Ante os acontecimentos que envolviam o publicano de Jericó, e, devido às amplas dificuldades de que reconhecia ser portador, a exigirem determinação e coerência, a fim de que fossem atingidas as metas de renovação proposta, toma Zaqueu uma decisão histórica.

Infelizmente, nem sempre, frente às proposições que sentimos inadiáveis, tomamos uma atitude resoluta, tal qual visualisamos neste fato do Evangelho. Os conhecimentos que nos têm sido proporcionados, no campo fértil da Terceira Revelação, devem ser acionados com lucidez, para que não se percam preciosas circunstâncias de evolução que, a todo instante nos visitam. Para tanto, o "levantar-se" é fator imprescindível na busca de qualquer mata, para que o ânimo possa ser ativado com discernimento, conhecimento de causa e plena fixação do objetivo a se alcançar. Conjugando-se adequadamente tais fatores a circularem nos terrenos da mente, estará a criatura convocada a manifestar, por medidas austeras e decisivas, o que realmente propõe realizar em sua caminhada de reerguimento.

Naquele momento, Zaqueu se dirigia a Jesus, que visitava o seu lar, reverenciando-o como Senhor. Hoje, como candidatos às mudanças de base, somos compelidos a afirmar ao Senhor, nos refolhos da alma, quanto aos propósitos que animam a vida que estamos elegendo.

"SENHOR, EIS QUE EU DOU AOS POBRES METADE DOS MEUS BENS;" – Assumia Zaqueu, nessa hora, um compromisso espontâneo como fruto da visita de Jesus à sua casa.

Atestando ser um homem de sentimento bom, bastou ser tocado pelo Senhor para, vencendo o egoísmo, pensar e se dispor a agir em favor dos necessitados.

Dispondo-se a doar metade dos bens, reflete com naturalidade as mudanças e o crescimento gradativo do ser, quando sensibilizado por novos interesses.

Refletindo no alcance de atitudes como esta, muitos conseguem sair da inércia para a ação, do egocentrismo para o altruísmo, do apego para o desapego.

Visitados pela orientação evangélica, não apenas nos sentimos motivados à doação. Capacitamo-nos, ainda, nos desdobramentos de nova ótica, a identificar, em meio à multidão que nos cerca, os carentes de todos os matizes, a cota que detemos e que pode ser para eles direcionada, sob o manto da caridade.

"E, SE NALGUMA COISA TENHO DEFRAUDADO ALGUÉM, RESTITUO QUADRUPLICADO." – Demonstrando lucidez peculiar quanto à paz de consciência, Zaqueu se dispõe restituir, pelo quádruplo, qualquer prejuízo impingido ao semelhante.

Com nova percepção do que é vivência e convivência, reconhece o que acontece a quantos são retirados do sistema eminentemente individualista, para um plano de maior estreitamento com os seres, segundo a lei de cooperação. Nesta hora, a Justiça se sutiliza. A necessidade de doar torna-se imperiosa. E, com esta necessidade, surge o maior respeito ao bem do próximo.

Outro aspecto se apresenta: se, ante o dever de doação não acionado, lesa-se o semelhante, não resta outra alternativa para o reequilíbrio pessoal senão assegurar amplamente o ressarcimento do prejuízo imposto. É por estes caminhos, de análise e de raciocínio, que encontramos situações e fatos nem sempre explicados somente à luz dos recursos tradicionais.

O valor quadruplicado circula em meio aos testemunhos acerbos, dos sofrimentos ampliados, às coberturas a efeito na forma de lágrimas, de decepções, seja nos lares ou em outros núcleos da vida social, em que a Sabedoria Divina e Suas Leis se fazem presentes com vistas à harmonia que deve reinar no Universo.

169
CASA MENTAL E RENOVAÇÃO

Lc. 19:9

"E disse-lhe Jesus: Hoje veio a salvação
a esta casa, pois também este
é filho de Abraão."

"E DISSE-LHE JESUS:" – O exame da Boa-Nova, realizado sob as claridades da Doutrina Espírita, está sempre a revelar seguros esclarecimentos.

Em dinâmica continuada, vemos o Mestre distribuindo diretrizes capazes de apontarem e conduzirem às metas de equilíbrio e recomposição da existência. Orientando, não apenas ao que fazer, mas, também, no como e quando fazer, vemo-Lo operando numa inteligente sincronia, fundamentada na utilização lúcida das oportunidades, direcionamento das emoções, seleção de ideias e palavras, resguardo do equilíbrio e valorização plena dos semelhantes, compreendidos como irmãos e filhos do mesmo Pai.

A expressão "disse-lhe Jesus:" encerra, portanto, preciosos apontamentos, segundo as faixas de sintonia que cada um apresente.

É imperioso ressaltar que, na posição de "Luz do Mundo", suas palavras são portadoras de ensinos, alertas, admoestações, encorajamento, inclusive componentes terapêuticos.

"HOJE VEIO A SALVAÇÃO A ESTA CASA," – É na casa mental, ainda sem o cultivo dos padrões da imortalidade que periodicamente recebemos, através das circunstâncias, a visita do Cristo, empenhado na distribuição de recursos de sensibilização ao despertamento, rumo a posições mais elevadas.

A todo momento, Jesus continua entrando na cidadela dos corações.

É o entrar expresso em estados peculiares da alma, a carrear novas visões, novos planos no encadeamento da evolução, até que um dia se instaure, em regime de continuidade, a vida plena em fundamentos crísticos. É o momento glorioso marcado pela adesão definitiva às vibrações do Amor, em suas doces expressões de alegria e bem-estar espiritual.

A salvação estará presente, em seu caráter dinâmico, nos vários departamentos constitutivos da casa interior, laborando caracteres renovados, para um futuro promissor.

"POIS TAMBÉM ESTE É FILHO DE ABRAÃO". – O fato de ser filho de Abraão era questão transcendente entre os judeus. Em Mateus, vemos João Batista advertindo: "e não presumais, de vós mesmos, dizendo: temos por pai a Abraão; porque eu vos digo que mesmo destas pedras Deus pode suscitar filhos a Abraão." (Mt. 3:9)

Com essa afirmação, dava prova de conhecimento da Lei de Evolução. No entanto, Abraão expressa também um novo marco nas faixas do progresso do ser. É elegendo-se descendentes de Abraão que as criaturas, filhas de Deus. se engajam decididamente no regime de crescimento consciente. Queiramos ou não, um dia, cada qual terá o ensejo de despertar-se, sob o amparo do Cristo, no tronco desse expoente da história espiritual do mundo.

Nessa hora, corações até então empedernidos, cristalizados, abrir-se-ão sob o suave magnetismo do Mestre, dando lugar à geração dos Filhos do homem, a crescerem em Sabedoria diante de Deus e da Humanidade.

170

REENCONTRO

Lc. 19:10

"Porque o Filho do Homem veio buscar e salvar o que se havia perdido."

"PORQUE O FILHO DO HOMEM" – O Filho do Homem é a resultante da busca que se empreende na luta do aprendizado cristão.

Concebido a partir da identificação com os valores que nos competem operar nas áreas do Bem e do Amor, se corporifica na medida em que vamos acionando, com os instrumentos da vontade, as molas propulsoras do progresso.

Conceituando-se Filho do Homem, Jesus não apenas atestava Sua identidade com terrenos humanos. Deixava-nos entender, também, que personificava, àquela época, o próprio futuro redimido da Humanidade, a ser alcançado lenta e gradativamente, através dos séculos, por todos quantos aderissem à Sua Mensagem.

"VEIO BUSCAR E SALVAR O QUE SE HAVIA PERDIDO." – Ele é o "Bom Pastor". Seu trabalho foi junto às ovelhas perdidas da Casa de Israel. A atividade com vistas à renovação dos gentios (não judeus) teria lugar mais tarde, levada a efeito pelos divulgadores da Boa-Nova, principalmente Paulo — o "Apóstolo dos Gentios". Era preciso que a semente lançada por Jesus em corações preparados — dos apóstolos e dos primeiros discípulos – germinasse, crescesse, florisse e produzisse frutos para, então, iniciar-se o labor entre os gentios. Era um Evangelho já praticamente consolidado para buscar e salvar espíritos que se desviaram do reto caminho.

Jesus busca, vindo até nós. Salva, indicando os meios, dando os recursos. O ato de deixarmos "nos achar" e de "sermos salvos" vai depender de cada um, respeitado o livre-arbítrio. O que o Senhor quer nos oferecer é o melhor, o essencial, contudo, se imposto, deixaria de ser bom, para ser o pior.

Chega o tempo em que o imperativo da caridade se radica no, entendimento, como a única rota da salvação, e é por ela que estaremos consolidando nossa posição ao lado do Cristo em "Espírito e Verdade".

Sem dúvida, a Doutrina Espírita, como Evangelho Redivivo, abrindo-nos processos de aprendizagem e de realização no Bem, evidencia o mais auspicioso curso de salvação na atualidade do mundo.

171
TRABALHO E REDENÇÃO

Lc. 22:39

"E, saindo, foi, como costumava, para o Monte das Oliveiras; e também os seus discípulos o seguiram."

"E, SAINDO," – Digno de registro é o fato de o Mestre, em uma dinâmica incansável, esclarecer quanto à importância da ação e do movimento operante. Cada verbo, no Evangelho, apresenta sua mensagem, indicando atitudes, convocando-nos à meditação ou à reflexão, definindo momentos de comunicação direta com vistas à pratica objetiva.

"E, saindo," evidencia a partida para um trabalho a caracterizar novas metas e consequente desvinculação. Identificados com a proposta renovadora, sentimos a presença desse movimento em nosso mundo íntimo, do qual o ser deve sair para os grandes empreendimentos.

Muitos se desencorajam por incapacidade de se desprenderem dos mecanismos escravizantes de uma vida mental acionada pelas insinuações pretéritas. Para outros, adotando firme direcionamento, conduzem o Espírito para empreitadas decisivas, capazes de assegurar a libertação para uma nova vida.

Felizes seremos quando, identificando conscientemente os objetivos delineados, reconhecermos, sem apreensão ou temores, que a elaboração de um novo sistema implica a redução das influências de antigos padrões cultivados nos séculos. Este processo evidencia a disposição em passar-se pela "porta estreita" por Ele apontada.

"FOI, COMO COSTUMAVA, PARA O MONTE DAS OLIVEIRAS;" – Se, "saindo" nos leva a refletir sobre o movimento interior na busca de novos elementos, a ação implícita no "foi" consolida plenamente o trabalho efetivo da atividade redentora.

O "Monte das Oliveiras" pode parecer, em rápida visão, um detalhe geográfico. No entanto, a região referida já define trabalho austero, disposição para o sacrifício. Neste particular, o cuidado do Evangelista trouxe até nós o fato de que Ele "costumava" empreender a jornada deixando claro que nenhuma tarefa do Espírito, quando visa o real crescimento, pode circunscrever-se a um fato isolado.

Valiosa a denominação "Monte das Oliveiras", a sugerir amplas meditações no que respeita à capacidade de cada qual em produzir, imolando-se, a fim de que a essência de seus atos, tal como a "essência das olivas", garanta o combustível necessário à geração da luz.

"E TAMBÉM OS SEUS DISCÍPULOS O SEGUIRAM." – Não é de agora que os discípulos acompanham os seus mestres. Também nós, sensibilizados com os propósitos de elevação, permanecemos vinculados aos dispositivos da Boa-Nova. No entanto, aguarda o Mestre que as atitudes exteriores de seus seguidores possam, um dia, acionarem-se objetivamente, desprendendo seus corações das imantações milenares, mediante decisiva disposição de se elevarem espiritualmente.

172

ATITUDE VIGILANTE

Lc. 22:40

"E, quando chegou àquele lugar, disse-lhes: Orai, para que não entreis em tentação."

"E, QUANDO CHEGOU ÀQUELE LUGAR, DISSE-LHES:" – As atitudes do Mestre sempre visam um fim delineado. No versículo anterior, vimo-Lo saindo, para agora percebê-Lo chegando ao ambiente determinado.

A proposta da Boa-Nova, nesse particular, aponta-nos a necessidade de constante objetivação, seja nas menores ou nas mais expressivas atividades. Encaminha-se o Mestre para um plano mais elevado, mas trazia em sua volta indiscutíveis possibilidades de trabalho e testemunhos.

"Àquele lugar" sugere hoje, aos nossos espíritos, estado de alma peculiar em que o aprendiz, apesar das lutas e apreensões, pode cultivar condições mínimas de ligação com Deus e cooperação com os circunstantes.

"ORAI, PARA QUE NÃO ENTREIS EM TENTAÇÃO". – O imperativo da prece faz-se presente mais uma vez. Como valioso instrumento de relação direta com as fontes mais sublimadas do Universo, a oração evidencia-se na mente do discípulo como atitude indispensável ao reajuste e crescimento.

O ato de "não entrar em tentação" toca, sem dúvida, os terrenos da vigilância. No entanto, insinuações rondam os campos da segurança, ameaçando sistemas e estratégias de defesa. Nessa hora, à cautela, une-se o ato da oração, a favorecer a identificação de recursos que, extrapolando os limites das mais nítidas concepções, poderá assegurar o êxito da determinação de vencer-se a si próprio, conquistando estabilidade e paz.

Orando, a criatura movimenta os mais recônditos valores. Quando sua prece é realimentada por ações compatíveis com o conteúdo que direciona, entra em relação direta com as sinceras manifestações da fé consciente. Suas vibrações avançam para o Infinito, na busca da Fonte Suprema do Amor, já que a Divindade não é apenas a Criadora, mas distribuidora diligente de recursos a se estenderem em nome de Sua Misericórdia, por todo o Universo.

173
AFIRMAÇÃO INDIVIDUAL E RELACIONAMENTO

Lc. 22:41

"E apartou-se deles cerca de um tiro de pedra; e pondo-se de joelhos, orava."

"E APARTOU-SE DELES CERCA DE UM TIRO DE PEDRA;" – Na sequência do ensinamento, novos ângulos se abrem para cada um de nós. Jesus "apartando-se" e distanciando-se dos discípulos cerca de "um tiro de pedra" deixava entender, de um lado, a importância das responsabilidades a nível de grupo, e, de outro, no plano individual, o erguimento da conquista pessoal.

Em Seu posicionamento dirige-se em oração ao Pai, mantendo-se, no entanto, postado no terreno onde as circunstâncias O situavam para o atendimento dos desígnios de Deus. Cônscios desse fato, somos convocados a fazer, dos valiosos instrumentos de aproximação indispensável entre os seres, o recurso abençoado para aprender, cooperar e compreender.

"E, PONDO-SE DE JOELHOS, ORAVA," – Concomitantemente, a cada qual incumbe empreender a trajetória de afirmação, dentro dos limites de crescimento, fixados com discernimento. Nessa busca, cabe-nos, não apenas, voltarmos com humildade para os Planos Superiores em Deus, mas também, ao modo de Jesus, colocarmo-nos "de joelhos", em Espírito, valorizando a sublime área de ação em que nos movimentamos, respeitando pessoas, situações e coisas, numa plena identificação com as indicativas naturais da evolução.

174

VONTADE DIVINA

Lc. 22:42

"Dizendo: Pai, se queres, passa de mim este cálice, todavia, não se faça a minha vontade, mas a Tua."

"DIZENDO: PAI SE QUERES," – Registrando a manifestação de Jesus em estado de prece, o Evangelho proporciona-nos expressivo campo de meditação.

Movimentando reservas que não nos é possível abranger, dirige-se a Deus, evidenciando a pujança d'Aquele em que residem todas as causas e todas as providências universais, numa referência simples e incisiva: "se queres".

No mesmo plano, posta-se como Filho consciente dos deveres a cumprir, invocando-O, mais uma vez, como Pai. Às determinações divinas ajusta-se com humildade, no reconhecimento de que a determinação Superior, ainda que nos reservando sofrimento e testemunhos, traz sempre mensagens de sublimadas nuances, capazes de atingir, no tempo e no espaço, os corações de seus filhos em regime de crescimento e de encaminhamento para os terrenos seguros da redenção.

"PASSA DE MIM ESTE CÁLICE", – O cálice sugere o repositório contendo a essência que, além de representar o que o Criador dispõe relativamente a cada um, envolve componentes a expressarem a necessidade que nos é inerente. Naturalmente, o conteúdo destinado a Jesus continha precioso substrato a fluir na forma de acerbos trabalhos e testemunhos a beneficiar toda a Humanidade, como reflexos decorrentes da ação da própria Divindade.

A atitude de Jesus nos leva a avaliar acerca do alto grau de humildade, de respeito e, ao mesmo tempo, de Sua submissão aos Desígnios Superiores.

Acentuadamente consoladora, a expressão "passa de mim este cálice" vem nos assegurar o direito, e, mesmo, o dever de lutar, no cultivo da esperança, em favor da superação de tudo quanto possa representar constrangimento, aflição e dor dentro dos mecanismos que norteiam o destino dos seres. Seja qual for o grau de conhecimento, de resistência e capacidade de sofrer, à criatura cabe, nos parâmetros da simplicidade e do respeito às determinações divinas, diligenciar recursos lícitos no sentido de vencer os sofrimentos que a envolvem, direcionando o seu coração no rumo da felicidade, direito de todos, indistintamente.

"TODAVIA, NÃO SE FAÇA A MINHA VONTADE, MAS A TUA." – Considerando-se ser Jesus aquele que direciona e coordena todos os acontecimentos relacionados com o progresso, sendo Ele, também, o estruturador da própria organização planetária, o texto nos conduz a profundas reflexões.

Por que o Mestre, podendo fazer ou decidir, suplica ao Diretor do Cosmos delibere quanto ao melhor encaminhamento dos fatos que lhe diziam respeito?

Abordado de forma natural na prece que Ele nos ensinou, o "faça-se a tua vontade", permanece como uma das proposições mais difíceis a se cumprir. Sem dúvida, ante as circunstâncias que nos visitam, a tendência insinuante do eu vem rejeitando valores de alta expressão racional, oriundos da Sua Misericórdia e que o nosso entendimento, ainda ajustado a mecanismos escravizantes, desconhece ou desconsidera, nada obstante os brados inarticulados da consciência.

Ajustados, no entanto, a novos ângulos que os conhecimentos vêm revelando, incube-nos suprir, ao influxo da prece, os pontos frágeis de nossa personalidade, capacitando-nos, a curto ou médio prazo, pela determinação de crescer, a aceitar com simplicidade e segurança a vontade d'Aquele que é o sustentáculo de todo o Universo.

175

RECURSOS DE SUSTENTAÇÃO

Lc. 22:43

"E apareceu-lhe um anjo do Céu,
que o confortava."

"E APARECEU-LHE UM ANJO DO CÉU," – Nos planos de interligação dos seres, o "anjo do Céu" é aquele elemento representativo do Amor e do reconforto, "aparecendo" a cada qual, principalmente, em seus momentos de amargura, de tristeza.

Na medida em que o progresso vai se delineando, a ideia da aparição transmuda-se para a presença notória e indiscutível dos recursos superiores na intimidade da própria criatura, garantindo segurança, sugerindo caminhos, propondo decisões adequadas.

"QUE O CONFORTAVA" – Quando já definidas as decisões, ou ajustados os sistemas em consonância com a Divindade, o ser passa a usufruir de bem-estar, resultante do endosso consciencial.

Momentos existem em que orientações e sugestões nos chegam como verdadeiros instrumentos desafiadores do tradicionalismo e das convenções milenares. Nessa hora, convocados às mudanças revestidas de caráter inadiável, sentimo-nos visitados pela esperança decorrente da indicativa renovada que se nos abre e, ao mesmo tempo, pelo desconforto originário da perda de piso, até então percorrido. A partir daí aparece, dos escaninhos da Bondade Celeste, o acréscimo da misericórdia, perfeitamente ajustado com o registro "o confortava."

176
TESTEMUNHO E MUDANÇA

Lc. 22:44

"E, posto em agonia, orava mais
intensamente. E o seu suor tornou-se em
grandes gotas de sangue, que
corriam até ao chão."

"E, POSTO EM AGONIA, ORAVA MAIS INTENSAMENTE." – A ampliação das dificuldades vivenciadas, nada obstante a certeza do Amparo Superior, é sempre um sinal marcante de uma nova fase que se aproxima.

No entanto, o amparo da Espiritualidade Amiga, por mais extenso, não pode interferir no processo que nos cabe vivenciar e que representa aferição indispensável na caminhada.

Diante desse fato, a orientação chega de modo pleno e cristalino a todos nós: "orava mais intensamente". A oração, em suas suaves expressões vibratórias, é e será sempre o veículo capaz de assegurar o referencial de equilíbrio e serenidade, garantindo, ao lado da esperança e da disposição de progredir, o êxito que almejamos nas provas a que estamos engajados.

"E O SEU SUOR TORNOU-SE EM GRANDES GOTAS DE SANGUE." – Em plena vivência dos testemunhos que nos são inerentes no caminho que nos cabe trilhar, somos suscetíveis de oscilações, em decorrência dos ascendentes humanos que ainda nos dominam, sejam eles de ordem biológica, psíquica ou espiritual.

Tais oscilações, geradas nos meandros do plano mental, refletem a instabilidade decorrente da presença de novos apontamentos delineados pela Direção Universal, acatados pela consciência, e ainda não implementados no campo prático. É dessa luta instaurada entre "o homem velho" e o "Filho do Homem", em processo de afirmação, que o ser pode guindar-se a novos pisos na abnençoada escalada da redenção.

No instante desse acontecimento, a criatura, em sua ação vitoriosa, vê vazar, às vezes, de modo inestancável, os componentes represados em seu mundo interior, que garantiam até então sua estabilidade. Tendo o Seu suor exteriorizado "em grandes gotas de sangue", Jesus propõe a todos nós, aprendizes ainda frágeis de sua Magnânima Mensagem, que as apreensões em forma de "agonia", ao tempo em que requerem firme atitude de oração, sugerem a disposição e o desprendimento de se oferecer, em trabalho incessante no Bem e em plena valorização da vida, as próprias reservas de vitalidade, para que se evidencie a proposta de Deus e se efetive o anseio de doar e servir.

"QUE CORRIAM ATÉ AO CHÃO." – Esse episódio projeta para o futuro a realidade inarredável de que as conquistas definitivas nos campos do Espírito implicam na desoneração, "gota a gota", dos valores constitutivos de nossa sustentação, a se carrearem até o "chão", sugerindo, esse fato, a verdade de que, no Universo, está sempre presente a lei de transferência. E é por ela que cada qual recebe e conquista, na medida em que doa e se desprende, em favor da grande causa do Amor, recolhendo novos recursos à medida que abre mão de toda a instrumentalidade até então acionada no cumprimento das etapas que se vencem, abrindo espaço para novos pisos, na grandiosa sinfonia da vida que se renova no rumo da perfeição incessante.

177

ORAÇÃO E VIGILÂNCIA

Lc. 22:45

"E, levantando-se da oração, veio para os seus discípulos, e achou-os dormindo de tristeza."

"E, LEVANTANDO-SE DA ORAÇÃO, VEIO PARA OS SEUS DISCÍPULOS," – A atitude adotada pelo Mestre encerra interessantes apontamentos relativamente à administração dos recursos e da postura a se adotar ante as circunstâncias que nos visitem.

Colocando-se em oração, fazia isso intensamente, dando-nos o ensejo de ponderar quanto ao poder da prece, quando exercida com recolhimento aos mais profundos escaninhos da alma. Terminando-a, não se faz de rogado, dá sequência à dinâmica realizadora no atendimento concreto das responsabilidades que lhe eram competentes.

Levantando-se, encaminha-se na direção dos seus discípulos, clareando, para o nosso entendimento, que tanto necessitamos de oração quanto a oração se completa no plano de realização e de trabalho.

Refletindo e direcionando-se aos planos mais Altos, a criatura se vê sensibilizada para a luta e para a renovação. Lançando-se ao campo realizador, necessita estar atenta, a fim de que suas disposições de ajuda e cooperação atinjam àqueles que se posicionam identificados com a mensagem que nos propomos veicular. E, dentro desta perspectiva, Jesus dirige-se para os seus seguidores, legítimos receptáculos e ávidos aprendizes do conteúdo que Ele ensinava, ao influxo da responsabilidade e de Sua perfeita identificação com o Criador.

"E ACHOU-OS DORMINDO DE TRISTEZA" – O acontecimento sugere aspectos valiosos na dinâmica da cooperação e estado de receptividade de quem carece de auxílio e esclarecimento.

O discípulo, sob o prisma evangélico, é todo aquele que se identifica de modo determinado com as metas da libertação espiritual.

É, portanto, o ponto de referência para onde convergem as linhas direcionadoras de estruturação e erguimento de uma nova mentalidade no contexto da evolução.

Apesar da soma de valores de que já pode usufruir das informações que detém, a invigilância pode ganhar campo, deixando manifestar ângulos de deficiências decorrentes dos condicionamentos herdados do pretérito milenar.

Toda criatura que se dispõe a operar nos padrões de espiritualização deve ter em conta que, ao lado da sintonia com os fatores de aprendizado, marcham os componentes cultivados nos séculos que se foram, nem sempre positivos, a exigirem redobrada cautela.

Diante da angústia visualizada na pessoa do Mestre, em face dos acontecimentos que viriam, a fibra dos seus aprendizes mais próximos viu-se traída pelos tentáculos da tristeza.

Retiramos do fato a necessidade constante de refletir, sem apreensões, nos registros negativos a exercerem constante pressão sobre os melhores ideais, no sentido de desativá-los. Revestem-se de um poder, quase sempre de natureza sutil, a dormitar em nosso espírito, sempre pronto, no entanto, a nos assediar em momentos peculiares. Dentre eles, permanecem enraizadas as insinuações menos felizes do apego, da suscetibilidade e da tristeza, que poderão, quando não administradas com segurança e refreamento, invalidar ou desarticular os melhores propósitos de equilíbrio e de auxílio.

178

LEVANTAR-SE

Lc. 22:46

"E disse-lhes: Por que estais dormindo? Levantai-vos, e orai, para que não entreis em tentação."

"E DISSE-LHES: POR QUE ESTAIS DORMINDO?" – Na sequência do aprendizado, o tempo continua aguardando nossa capacidade de poder administrá-lo efetivamente, a fim de que as circunstâncias que por ele são canalizadas possam nos favorecer no processo inestancável do crescimento.

Para os espíritos conscientes do dever a cumprir, o cuidado é fator de segurança a resguardá-los da queda, passível de precipitá-los na dor e na desilusão. Quando envolvidos por tais acontecimentos infelizes, não nos é difícil detectar o período em que fomos visitados pela indiferença, pela desatenção, a refletirem a invigilância. Mesmo aí, fala a Misericórdia, a sindicar no âmago do ser: "por que estais dormindo?"

"LEVANTAI-VOS" – Desatentos às convocações que surgem no encadeamento dos fatos no dia a dia, vimo-nos aprisionados pelas algemas do interesse pessoal e do reconforto transitório, e, na tentativa de um colorido imediatista aos dias e às oportunidades, acabamos por nos submeter à escravização no tempo e no espaço. Fecham-se as linhas de feição libertadora e convergem-se os sistemas de egocentrismo.

Quando visitados por tais investidas, a insinuarem parada no tempo e acomodação, fala com determinação, na acústica da alma, a voz suave e amorável do Cristo: "Levantai-vos".

"E ORAI, PARA QUE NÃO ENTREIS EM TENTAÇÃO". – Os componentes que podem nos precipitar na tentação normalmente permanecem adormecidos, suscetíveis de entrarem em ação diante de situações ou acontecimentos que, acima de tudo, apresentam características de aferição das próprias conquistas. Em decorrência do papel que desempenha neste sentido, é ela substancioso instrumento, de caráter positivo no direcionamento ascensional.

A tentação a rondar nossos passos é a mais vigorosa comprovação de que o teste está à porta. Basta o fato de operar ou buscar operar o Bem para que ela já se posicione, a ameaçar o êxito das iniciativas delineadas. Segundo Tiago, é "bem aventurado o varão que sofre a tentação" (Tiago 1:12). O registro sobressai como sábio apontamento a nos conduzir, não apenas à meditação, mas também, ao pleno esclarecimento do que representa a experiência de ser-se provado nas rotas do destino.

Jesus, não rejeitando a tentação, nos alerta quanto aos problemas que possam advir, quando nela venhamos a cair, utilizando, com sabedoria, a expressão "não entreis". E a fórmula preventiva por Ele preceituada é inequívoca e imperativa: "orai".

179

LUZ VERDADEIRA

Jo. 1:9

"Ali estava a luz verdadeira, que alumia a
todo o homem que vem ao mundo."

"ALI ESTAVA A LUZ VERDADEIRA", – Essas palavras indicam sentido de localização d'Aquele que tinha e tem a responsabilidade transcendente de encaminhar à Luz Maior a coletividade terráquea.

O verbo "estar" direciona a mente para um ponto concreto, ou seja, a presença física, pela encarnação na Terra, do Cristo, com toda Sua autoridade. Consubstanciando a "luz verdadeira", aqui aportou para, esclarecendo em termos de virtude e verdade, esvanecer as trevas dos vícios e da ignorância, na formação de uma mentalidade embasada no Amor.

De fato, nem toda luz é verdadeira. Há luz que só existe em determinadas condições, como, por exemplo, o homem que se faz calmo só quando tudo está tranquilo. Ou a luz decorrente apenas da instrução intelectual. Isso nos leva a entender que, somente quando dinamizado, o conhecimento se torna capaz de clarear, de sustentar.

Ele veio até nós ensinando e vivendo, o que O autorizava a nos alertar: "Vê, pois, que a luz que em ti há não sejam trevas" (Lc. 11:35).

"QUE ALUMIA A TODO O HOMEM" – Não há exceção. "Todos" se encontram ao alcance dos ensinos e dos influxos que partem do Mestre. Tal fato cresce, se amplia à medida que o Espírito movimenta a capacidade de sintonia com a Sua proposta.

Sem dúvida, o Cristo, em sua abrangência, atingirá, no devido tempo, cada criatura.

Desde o princípio, vem o mundo contando com as claridades d'Aquele que é compreendido como a "Luz do mundo". Sua presença permanente e abnegada continuará até que, sensibilizados, "um dia", pelas Suas emissões radiosas, penetremos, em espírito e verdade, nos domínios da perfeição, asseguradora da felicidade.

"QUE VEM AO MUNDO". – Neste mundo, ou em qualquer plano a ele ligado, todos se encontram ao amparo do Mestre. Quem se encontra sob o foco da "Luz Verdadeira", mais cedo ou mais tarde se desperta. "Ainda tenho outras ovelhas que não são deste aprisco; também me convém agregar estas, e elas ouvirão a minha voz, e haverá um rebanho e um Pastor". (Jo. 10:16).

Sob uma luz falsa, podemos nos desviar do caminho... Sob que tipo de luz temos palmilhado a existência? Qual o tipo de nossa própria luz? Temos procurado a luz que efetivamente sustenta a vida em toda a sua amplitude?

Temos dado à luz o combustível da Fé, para torná-la adequada e duradoura?

180

DESINTERESSE

Jo. 1:10

"Estava no mundo, e o mundo foi feito por Ele, e o mundo não o conheceu."

"ESTAVA NO MUNDO" – Jesus encarnado. Espiritualmente, Ele continua no mundo, e, através dos Mensageiros do Seu Amor, está sempre presente, estendendo Suas bênçãos a todos. Em sua grande maioria, os seres que aqui evoluem ainda não dimensionaram o alcance da estada do Mestre na Terra.

Fazendo-se pequeno, adapta-se aos fluidos grosseiros do orbe, envergando, pela encarnação, um equipamento semelhante ao nosso, de modo que pudesse fazer-se sentido e compreendido, abrindo as perspectivas definitivas de nossa redenção. Sua luz fez-se presente, com simplicidade, a fim de que a nossa pudesse se fazer plena, nos planos da Vida Imortal. "O povo, que estava assentado em trevas, viu uma grande luz; e aos que estavam assentados na região e sombra da morte, a luz raiou". (Mt.4:16).

"E O MUNDO FOI FEITO POR ELE" – Deus colocou a matéria prima à sua disposição. Jesus, superintendendo o trabalho de uma equipe de técnicos espirituais, organizou o mundo em que vivemos. Emissários do Seu amor aportam sempre aqui, e Ele próprio visita-nos, em abençoada doação, vestindo uma roupa de carne.

Na extensão universal vibram as construções da Sabedoria Divina, como escolas abençoadas, proporcionando os recursos asseguradores do crescimento dos seres em busca de sua gloriosa destinação.

A Terra, pequena em meio às magnificências cósmicas, apresenta o selo do Amor de Jesus que, respondendo aos ditames do Criador, reveste-a não só dos elementos geológicos e ambientais para a manifestação e desenvolvimentno da vida. Envolve-a com suas vibrações, vitalizando-a, psíquica e espiritualmente, para que atingisse, no tempo, para além da regeneração, a condição de emitir, em termos de caridade e de amor, o pensamento da divindade.

"E O MUNDO NÃO O CONHECEU". – Se, individualmente, poucos O identificaram, em sentido global "o mundo" ainda não conheceu o Mestre. Por quê? Simplesmente porque só conhecemos o que está sob a nossa atenção, o que nos desperta o interesse. Se uma pessoa gananciosa em tudo vê uma oportunidade de fazer dinheiro, à medida que nos interessamos pelas coisas de Deus, estabelecemos o equilíbrio entre a criatura e o Criador, e isso proporciona a felicidade que cada um almeja. Será que já estamos enxergando a presença do Cristo em tudo que, edificante, elevado e glorioso, vibra dentro da vida?

É o que a Terceira Revelação vem ensejar àqueles que, se dispondo à renovação interior, na identificação de Sua luz, se colocam como cooperadores da Sua obra para redenção da Humanidade, rumo à Nova Era.

181

INACEITAÇÃO

Jo. 1:11

"Veio para o que era seu, e os seus não o receberam."

"VEIO PARA O QUE ERA SEU" – O organizador de uma obra vive em função dela. Tudo faz para dar-lhe continuidade. Colocá-la dentro de seus objetivos. No caso de Jesus, a Sua meta: redenção da Humanidade. Aperfeiçoá-la. Na busca desta finalidade, Jesus nos deu ensinamentos e a própria vida.

"Veio para o que era Seu". Todos os acontecimentos relacionados com o Planeta estão sob a Sua tutela.

E nós? Estaremos conscientemente ligados a esta grata realidade, situando-nos dentro do fato de que "Ele" é o nosso Orientador?

Vigem ainda prevenções quanto ao fato proposto pelas escrituras: "fazer a Sua vontade", ou, "veio para o que era Seu". No entanto, na medida em que o entendimento se alarga, as responsabilidades surgem, o trabalho aparece, propondo renovadas estratégias operacionais.

Quando isso ocorre, grata consciência brota no íntimo, como a feliz verdade de que não estamos sós, de que somos sustentados por forças que independem de nossos valores.

A ideia de Deus sublima-se e engrandece. As probabilidades de um Cristo se transformam em absoluta convicção. Concretiza-se, então, em pleno entendimento, a afirmativa do Apóstolo dos Gentios: "Posso todas as coisas naquele que me fortalece." (Fil. 4:13).

"E OS SEUS NÃO O RECEBERAM" – Muitos até hoje não o têm recebido e, por isso, padecem. Receber, no sentido de aceitar, de dar guarida no coração. Não tomam conhecimento de Jesus, e mesmo em grande número, O renegam.

De outro lado, não são poucos os que continuam a esperá-Lo. Um Cristo de acordo com suas acanhadas percepções de criaturas voltadas para as coisas do mundo. Querem um Cristo à sua maneira, para satisfazer às próprias imperfeições, às suas conveniências.

182

ACEITAÇÃO

Jo. 1:12

"Mas, a todos quantos o receberam, deu-lhes o poder de serem feitos filhos de Deus; aos que creem no seu nome."

"MAS, A TODOS QUANTOS O RECEBERAM" – Felizmente, muitos já O têm recebido, e, à medida que evoluírem, continuarão a recebê-Lo, introjetando em seu psiquismos os valores que d'Ele dimanam, na extensão da bondade de Deus. São os que encontram um novo significado para a vida. E, a cada dia, novos integrantes do Seu imenso rebanho se capacitam a identificá-Lo como o Bom Pastor.

"DEU-LHES O PODER DE SEREM FEITOS FILHOS DE DEUS" – Deus é Pai de todos. Mas nem todos O aceitam como tal.

Vários se julgam filhos do nada, para retornarem ao nada, como se o nada pudesse oferecer alguma coisa. À proporção que vamos entendendo e vivendo o Evangelho, passamos a ver Deus como Pai, assumindo a condição de irmãos uns dos outros e ajustando-nos, amorosamente, como filhos de um Deus que é Amor, segundo a sua melhor definição.

Quando elegemos Deus como nosso Pai, a vida toma um aspecto diferente. Sentimo-nos sob o manto paternal que assiste, ensina, ajuda, coopera, desculpa, dá novas oportunidades, espera...

"AOS QUE CREEM NO SEU NOME" – Nova postura nos é proposta: crer, aceitar, espontânea e voluntariamente. Embora todos sejamos criados para a perfeição, Deus permite que escolhamos o caminho e até mesmo que, pelo mau uso do livre arbítrio, façamos incursões menos felizes, quando, então, a dor é convocada à tarefa de nos reconduzir ao equilíbrio. Em decorrência disso, pode-se, sob este enfoque, dizer que o sofrimento é útil, bom, providencial.

Aprendemos que, como Deus age conosco, devemos proceder com o próximo: instruir, sugerir, aconselhar, nunca porém, impor.

E hoje, em plena vigência do Consolador, nos é concedido um novo postulado: a "fé raciocinada", a apontar Jesus como Guia e Modelo, capaz de nos direcionar pelo caminho correto que conduz ao Pai.

183

FILHOS DE DEUS

Jo. 1:13

"Os quais não nasceram do sangue, nem da vontade da carne, nem da vontade do varão, mas de Deus."

"OS QUAIS NÃO NASCERAM DO SANGUE." – A fé verdadeira não se estriba nos laços consanguíneos. Não raro, pais muito ardorosos, espiritualmente falando, têm filhos materialistas, descrentes, ateus...

Embora não se possa abstrair o valor de quantos exemplifiquem a crença, propondo novos posicionamentos a familiares, amigos e à própria Humanidade, a fé genuína nasce das profundezas do Espírito, por ação da Misericórdia Divina, podendo medrar e frutificar quando cultivada com amor e humildade.

"NEM DA VONTADE DA CARNE" – Apesar dos muitos benefícios que alguém retire da fé, não pode impô-la a um amigo, companheiro ou parente. Se assim proceder poderá, ao invés de aproximar, afastar, gerando fatores de indiferença, rebeldia, hipocrisia. Isto porque nem a carne e nem o sangue, a expressarem agentes exteriores, poderão equacionar ou determinar, em termos de afirmação espiritual.

A geração e a manifestação da fé, em suas conotações mais expressivas, serão sempre produto dos movimentos intrínsecos da alma. Nascem nos divinos escaninhos do sentimento, projetando o ser para as promissoras ações que visem a concretização dos mais efusivos ideais.

"NEM DA VONTADE DO VARÃO" – Na edificação da crença verdadeira, é imperioso ter vontade fundamentada no poder de seleção e intensificação dos padrões circulantes no campo mental. No entanto, as suas bases residem na profundidade do ser, nas entranhas da alma, cujas terras, regadas pela decisão e pela firme vontade, poderão garantir o surgimento glorioso da fé. Se a razão não é suficiente a elegê-la, a perseverança em sua busca nos coloca em condições de crer...

"MAS DE DEUS" – A evolução nos encaminha para os terrenos da fé consciente e a perseverança nos coloca em condições de crer. Mas, "crer mesmo" decorre de um posicionamento interior, emoldurado pelos valores do coração, a se sublimar na humildade e no reconhecimento da Paternidade Divina. Esse entendimento, resultante da evolução, nos situa junto do Mestre. Por este estado de espírito, elegemos a proposta de buscar a condição de filhos de Deus, cultivando a disposição em dinamizar a Sua mensagem, quer no território da alma pela luta renovadora, quer junto aos "filhos do Calvário", visitados pela dor e pela desiluão, a aguardarem nossa cota de cooperação e uma mensagem de esperança.

184
VERBO E AÇÃO

Jo. 1:14

"E o verbo se fez carne, e habitou entre nós,
e vimos a sua glória, como a glória
do unigênito do Pai, cheio de
graça e de verdade."

"E O VERBO SE FEZ CARNE" – "Verbo", palavra, ação. Segundo o próprio Evangelista: "No princípio era o Verbo" (Jo. 1:1).

O "Verbo", palavra, verdade que tange o Espírito, é o instrumento que vem preparando-o, através dos séculos, para sua concreta afirmação em termos de amor.

Por muitos milênios, a Verdade foi veiculada verbalmente pelos Profetas e outros emissários, os quais, apesar de seus testemunhos, não conseguiram vivenciá-la integralmente.

Chega o momento, porém, em que a misericórdia do Criador presenteia a Humanidade com Seu Filho, que reuniria, em Si mesmo, todas as expressões do verbo, até então falado e comentando, atingindo seu ápice pela vivenciação, a abrir-se em vida abundante.

Fazendo-se carne, revelou-se a nós, colocou-se em condições idênticas a todos, para nos ensinar, falando e vivendo, numa linguagem ao alcance de todos.

O "verbo" é sempre a manifestação daquilo que reside na intimidade.

No plano abrangente da Divindade, é a Lei, em sabedoria e grandeza, tocando todos os ângulos inerentes ao Amor que sustenta o Universo.

Irradiado por aqueles que já se identificam com os valores superiores, atinge os que os ouvem com sensibilidade. Entidades sábias e benevolentes, que nos ensinam com amor, acionando com seu magnetismo, expedindo com autoridade os potenciais de seus ouvintes, induzindo-os a dinamizar os talentos que carreiam, em favor de si mesmos, nos mecanismos que regem o crescimento dos seres. O "verbo" consubstancia, portanto, o melhor que cada um é capaz de refletir.

Em se tratando de Jesus, a Sua materialização ou concretização, indicada no registro "se fez carne", nos conduz à essência de todas as potencialidades do Criador, na forma de amor, colocadas sem símbolos, à percepção das criaturas, por Sua didática viva, em termos de exemplificação.

"E HABITOU ENTRE NÓS," – Ou seja, vivendo onde estamos, enfrentando os mesmos problemas, as mesmas dificuldades e, ainda mais, a ignorância dos homens.

Jesus mostrou que Suas lições podem ser entendidas, vividas e exemplificadas, no ambiente em que nos encontramos. E assim fazendo habilitava a Humanidade a penetrar nas faixas do Bem em seu "aspecto dinâmico", a pulsar em todo o Universo. E isto Ele fez a céu aberto, nos montes, nos campos, nas praias... Nada de ambientes especiais, nada de mosteiros, de estufas ou templos.

Jesus, orando pelos discípulos, disse: "Não peço que os tires do mundo, mas que os livres do mal." (Jo. 17:15).

"E VIMOS A SUA GLÓRIA," – Jesus igual a nós e como nós, também, filho de Deus; mas diferente, porque Sua proposta foi fazer exclusivamente a vontade do Pai. Nisso reside toda a Sua glória. Nós temos feito a nossa vontade, na qualidade de criaturas imperfeitas. Jesus foi glorioso no falar: "E maravilharam-se da sua doutrina, porque os ensinava como tendo autoridade, e não como os escribas." (Mc. 1:22). E foi glorioso também na ação: "E aqueles homens se maravilharam, dizendo "que homem é este, que até os ventos e o mar lhe obedecem?"(Mt. 8:27).

"COMO A GLÓRIA DO UNIGÊNITO DO PAI" – "Unigênito": filho único. Dos filhos de Deus, Jesus é o maior que a Terra conheceu. Único, na evolução d'Ele, com relação ao mundo em que vivemos, ou seja, dos que passaram e vêm passando pela Terra, somente Jesus, identificando a glória do Pai, fez-se, por afinidade, Filho d'Ele. Filho que, consciente de sua missão, levou a efeito o trabalho que lhe foi conferido, entregando ao Pai, do qual se fazia intérprete, todo o mérito de Sua realização, segundo depreendemos da mensagem do Evangelho: "... para que o Pai seja glorificado no filho."(Jo. 14:13).

Na extensão do Bem Maior que equilibra o Universo, o Cristo é a força dinamizada a partir de cada ser que, consciente ou inconsciente, reflete o pensamento de Deus no contexto em que esteja ajustado. É o bloco compacto do Amor, unigênito, ímpar em toda a extensão universal, por existir e se estender para além das individualidades. Operacionalizado, com discernimento, deixa no coração o júbilo do cumprimento da vontade do Pai. É o impulso do Bem que dimana do próprio Criador, garantindo luz e segurança. Glorificados, portanto, serão todos quantos busquem refleti-lo em plenitude, na caminhada de redenção.

"CHEIO DE GRAÇA" – "Graça" é a síntese de todas as virtudes. Virtudes perante a Paternidade Divina, a consciência e diante dos homens, cuja vivenciação será sempre o feliz reflexo da infinita Misericórdia de Deus, na faixa de ação em que se localiza o Espírito.

"E DE VERDADE." – Se a Verdade absoluta é a palavra de Deus (Jo. 17:17), a expressar-se em Suas Leis, em Seus ditames, em Jesus está também a Verdade plena, como orientador e educador da Humanidade. E nós, ainda detendo a verdade relativa, somos convidados a nos aproximarmos d'Ele, na busca da visão correta dos padrões que nos proporcionarão a libertação. "Se vós permanecerdes na minha palavra, verdadeiramente sereis meus discípulos; e conhecereis a verdade e a verdade vos libertará." (Jo. 8:31 e 32).

185

UNIVERSALIDADE DOS ENSINOS

Jo. 3:1

"E havia entre os fariseus um homem, chamado Nicodemos, príncipe dos judeus."

"E HAVIA ENTRE OS FARISEUS UM HOMEM," – Os fariseus se afastavam de tudo que pudesse contaminá-los. Esmeravam-se na observância da Lei, que dissecavam em minúcias. Nada obstante suas preocupações com sua aplicação, por parte dos semelhantes, mantinham-se, a nível pessoal, indiferentes. Por esta razão, a expressão "fariseu" permanece caracterizando a individualidade que sabe e não faz.

Viam com maus olhos qualquer relação com estrangeiros, publicanos e pecadores.

A menção "um homem", amplia o sentido universal dos ensinos de Jesus. Se naquela ocasião esse homem era Nicodemos, o sentido amplo perpassa os séculos, proporcionando a cada um de nós situar-se no contexto da Mensagem Evangélica, assegurando, com êxito, o encaminhamento do aprendizado.

"CHAMADO NICODEMOS, PRÍNCIPE DOS JUDEUS." – A personificação "Nicodemos" sugere a identificação de cada um, ao nível da responsabilidade, em que pese integrarmos uma expressiva multidão de seres na amplitude do Cosmo.

O título "Príncipe dos Judeus" mostra que o personagem era indivíduo bem conceituado no campo social. E mais, ser ele amadurecido, rico, politicamente influente, membro do Sinédrio. Toda essa soma reflete, sob a ótica do Espírito imortal, o patrimônio conquistado nos trâmites da evolução, antes do toque do Cristo.

A adesão sincera aos postulados evangélicos é fato, quase sempre, constatado quando o ser, trabalhado nos milênios, detém ampliadas reservas, colhidas nas experiências transitórias e passageiras, ao longo do tempo.

Portando sólidos argumentos de uma razão ávida de esclarecimentos, e, preso ainda às convenções que emolduravam tais valores, emerge do coração de Nicodemos, em meio a interrogações, uma postura firme, decisiva e finalística. A partir de então, a vida propõe novos fatores em seu desenvolvimento. A adesão aos novos terrenos, no entanto, só seria possível com a adoção do desejo de desvincular-se de velhas concepções, antigos sistemas. Compreensível, portanto, a sua histórica indagação: "como pode um homem nascer sendo velho?..." (Jo. 3:4).

A expressão "príncipe", veiculando o conjunto dos valores arregimentados, se transforma em precioso potencial fertilizante que facilitará a estruturação do servidor fiel nos novos terrenos que se lhe abrem no percurso da existência infinita, inestancável.

A essência das experiências conquistadas permanece. No entanto, alteram-se as aspirações e o modo de viver ao longo do caminho que se lhe abre, sob as bênçãos do Plano Maior.

186
RECONHECIMENTO

Jo. 3:2

"Este foi ter de noite com Jesus, e disse-lhe: Rabi, bem sabemos que és Mestre, vindo de Deus; porque ninguém pode fazer estes sinais que tu fazes, se Deus não for com ele."

"ESTE FOI TER DE NOITE COM JESUS," – Tal fato marca a feliz iniciativa de Nicodemos ao movimentar-se em busca do Senhor. As dúvidas, também por nós cultivadas, atingirão um momento em que não poderão permanecer. A sombra espessa da individualidade, presa aos interesses da retaguarda, deve ceder ao influxo da Luz e da Sabedoria.

Procurar Jesus, à noite, é realidade incontestável. O importante é o reconhecimento da presença dessas trevas, como se nota na inspirada narrativa do Evangelista. Quem vive o dia, na claridade dos enunciados evangélicos, não procura Jesus; vive lado a lado com Ele, na continuidade do trabalho incessante e redentor.

"E DISSE-LHE: RABI, BEM SABEMOS QUE ÉS MESTRE, VINDO DE DEUS;" – A afirmativa de Nicodemos – "Rabi", cuja significado é "meu Mestre", encerra os primeiros movimentos da mente daquele doutor da Lei, dispondo-se a recolher, no piso da simplicidade, a orientação que poderia, naturalmente, vir de Jesus.

No percurso da aprendizagem, tal evocação não pode ser marginalizada, nada obstante não ser necessário expressá-la ostensivamente. É o estado de alma de quem, efetivamente, abre o seu Espírito ao conhecimento, procurando reduzir ao máximo, prevenções, conceitos e preconceitos de que é portador, resultantes das múltiplas experiências colhidas em seu pretérito.

Enunciando "bem sabemos que és Mestre", aquele príncipe dos judeus indica à nossa sensibilidade a postura de quem é capaz de, reconhecendo sua própria insipiência, identificar pela conjugação dos fatores que já possui, outros, de natureza mais positiva, que poderão ser alcançados e mesmo sedimentados nas experiências do dia-adia, pela implementação da fé raciocinada.

Declarando, sem sofismas, "vindo de Deus" aquele personagem, de presença importantíssima nos episódios da Boa-Nova, deixa claramente definida a convicção, alimentada com base nas obras do Mestre, de que a fonte inspiradora e mantenedora d'Ele residia, como reside, no âmago do próprio Criador.

Trata-se de apontamento a ser um dia acionado no foro pessoal de cada um, um estado de alma que capacita o ser a alcançar novos patamares em seu progresso.

"PORQUE NINGUÉM PODE FAZER ESTES SINAIS QUE TU FAZES, SE DEUS NÃO FOR COM ELE." – Assim dizendo, Nicodemos justificava, ao endosso da clareza consciencial, que qualquer realização positiva resulta de identificação do seu agente com os inequívocos fundamentos da Divindade.

Afirmando que "ninguém" pode fazer os sinais que tu fazes se Deus não for com ele, fica apontado para nosso entendimento, candidatos que somos ao regime do aprendizado da Mensagem do Amor, ser imperiosa a avaliação, em profundidade, de tudo quanto emana daqueles que se posicionam como instrumentos ou cooperadores, na grande obra de implantação do Evangelho nas terras do coração.

187

REENCARNAÇÃO E EVOLUÇÃO

Jo. 3:3

"Jesus respondeu, e disse-lhe: Na verdade,
na verdade te digo que aquele que não
nascer de novo não pode ver
o Reino de Deus."

"JESUS RESPONDEU, E DISSE-LHE: NA VERDADE, NA VERDADE TE DIGO" – As afirmativas no Evangelho, precedidas da locução "Na verdade, na verdade te digo" expressam não apenas a autenticidade das palavras do Cristo, mas também evidenciam, de modo inequívoco, que o registro que está sendo trabalhado se fundamenta nas bases do equilíbrio universal.

A verdade, refletida com toda a intensidade na pessoa do Cristo, guarda fidelidade com a própria Lei, a manifestar-se com plenitude em todas as faixas da evolução.

O verbo é, sem dúvida, o instrumento revelador da verdade de cada um. Na medida que o ser busca identificar-se com as fontes mais evidentes da realidade espiritual, as suas palavras passam a ser atestado fidedigno da Justiça e da Verdade que cultiva.

Em se tratando do Cristo, Mestre por Excelência de toda a Humanidade, a verbalização atinge amplitude inimaginável, de vez que cada palavra veiculada, cada atitude, cada expressão trazem conteúdo didático e reservas vibratórias que tangem as necessidades mais diversificadas daqueles que O buscam como sustentáculo na caminhada libertadora.

"QUE AQUELE QUE NÃO NASCER DE NOVO," – A resposta a Nicodemos permite avaliações da maior transcendência para a movimentação espiritual do ser. Numa das poucas colocações do Mestre, é utilizada a forma negativa.

Se algo ainda permanecesse em Nicodemos, quanto aos pontos de correlação de Jesus com Deus, a afirmativa do Cristo oferecia possibilidade de uma tomada clara e decisiva de consciência com vistas ao entendimento de como se opera o progresso do ser em sua evolução.

Definia Jesus que, sem nascer de novo, ou seja, reencarnar, retomar as experiências na carne, não nos seria possível identificar os parâmetros existenciais de Deus e de Sua Presença, dentro de nós. Dava a entender, ainda, com sabedoria e de modo indireto, que, nas recapitulações reencarnatórias, o Ser deverá empenhar-se em favorecer o nascimento de uma nova mentalidade positiva e gratificante que responderá, no devido tempo, aos anseios de felicidade.

"NÃO PODE VER O REINO DE DEUS." – A afirmativa "não pode ver o Reino de Deus" é incisiva e restritiva. Somente pela assimilação de recursos que a reencarnação proporciona estará a criatura capacitada a visualizar padrões que lhe assegurarão o avanço no rumo do equilíbrio e da paz.

Ao tempo em que os reingressados na carne somam conteúdo cada vez mais expressivos, de outro lado, são eles geradores de estados de saturação, sempre que insistimos na cristalização de hábitos escravizantes, elegendo a rotina que acabará um dia convocando o Espírito a novas reflexões redirecionadoras do destino.

Ao longo das experiências reencarnatórias, fica ao alcance de todos trabalhar a própria sensibilidade, a fim de enxergar, com maior clareza, os fatores da libertação. Na falta de tal discernimento, por desinteresse ou acomodação, os próprios acontecimentos e circunstâncias da vida virão, no encadeamento da Lei de Ação e Reação, inclina-lo à percepção de tais caracteres geradores de conhecimento e de segurança. Importante ter-se em conta que, na busca de afirmação, "ver" será sempre o primeiro passo.

188
CRISTALIZAÇÕES

Jo. 3:4

"Disse-lhe Nicodemos: Como pode um homem nascer, sendo velho? Porventura pode tornar a entrar no ventre de sua mãe, e nascer?"

"DISSE-LHE NICODEMOS:" – O diálogo de Nicodemos com Jesus registra naturalidade e espontaneidade, ficando evidenciada a importância da autenticidade e da confiança que devemos manter relativamente àqueles que nos socorrem. Será este também o clima ideal que reciprocamente nos cabe oferecer a todos que, pelos canais das circunstâncias, possam de nós se aproximar, em busca de auxílio e cooperação.

"COMO PODE UM HOMEM NASCER, SENDO VELHO?" – A indagação formulada por aquele doutor da Lei é a manifestação notória de uma mente condicionada aos argumentos transitórios de feição material. Apesar disso, é por tais registros que evidenciamos o direito de argumentar e de definir a própria personalidade. Os novos valores que hoje nos visitam em nome do Cristo são, em alguns momentos, de tamanha ressonância que nos vemos convocados a apelar para o concreto.

A partir daí, identificamos, quase sempre, a total insubsistência dos conceitos que até então nutríamos. Se, de um lado, evidenciamos fragilidade de conhecimento, de outro, abrimos as comportas de assimilação das verdades que sanearão de vez o terreno da própria ignorância.

"PORVENTURA PODE TORNAR A ENTRAR NO VENTRE DE SUA MÃE, E NASCER?"– Falando desta forma, Nicodemos inquiria e concluía de modo objetivo a impropriedade de o espírito retornar, com seu antigo equipamento carnal, ao ventre de sua mãe. Apesar disto, o argumento oferecia ao interlocutor de Jesus possibilidades de compreender, por prismas mais claros e evidentes, como seria o nascer de novo. É óbvio que, se tal fato, a reencarnação, apresentasse foro de verdade, ocorreria de modo diferente.

Embora nós, os "Nicodemos" da atualidade, já possamos compreender, pelos registros seguros da Doutrina Espírita, e em detalhes, todos os passos que implicam o retorno à vida física, o doutor da Lei, àquela época, levou consigo, quanto ao aspecto mecânico da reencarnação, apenas os informes básicos para suas profundas reflexões.

Ainda hoje, vários séculos após este colóquio, a praticidade e relatividade com que tentamos operar com os valores transcendentais do Espírito têm nos permitido argumentar, mas, nem sempre, visualizar, com profundidade, o porquê e o como de muitos fenômenos da vida, em seu caráter de eternidade. O progresso e o tempo cuidarão de nos guindar aos degraus superiores do entendimento e da compreensão.

No entanto, sejam quais forem os argumentos, a Misericórdia estará sempre em ação, distribuindo, em nome da bondade do Pai, não apenas sustentação, mas, também, preciosas revelações, consoante a afirmativa de Jesus: "E conhecereis a verdade, e a verdade vos libertará" (João 8:32).

189

REENCARNAÇÃO E APERFEIÇOAMENTO

Jo. 3:5

"Jesus respondeu: Na verdade, na verdade te digo que aquele que não nascer da água e do Espírito não pode entrar no Reino de Deus."

"JESUS RESPONDEU: NA VERDADE, NA VERDADE TE DIGO" – É sempre notória a maneira simples e vigorosa com que Jesus responde àqueles que o interpelam.

Ante as dúvidas de Nicodemos, a posição do Mestre não podia ser outra. "Na verdade, na verdade te digo", implica numa clareza que faltava ao seu interlocutor, cujos conceitos acerca da reencarnação se apresentavam totalmente descaracterizados, em face da desinformação e dos interesses milenarmente cultivados.

Ainda hoje, após tantos séculos, continuamos a dar campo às dificuldades e distorções na interpretação e conhecimento das leis naturais e das propostas morais, acalentando a inércia e a indiferença, nada obstante as revelações tão claras, quanto a contida no texto em exame, estejam há séculos ao nosso dispor.

"QUE AQUELE QUE NÃO NASCER DA ÁGUA E DO ESPÍRITO," – A reencarnação como Lei inarredável está e estará presente, enquanto necessitarmos recolher o conteúdo indispensável ao aperfeiçoamento, nos seus vários níveis. Funciona dentro dos parâmetros da Justiça, independentemente da aceitação dos Espíritos que a ela estejam sujeitos.

Trazendo em seus meandros, não apenas os componentes da aprendizagem, como também, as ressonâncias da Lei de Causa e Efeito, com vistas à normalização dos impositivos cármicos, pode, com base no Livre-Arbítrio, proporcionar condições para que o Espírito promova nova direção ao destino, na busca de sua redenção. É dentro dessa ótica que penetramos no sentido renovador, inserido na expressão "nascer do espírito".

Se de um lado, o plano reencarnatório apresenta conotações de natureza compulsória, de outro, o nascimento espiritual, calcado na renovação, levado a efeito no piso da espontaneidade, é meta que cada um deve abraçar. Engajando-nos, com determinação, na reeducação e no trabalho do Bem de todos, rumamos com segurança para o Grande Futuro, adquirindo também, e desde agora, o direito, em muitas oportunidades, de co-participarmos, pelo grau de responsabilidade adquirido, dos planejamentos reencarnatórios que nos digam respeito.

"NÃO PODE ENTRAR NO REINO DE DEUS." – Pelo que depreendemos, o "nascer do Espírito" se reveste de fatores essenciais e está presente, embrionariamente, em todos os seres.

É a partir da concretização dessa proposta que estaremos nos habilitando a penetrar nos escaninhos da harmonia e da paz, próprios do "Reino de Deus".

Não existe dúvida de que a operosidade equilibrada e discernida integra toda a extensão vibratória deste "reino", em que cada componente se inspira nos ditames da Lei de Deus, agindo incansavelmente nos planos da edificação e da cooperação junto de pessoas, coisas, situações e circunstâncias, sempre presentes no Universo, tudo sob o influxo amorável do Pai Eterno.

190

REENCARNAÇÃO E DIRECIONAMENTO

Jo. 3:6

"O que é nascido da carne é carne, e o que é nascido do Espírito é espírito."

"O QUE É NASCIDO DA CARNE É CARNE," – Dando ênfase ao Seu ensino, no que tange à reencarnação, o Mestre utiliza-se de uma figura perfeitamente identificada por Nicodemos. E é através de Sua colocação "nascido da carne é carne" que Ele deixa evidenciadas as linhas das experiências sucessivas no terreno humano.

O instrumento biológico, apesar de suas relações diretas com as faixas da retaguarda, carreando vasta soma de reflexos, é abençoado recurso, capaz de guindar o ser aos mais avançados patamares em sua jornada. Estruturado na base de elementos dotados de psiquismo rudimentar, em regime de crescimento, constitui-se veículo, cuja direção está entregue ao espírito que, na medida de sua conscientização, saberá, não apenas zelar pelo seu pleno e eficiente funcionamento, mas, também, com ele e por ele promover, definitivamente, sua integração nos amplos parâmetros da imortalidade.

"E O QUE É NASCIDO DO ESPÍRITO É ESPÍRITO." – A reencarnação é um laboratório onde se refundem experiências e propostas de vida, num abençoado sistema de aprendizado. É através dela que o ser identificará o processo adequado para empreender o direcionamento de seu destino nas leiras do progresso. Percebe, sem dificuldade, que é chegado o instante de promover a sementeira de caracteres positivos, trabalhando as causas que possam gerar efeitos mais felizes, que atendam com segurança aos maiores anseios da consciência.

O regime fechado das "causas e efeitos", a dominar de modo constrangedor o painel das vidas sucessivas, cederá lugar ao uso consciente do Livre-Arbítrio, fundamentado no conhecimento e em ângulos selecionados nos terrenos da sensibilidade. Instauram-se, então, as geratrizes do Amor e da felicidade sem enganos. É o "nascer do Espírito" que emergirá, um dia, felicitando a todos indistintamente, embora em processo individual, dando condições à chegada do Reino de Deus, no âmago dos corações.

191

DESLUMBRAMENTO

Jo. 3:7

"Não te maravilhes de te ter dito: Necessário vos é nascer de novo."

"NÃO TE MARAVILHES DE TE TER DITO:" – Propondo-se a auxiliar Nicodemos com a abordagem da reencarnação, na simplicidade e sabedoria que lhe eram peculiares, Jesus penetra no aspecto transcendente da libertação espiritual. Alertando o seu interlocutor para que não se maravilhasse com a sua orientação, Ele definia, desde aquele momento, que qualquer iniciativa com vistas à vitória final, no rumo da imortalidade, deve iniciar-se nas atitudes e decisões mais simples e no aproveitamento inteligente de cada fato, no encadeamento das vidas sucessivas.

"NECESSÁRIO VOS É NASCER DE NOVO." – Reafirmando seu pensamento já manifestado àquele fariseu, o Mestre volta a dar ênfase quanto à necessidade do retorno às lides carnais, como providência inerente e indispensável ao aperfeiçoamento. Os registros relacionados à aprendizagem são vastos e sua aquisição se concretiza lenta e gradativamente. É dentro deles que se encontram os potenciais suscetíveis de gerar os padrões de reconforto e equilíbrio que todos buscamos.

E, na medida em que gravamos isto, afastamo-nos da euforia das revelações puramente informativas e penetramos nos meandros da oportunidade de crescimento pelo trabalho, que as mesmas encerram. Assim analisando, novos ângulos se abrem a favorecer a tarefa ascensional, com que atingiremos condições de vencermos o império das reencarnações dolorosas, que nos têm visitado em todos os tempos.

192
LIMITAÇÕES

Jo. 3:8

"O vento assopra onde quer, e ouves a sua voz, mas não sabes donde vem, nem para onde vai; assim é todo aquele que é nascido do Espírito."

"O VENTO ASSOPRA ONDE QUER, E OUVES A SUA VOZ", – Tem sido verdadeiramente desafiador o processo de entendimento, de modo concreto, da existência da Alma. Em sua orientação a Nicodemos, o Mestre se utiliza de uma figura a nos induzir a refletir sobre os valores que extrapolam do contexto material.

"O vento" é elemento da natureza que, de princípio, nos atinge, nos toca, sem que o possamos visualizar. É por esses caminhos que conseguiremos, pelas deduções, chegar às respostas mais satisfatórias, no terreno do Espírito imortal. O vento pode ser compreendido, na alusão do Mestre, como tudo aquilo que, nos planos psíquicos, tenha condições de sensibilizar o ser, sem que possa ele observar de modo palpável e ostensivo o seu mecanismo. Antes de se pretender apalpar qualquer tipo de material tangível nas reentrâncias do Espírito, por sua inexistência, é bom depreender que a realidade da alma imortal se expressa, de modo "concreto" a todo aquele que, "tendo olhos de ver" e "ouvidos de ouvir", alcança, por seu "sentir" e para além do véu, o que a grande massa ainda não consegue efetivamente atingir.

Sem dúvida, através dos milênios temos recebido e convivido com recursos que tangem nossos corações, falam no íntimo, com todo vigor e, mesmo assim, permanecemos incrédulos, porque a vaidade e a objetividade materialistas continuam a exigir uma visualização concreta, que nunca será capaz de assegurar convicção a quem quer que seja. O campo experimental da ciência ainda não passa das forças e dos componentes que constituem o lado físico do Universo, e que, antes de início ou fim, como alimentam os materialistas, são apenas instrumentos que as individualidades espirituais utilizam para implementarem a própria evolução para Deus.

É bom refletir, e felizes seremos, quando pudermos concluir que os padrões mais autênticos da presença de Deus e do Espírito não surgem com "aparência exterior".

"MAS NÃO SABES DONDE VEM, NEM PARA ONDE VAI;" – Sem qualquer insinuação à falta de personalidade ou de caráter na marcha do progresso, a conclusão de Jesus vem favorecer o entendimento quanto ao fato de que, nos dispondo a renovar efetivamente, estaremos inteiramente, sem perda do livre-arbítrio, suscetíveis das determinações do Plano Maior. São estas determinações, a se refletirem nos fatos e acontecimentos do dia-a-dia que retratam, a todo instante, a proposta sábia de Deus a nosso respeito. Quando clarificado pelo discernimento, na base da humildade, o ser sabe identificar-se, dentro da dinâmica que a imagem do vento sugere, com os planos da Sabedoria Divina.

"ASSIM É TODO AQUELE QUE É NASCIDO DO ESPÍRITO." – Esta sensata colocação conduz a criatura às mais importantes aferições quanto ao seu redirecionamento moral, dentro do mecanismo evolutivo. O fato a desenrolar-se na intimidade do ser requer, por sua vez, componentes germinativos, consoante a sistemática reinante no Universo. Nas expressões biológicas da fecundação e desenvolvimento do corpo, as células específicas se encarregam, devidamente conjugadas, em estruturar o novo organismo. Nas engrenagens sutis da alma, as fecundações psíquicas expressam conjugações de caracteres de natureza moral, eterna. O coração que se abre para os padrões da afetividade e do Amor recolherá, naturalmente, os elementos que lhe proporcionarão o alcance de suas metas mais almejadas.

193

QUESTIONAMENTO

Jo. 3:9

"Nicodemos respondeu, e disse-lhe:
Como pode ser isso?

"NICODEMOS RESPONDEU, E DISSE-LHE: COMO PODE SER ISSO?" – Mais uma vez, a pergunta de Nicodemos configura todo nosso anseio e nossa dúvida a permanecerem pelos séculos, esperando respostas e equacionamentos. No entanto, tais soluções guardam relação direta com a real disposição de cada qual em aprender, recolhendo da Fonte Inesgotável da Verdade, em Cristo, a solução correta e definitiva. Neste caso, a postura decisiva, sem subterfúgios, assegurará a retenção do verdadeiro conteúdo, capaz de nos libertar das teias da ignorância para os cimos do conhecimento.

Em todo o esforço pedagógico, a disposição do educando em aprender a lição é fator primordial.

Em face disso, a Espiritualidade Superior, por ocasião da Codificação Espírita, registrou em *O evangelho segundo o Espiritismo*, a sábia recomendação: "Espíritas! Amai-vos, este o primeiro ensinamento; instruí-vos, este o segundo." (ESE, cap. 6, item 5).

A pergunta de Nicodemos: "como pode ser isso?" cala com profundidade em nosso espírito. Por tal formulação, tem-se aberto amplas possibilidades de crescimento para todos.

Permanece, portanto, séculos a fora, a indagação daquele doutor da Lei, ajudando-nos a refletir quanto ao valor que temos dado a vários temas, pendentes de maior compreensão, ocultos até que se manifeste o despertar de nosso "interesse", a fim de que possam ser equacionados em nossa mente.

194

MESTRE E MESTRES

Jo. 3:10

"Jesus respondeu, e disse-lhe: Tu és mestre de Israel, e não sabes isto?"

"JESUS RESPONDEU, E DISSE-LHE: TU ÉS MESTRE DE ISRAEL," – A posição de Nicodemos como mestre não se circunscreve apenas àquele doutor da Lei que se achava no limiar da apropriação de novo aprendizado. Engloba toda a soma de experiências que recolhemos, percorrendo os mais diversificados terrenos no perpassar dos séculos.

De princípio, não nos é difícil depreender que o ser necessita de todo esse acervo, nos quadrantes humanos, para que se predisponha, um dia, a penetrar os férteis caminhos espirituais sobre os fundamentos da lógica e da razão.

Em sua bondade, continua Jesus a identificar em cada um de nós a extensão dos fatores já acumulados, direcionando Seu suave magnetismo aos potenciais que trazemos e que anseiam aflorar, ajudando-nos mais amplamente no direcionamento para um futuro melhor.

"E NÃO SABES ISTO?"– Israel, como pátria de Nicodemos e na qual era mestre, sugere, espiritualmente, um vasto território de conhecimentos, dentro de nós mesmos, a atingir quase a totalidade de informações, num sentido abrangente, universal. Indagando dele "e não sabes isto?", o meigo Rabi da Galiléia deixava entender que, ao lado de uma ampla cultura, podem permanecer significativas expressões de ignorância, a exigirem postura de decisiva humildade, nem sempre possível de se adotar em decorrência das capas do personalismo que ainda trajamos e alimentamos, através dos títulos exteriores que cultivamos nos milênios. A simplicidade é chamada a fim de que possamos diagnosticar os focos de nossa carência, sem o que se tornará impossível atingir as novas metas que visualizamos de longo tempo.

195

TESTEMUNHO

Jo. 3:11

"Na verdade, na verdade te digo que nós dizemos o que sabemos e testificamos o que vimos; e não aceitais o nosso testemunho."

"NA VERDADE, NA VERDADE TE DIGO QUE NÓS DIZEMOS O QUE SABEMOS." – Afirmando incisivamente "na verdade, na verdade te digo..." o Mestre acrescenta, com toda autoridade, que seus ensinos refletem a Sabedoria.

De princípio, podem tais palavras até insinuar pretensa vaidade. No entanto, o episódio evidencia a necessidade de manifestação segura, na busca de sensibilização de um coração ainda cristalizado em ideias e preconceitos acalentados em muitas reencarnações.

Para que a autoridade possa ser resguardada em seus devidos fundamentos, o conhecimento a ser veiculado, seja qual for o método ou o recurso pedagógico, exige fundamentos amplos construídos na disposição de aprender, no empenho constante de exemplificação e na humildade, fatores plenamente acionados por Aquele que indicou, para nós, o "caminho" verdadeiro da redenção.

"E TESTIFICAMOS O QUE VIMOS" – Exatamente dentro desta capacidade de testemunhar, será possível empreender-se o percurso que nos levará ao destino fixado. Isso, quando palmilhado passo a passo, com aproveitamento inteligente e criterioso de cada lance da vida. Na medida que nos ajustamos a esse sistema, vamos abandonando os terrenos perigosos e movediços das aventuras pessoais, e desvinculando-nos, também, das indicativas teóricas ou das informações periféricas que nos têm mantido estacionados no tempo.

Esse testemunho, Ele soube trazer, evidenciar e testificar em todos os fatos de Sua existência.

"E NÃO ACEITAS O NOSSO TESTEMUNHO." – A nossa realidade está perfeitamente definida na expressão "e não aceitais o nosso testemunho". Conscientes disso, torna-se imperioso que os padrões já assimilados garantam a vitória das possibilidades de dedução que já detemos, de raciocinio e de conclusão prática e objetiva, a fim de que, mantidas abertas as válvulas captadoras, não venhamos a perder novos valores que a cada instante visitam o nosso entendimento.

A condição de êxito prende-se, portanto, à firme decisão de desarticular tendências sistemáticas à cristalização mental, que residiam em Nicodemos.

O sentimento é o campo em que se assentará o processo de crescimento espiritual. Contudo, a inteligência que nos foi conferida pela Misericórdia Divina é convocada, como ocorre hoje, à análise das causas e das metas, dos recursos e de suas aplicações, a fim de que as construções se ergam de modo natural e seguro, garantindo a paz que buscamos de longa data.

196
CONVICÇÃO PESSOAL

Jo. 3:12

"Se vos falei de coisas terrestres, e não crestes, como crereis, se vos falar das celestiais?"

"SE VOS FALEI DE COISAS TERRESTRES, E NÃO CRESTES" – Sabia Jesus, ao prometer o Consolador, o quanto estava reservado a todos nós, somente possível de incorporar-se quando se abrissem as válvulas da maturidade. Caberia à Nova Mensagem clarear cérebro e coração para as verdades que, devidamente assimiladas, garantiriam o erguimento do ser para novos conhecimentos, predispondo-o para o grande porvir.

Na medida em que os componentes vão sendo acionados, a mente discernida extrapola dos limites rígidos de objetividade tradicional, lançando-se aos planos mais ampliados da evolução, num anseio natural crescente de aprimoramento inestancável.

A fé, até então imposta como dogma, ao sabor do constrangimento religioso, se estende para um sentido racional, consciente, ajudando-nos no alcance de outros ângulos, no empenho de crescimento.

O domínio interior dos valores espirituais surge, projetando-nos para um grau de confiança, plenamente sustentado pelo raciocínio e pela lógica, em perfeito ajuste com o piso do sentimento, onde a fé, efetivamente, se assenta.

Avaliando a extensão de nossas deficiências, depreendemos que os conhecimentos, em suas expressões transitórias, não apenas se circunscrevem ao terreno físico, mas também, como ocorria a

Nicodemos, permanecem a testar o próprio nível de confiabilidade. O que "descrê" sofre, estaciona-se; o que conhece e "crê", projeta-se.

"COMO CREREIS, SE VOS FALAR DAS CELESTIAIS?" – A assertiva expressa segurança e sabedoria do Mestre. Procurando favorecer a capacidade perceptiva de Nicodemos para as questões espirituais, Ele aponta a fragilidade de entendimento de muitos, até mesmo para as questões de cunho estritamente materiais. Mesmo assim, muitos se empreendem com aprofundamento nos terrenos dos valores transitórios. Ante a impossibilidade de prosseguir, a inteligência se sensibiliza pela manifestação do sentimento e busca percorrer outros caminhos.

Nada obstante, o papel dos reveladores que, em enfoque de natureza espiritual, apontam a Grande Mensagem de libertação, permanece, como decisão de cada qual, sob a égide do Criador, abrir-se ou não, para as lutas do Espírito, em foro de imortalidade. A partir daí, torna-se compreensível o fato de os benfeitores identificarem os nossos mais íntimos pensamentos e concepções, bem como avaliarem, com toda exatidão, o grau de conhecimento, fé e capacidade assimilativa que já portamos. Natural, portanto, Jesus saber até onde ia a possibilidade de assimilação de Nicodemos, quanto aos padrões "celestiais".

197

DIANTE DA JUSTIÇA

Jo. 8:3

"E os escribas e fariseus trouxeram-lhe uma mulher apanhada em adultério;"

"E OS ESCRIBAS E FARISEUS" – Os primeiros eram copistas da escrituras. Chamados também doutores da Lei, intérpretes da Lei. Normalmente, adversários do Cristo. Os segundos eram observadores rigorosos dos rituais. João Batista os chamou de "raça de víboras". A palavra fariseu se incorporou ao dicionário com o sentido de hipócrita.

Como sempre, havia honrosas exceções: Nicodemos, Gamaliel, Saulo de Tarso. Acerca dos escribas e fariseus, falou Jesus: "Mas ai de vós, escribas e fariseus, hipócritas! Pois que fechais aos homens o Reino dos Céus; e nem vós entrais nem deixais entrar aos que estão entrando." (Mt. 23:13). Com a conduta divorciada do entendimento – sabem, mas não fazem –, eles não desfrutam do céu da alma. E criam complicações para terceiros, através de exigências.

E mais: "...Na cadeira de Moisés estão assentados os escribas e fariseus. Observai, pois, e praticai tudo o que vos disserem; mas não procedais em conformidade com as suas obras, porque dizem e não praticam;" (Mt 23:2 e 3).

Dessa advertência entendemos que, apesar da distância que ainda nos separa de Jesus, é importante falarmos de Sua mensagem, porque, falando, vamos adquirindo certeza, convicção. E dos que nos ouvem e tiram proveito, muitos encarnados e desencarnados vibrarão em nosso favor.

Os escribas e fariseus ainda estão presentes, na atualidade, nas pessoas intransigentes quanto à conduta alheia, exigindo a aplicação dos postulados da justiça, sem, contudo, adotar para consigo mesmos o processo de renovação com base nos conhecimentos que já conseguem deter, a nível informativo, no âmago de si próprios.

"TROUXERAM-LHE UMA MULHER" – Embora com intenções diferentes, escriba e fariseus fizeram um grande benefício àquela mulher, levando-a até Jesus. O fato evidencia a aplicação da Lei, a se revestir da misericórdia, quando a criatura, no labirinto das dificuldades, apresenta, ainda que diminuto, o gérmen da retificação e do retorno à vida. As circunstâncias são sempre os instrumentos de manifestação do Criador em nosso favor. A mulher, a expressar o potencial do sentimento de todas as criaturas em evolução, é a figuração do precioso elemento que no íntimo define as disposições da personalidade.

No contexto da caminhada podemos constatar as mais diversas formas, pelas quais a individualidade vem recebendo o ensejo de chegar a Jesus, hipótese que não significa derrogação da Lei quanto aos delitos cometidos e nem isenção das punições correspondentes. Desse modo, até no cumprimento da Lei vemos a oportunidade que nos é oferecida de, como filhos, aproximarmo-nos do Pai-Criador. O ato de escribas e fariseus trazerem uma mulher até Jesus deixa evidenciado que, algumas vezes, são os fatos externos, mesmo conflitantes com a nossa vontade interior, os responsáveis por uma posterior tomada de posição pessoal.

"APANHADA" – Surpreendida em algum ato cuja divulgação não lhe convém. Que a nossa consciência diz estar errado. Não podemos nos esquecer de que tudo quanto está oculto será manifesto. E, desde agora, os espíritos mais evoluídos do que nós têm acesso ao nosso íntimo. Por isso, devemos nos ater ao Bem, pois só assim estará afastada a possibilidade de qualquer constrangimento.

"EM ADULTÉRIO;" – Infidelidade conjugal. Apanharam a mulher. É o caso, porém, de se perguntar pelo homem, já que, em matéria de união sexual, implica na presença dele também.

Não podemos, todavia, ficar restritos ao assunto apenas nesse aspecto. Adulterar é também falsificar, corromper, alterar, deturpar, viciar. Pode-se adulterar um documento, uma cédula, uma notícia, por exemplo.

Estamos adulterando quando omitimos o nome do autor de uma ideia; quando acrescentamos ou reduzimos algo numa notícia, modificando-a, e assim por diante.

Estaremos, portanto, adulterando todas as vezes em que alteramos os compromissos firmados perante pessoas, situações, coisas e a própria consciência.

198

ACUSAÇÕES

Jo. 8:4

"E, pondo-a no meio, disseram-lhe: Mestre, esta mulher foi apanhada no próprio ato, adulterando,"

"E, PONDO-A NO MEIO," – Em evidência, à vista de todos. Sempre que fazemos algo errado, experimentamos a sensação de que estamos sendo examinados, esquadrinhados e alvo de comentários. Assim, esse estado já é um fator de alerta para não cairmos e, se cairmos, o incentivo para a saída de tão incômoda situação.

Se, ante os acontecimentos do dia-a-dia, estamos suscetíveis de ser posicionados, em decorrência de nossas falhas, "no meio" de circunstâncias menos agradáveis, cabe-nos, em face das propostas de crescimento, elegermos, com clareza e determinação o "centro" onde devemos operar efetivamente, segundo os mecanismos da existência, a refletirem o pensamento do Criador em todos os parâmetros.

"DISSERAM-LHE: MESTRE," – Escribas e fariseus não tinham Jesus como tal. Usam esse vocativo para simularem o que se passava em seus corações, a realidade de sentimentos contrários ao Senhor. Jesus, para nós, é o Mestre por excelência.

Diante do empenho adotado em alcançarmos o título de aprendizes fiéis da Boa-Nova, vale sindicar a nós mesmos: qual a conotação que damos à expressão "Mestre", quando nos referimos a Jesus?

"ESTA MULHER FOI APANHADA, NO PRÓPRIO ATO," – O fato nos aponta a vantagem de uma conduta reta em toda hora e em qualquer circunstância, porque, aconteça o que acontecer, nada temos a nos comprometer ou lamentar. Os próprios espíritos não simpáticos podem aproveitar a nossa queda vibratória, quando no erro, para nos estimularem à criação de situações embaraçosas.

Quando da apreciação dos fatos menos felizes por nós vividos, perante a Justiça em suas facetas rígidas e irremovíveis, são avocados à frente do princípio "olho por olho, dente por dente", todos os elementos que exaltam as minúcias do delito. No entanto, quando essa mesma Justiça, sem perda de sua essência, é sustentada pelo Amor com Jesus, fatores de equilíbrio em sua aplicação são extraídos dos personagens envolvidos. Do acervo de experiências por eles vividas, desta e de outras vidas, são selecionados fatores que indiquem a adoção de medidas que, sob a égide do perdão, recomendem a liberação dos acusados ante os delitos perpetrados. Nessa hora fala a misericórdia, dando à Justiça nova dimensão em nome da Lei Maior: o Amor.

"ADULTERANDO," – Já vimos que adulterar, quando examinado espiritualmente, se amplia, deixando de referir-se apenas a atos ligados ao sexo. Daí a nossa responsabilidade, pois incorremos, mais vezes do que pensamos, nessa falta.

199

LEI DE AMOR

Jo. 8:5

"E na lei nos mandou Moisés que as tais sejam apedrejadas. Tu, pois, que dizes?"

"E NA LEI NOS MANDOU MOISÉS" – A Lei a que os escribas e fariseus se referem é a que está contida em Levítico: "Também o homem que adulterar com a mulher de outro, havendo adulterado com a mulher do seu próximo, certamente morrerá o adúltero e a adúltera." (Lev. 20:10). Observemos que houve intenção maliciosa por parte dos escribas e fariseus. Dentro da Lei, deveriam apresentar o homem e a mulher. Aqui os homens se arvoram em aplicadores da Lei, se esquecendo de que, perante Deus, ambos têm os mesmos direitos e obrigações.

A Lei, segundo nos revelou Moisés, permanece inexorável e irrevogável, seja qual for o grau de conhecimento e de conquistas morais adquiridos pela individualidade. No entanto, os ângulos de sua aplicação se sublimam e interiorizam-se na medida em que tal caminhada se concretiza. O que ontem era objeto de rígida observância, apenas no contexto da vida de relação, é hoje a luz do Amor e da Verdade, identificado também, e principalmente, na intimidade do próprio ser que, ante a Lei de Causa e Efeito, recebe, em quaisquer circunstâncias, os resultados de suas ações, quer positivas ou negativas, consoante a afirmativa do Cristo: "... e então dará a cada um segundo as suas obras." (Mt. 16:27).

"QUE AS TAIS SEJAM APEDREJADAS." – O apedrejamento era o modo ordinário de aplicar a pena capital pela lei dos hebreus.

As testemunhas punham as mãos sobre a cabeça do criminoso em sinal de que "sobre ele repousava o crime" (Lev. 24:14). Para melhor cumprirem o solene dever, "despojam-no das vestes" (At. 7:58). A primeira testemunha o atirava ao chão, de cima de um tablado de dez pés de altura; a segunda testemunha atirava-lhe a primeira pedra sobre o peito, do lado do coração. Se esta não lhe dava a morte, as pessoas presentes à execução completavam a dilapidação. Depois da morte, costumavam dependurar o corpo até o fim do dia ou queimavam-no Uma lei posterior proibia que o cadáver fosse depositado no túmulo da família. A execução fazia-se fora dos muros da cidade.

Levaram-na até Jesus porque queriam testá-lo. Ora, se estivessem mesmo firmes com relação à Lei de Justiça implantada por Moisés, já a teriam executado.

Hoje não temos quem nos apedreje, mas uma consciência que nos acusa. E não podemos fugir ao resgate inadiável, para o nosso próprio Bem.

"TU, POIS, QUE DIZES?" – Desejavam no caso saber a opinião do Mestre, já que a Sua mensagem propugnava o Amor e o Perdão. Muitos, às vezes, querem o nosso parecer. Se aconselhamos o melhor, mas contrário aos seus propósitos, não nos ouvem. Se damos um conselho menos conveniente, acatam-no e se julgam menos responsáveis. Por isso, é imperioso pensar bastante, antes de externarmos o nosso ponto de vista. Todos têm o direito de perguntar o que quiserem. Peçamos a Deus para só respondermos de modo proveitoso para todos.

Na análise de fatos e situações que nos é dado observar, qual tem sido a posição de nossa consciência, hoje clareada pelas luzes do Evangelho?

Somos ainda os juízes implacáveis em relação aos outros e complacentes para conosco?

Estaremos, ainda, apegados aos padrões de julgamento com nossas medidas, quando o próprio Mestre, reconhecendo as posições diferentes de cada um na escala evolutiva, registra para o nosso entendimento: "Vós julgais segundo a carne, eu a ninguém julgo." (Jo. 8:15).

200

ASTÚCIA

Jo. 8:6

"Isto diziam eles, tentando-o, para que tivessem de que o acusar. Mas Jesus, inclinando-se, escrevia com o dedo na terra."

"ISTO DIZIAM ELES, TENTANDO-O," – Não havia da parte dos escribas e fariseus a mínima disposição de aprender com Jesus. A tentação, que muitas vezes funciona como elemento de teste, visando à nossa segurança evolutiva, funciona também como elemento encorajador quando, apesar da tentação ter-se feito, nela não se caiu, por inexistência de sintonia.

Jesus foi, em toda Sua existência física, tentado por encarnados e desencarnados. Houvesse qualquer iniciativa da parte d'Ele em demonstrar o Seu poder, e estaria comprometendo a Sua missão junto de nós.

É-nos grato lembrar que, em todo o seu trabalho, Jesus soube nos apontar que, como espíritos imortais, ainda presos aos liames da retaguarda, precisamos operar incansavelmente no Bem, indo ao encontro da Lei, antes que esta venha exigir o ressarcimento dos débitos, incrustados em nossa alma. Nessa linha de ação, agindo com segurança e sendo humildes frente às soluções das dificuldades pretéritas, estaremos capacitados a reagir com serenidade e confiança em Deus, às investidas das trevas, a que o próprio Jesus não estava isento, já que a todo instante surgiam, na forma de tentação oculta ou ostensiva.

"PARA QUE TIVESSEM DE QUE O ACUSAR." – Vejamos a posição de Jesus. Se concordasse com o apedrejamento, estaria fugindo à norma de Amor ao semelhante que vinha ensinando. Se aconselhasse o perdão, seria apontado como não cumpridor e contrário à Lei de Moisés. É sempre difícil torcer a posição de uma consciência esclarecida, sejam quais forem os argumentos que apresentemos. O espírito iluminado por Jesus estará, constantemente, vigilante às insinuações que as imperfeições queiram imputar-lhe.

"MAS JESUS, INCLINANDO-SE," – Dando a entender sua posição completamente tranquila. Senhor absoluto da situação. Desde o preparo para encarnar aqui na Terra, vinha Jesus inclinando-se, abaixando-se, reduzindo-se. Através dos Seus mensageiros, continua procedendo assim, a fim de que possamos entender-lhe o ensino. Entender e sentir para exemplificar.

A mensagem nos reserva valores de sabedoria, perfeitamente solicitáveis em meio dos mecanismos da convivência em nosso dia a dia. A vida estará sempre favorecida quando, diante dos empeços de relacionamento, saibamos descer ao nível do entendimento dos semelhantes, sem perda dos componentes e da autoridade de que sejamos portadores, conseguindo assim, com humildade, cooperar, sem escândalos e com pleno respeito para com aqueles que estejamos em relação mais próxima.

"ESCREVIA COM O DEDO NA TERRA." – O dedo lembra mão. Essa, por sua vez, obras, realizações. É o que o Nazareno concretiza junto de nós. Mensagem por palavras e ações. Muito se tem cogitado sobre o que Ele, naquela hora, escrevia.

A atitude do Mestre evidencia, no entanto, a precariedade e transitoriedade dos registros gráficos que traçamos no decorrer dos tempos, mesmo porque são escritos na Terra, sujeitos às intempéries, cedendo lugar aos novos lances que a evolução nos reserva. O gesto de "escrever na terra", facilmente suscetível de apagar-se, sem perda do conteúdo, revela-nos o novo ângulo de apreciação e solução dos fatos menos felizes que as circunstâncias nos trazem nas faixas da experiência. Tais fatos, por exigirem compreensão, discernimento e mansuetude e por suas características tristes e constrangedoras, devem merecer, também, em nosso favor e de seus protagonistas, a caridade de não se estenderem no tempo e no espaço, perdurando, assim, o mínimo possível. Os valores indeléveis por Ele grafados o foram na terra do coração, pela completa doação de Si mesmo, nas páginas da exemplificação.

201

SÁBIA SENTENÇA

Jo. 8:7

"E, como insistissem, perguntando-lhe, endireitou-se, e disse-lhes: Aquele que dentre vós está sem pecado seja o primeiro que atire pedra contra ela."

"E, COMO INSISTISSEM, PERGUNTANDO-LHE," – Vemos que as trevas, alimentadas por encarnados e/ou desencarnados, sabem perseverar. Por isso é imprescindível insistir e manter continuidade na prática do Bem e de forma infatigável. Somente o trabalho, em bases firmes de renovação incessante, é suficientemente forte e capaz de resistir às tentações a que todos estamos sujeitos.

"ENDIREITOU-SE, E DISSE-LHES:" – Ele não só se endireitou como disse-lhes algo. Atitude e palavras esclarecedoras. Ação e argumentação irretorquíveis.

O fato de Jesus "endireitar-se" canaliza ao entendimento o posicionamento que somos chamados a adotar frente aos questionamentos e obstáculos que se nos apresentam. Esse posicionamento, de expressão interior, assegura-nos a capacidade de discernir, pela visão e identificação mais claras dos fatos, os elementos necessários ao equacionamento dos problemas que surgem, e surgirão sempre, como fatores de evolução permanente.

"AQUELE QUE DENTRE VÓS ESTÁ SEM PECADO" – A iniciativa de punir dependia deles, desde que satisfizessem a condição proposta por Jesus. Às vezes, aparentamo-nos virtuosos mas, recorrendo para a consciência, para o mais íntimo, apuramos que é outra a realidade. Somos todos faltosos, deficientes, fazendo-se necessário, para o próprio bem, o uso da compreensão e da benevolência em todas as circunstâncias, sem que isso implique em acumpliciamento com o erro.

"SEJA O PRIMEIRO QUE ATIRE PEDRA CONTRA ELA."
– Não houve primeiro nem último para atirar pedra naquela mulher. Paulo escreveu, referindo-se a Salmos 14:3: "Como está escrito: Não há um justo, nem um sequer." (Rom. 3:10). Afastaram-se constrangidos pelo que portavam no coração.

E, se ali estivesse um justo, seria compassivo, tolerante, como Jesus.

Ainda hoje, a todo instante, somos convidados a refletir sobre esse acontecimento. E quando o fazemos e observamos que aí também nos enquadramos, podemos nos forrar à reciclagem de tristes e lamentáveis atitudes, geradoras, nos séculos, de sofrimentos e frustrações, mantenedores do vínculo do Espírito na retaguarda da evolução.

202
SERENIDADE

Jo. 8:8

"E, tornando a inclinar-se,
escrevia na terra."

"E, TORNANDO A INCLINAR-SE," – Esperando que assumissem uma atitude, Jesus voltou a inclinar-se. Ao desligar-se da situação, dava oportunidade a que escribas e fariseus exercessem o seu livre-arbítrio sem qualquer constrangimento.

No transcurso das reencarnações, podemos perceber a paciência e a concessão do Mestre no aguardo de nossas decisões mais felizes no campo prático das realizações, com vistas à nossa libertação.

Se o Meigo Rabi utiliza tal didática para conosco, visando preservar a nossa livre manifestação, depreendemos que assim também devemos nos posicionar em relação aos semelhantes, numa linha de ressonância com os ensinamentos crísticos. Ou será que ainda estamos presos aos processos da exigência e da intolerância, impondo conceitos e pontos de vista, cerceando a espontaneidade de cada qual em cuja essência residem as genuínas expressões do Amor?

"ESCREVIA NA TERRA." – O ato simbólico adotado por Jesus precisa ser compreendido com profundidade, em face da mensagem que canaliza. O solo do planeta é, sem dúvida, o terreno propício, não apenas a ensejar nosso movimento e nossas ações. Para ele converge o produto de nossos mais expressivos ideais e propósitos. Ao mesmo tempo, é ele o acolhedor das emissões mentais e atitudes que se refletirão, naturalmente, nos planos circunstantes.

203

AUTO-ANÁLISE

Jo. 8:9

"Quando ouviram isto, saíram um a um, a começar pelos mais velhos até aos últimos; ficou só Jesus e a mulher que estava no meio."

"QUANDO OUVIRAM ISTO," – Ouvir não é apenas escutar. Escutaram e ponderaram a gravidade da proposta, já que o registro potencial envolvia não somente uma mensagem informativa, mas substanciosa vibração do magnetismo de Jesus, tangendo a acústica de cada qual. Na oportunidade, o Mestre sensibilizava, com alta dose de autoridade, clareza e bom senso, mentes portadoras de padrões acentuadamente cristalizados no tempo.

"SAÍRAM UM A UM," – Toda decisão é pessoal. E cada um responde pelos próprios atos. A mensagem de Jesus, embora veiculada muitas vezes às multidões, há de tocar pessoalmente cada qual, na pauta de suas possibilidades individuais.

Uma vez que o conteúdo evangélico atinge o íntimo de alguém, abre-se um processo altamente educativo, convocando-o ao trabalho de cooperação. Nessa hora, não se pode esquecer que essa canalização de valores passa a operar, também, por reflexo, a partir do indivíduo, atingindo, de modo natural, pessoa a pessoa, na órbita de sua ação.

"A COMEÇAR PELOS MAIS VELHOS ATÉ AOS ÚLTIMOS;" – Divorciados do Bem, quanto mais tempo as criaturas contam, mais compromissos podem ter assumido e assumir. Os idosos, porque mais experientes, tendem a compreender melhor as situações, por mais diversificadas que sejam. Penoso era para eles permanecer junto de Jesus, levados à Sua presença por uma circunstância tão incômoda. E desagradável, também, ouvir a própria consciência, na ocasião, recriminando-os.

A atitude de retirar-se foi resultante da conclusão que cada um pode apresentar, após acionar a faculdade de discernir, ao toque da Mensagem sábia e amorável do Mestre. É a saída dos vales dos interesses imediatistas, das concepções menos felizes, para ângulos mais elevados, fato que reflete, sempre, a reformulação de objetivos dentro da rota de encaminhamento para a libertação, na medida que a palavra do Cristo tange a sensibilidade da alma.

A figura dos "mais velhos" transcende a conceituação cronológica, abrangendo a maior vivência e os maiores recursos arregimentados no encadeamento das existências.

"FICOU SÓ JESUS" – Quaisquer que sejam as circunstâncias, o Senhor se faz próximo. Permanece, nunca se afasta. Quando nos julgamos sós, se examinarmos cuidadosamente, veremos que Ele está muito mais próximo do que supúnhamos.

Em qualquer tempo poderemos apelar para Jesus, e Ele dará sinal de Sua presença confortando, esclarecendo e incentivando. Não abandona ninguém.

Confiemos na Sua ajuda, e veremos que, nas crises, é Ele quem nos fortalece; nas dúvidas, quem nos ilumina; no trabalho, quem nos estimula e quem constitui o lenitivo nas dores.

É o Caminho, e a Verdade e a Vida. Caminho reto; verdade oportuna; vida plena. Modelo e guia. Amigo e Médico. Se nos convoca a reflexões, à vista de responsabilidades superlativas, continua presente, não se afasta. Fala, silencia, sustenta...

No episódio da mulher adúltera, Ele permaneceu. Aliás, é bom não se esquecer que, através dos séculos, somos nós os que fugimos de Sua presença amiga.

"E A MULHER QUE ESTAVA NO MEIO." – "No meio", agora, revela equilíbrio. Embora ainda carente e comprometida.

A conquista dessa posição é reservada a cada um, porém, por trajetórias e situações que podem se diversificar. Há quanto tempo o convite nos é feito, a fim de que o galardão da harmonia seja fruto da adesão ao Seu apelo? No entanto, quase todos empreendemos a busca pelas veredas da dor e da humilhação, resultantes da própria invigilância.

204
ACUSADORES

Jo. 8:10

"E, endireitando-se Jesus, e não vendo ninguém mais do que a mulher, disse-lhe: Mulher, onde estão aqueles teus acusadores? Ninguém te condenou?"

"E, ENDIREITANDO-SE JESUS," – Direito na aparência e na conduta, em contraste com a nossa condição, nem sempre coerente com os ditames da Lei. Com esta postura, correta, reunia Ele autoridade no encaminhamento positivo de qualquer situação. No terreno das atividades, a envolver pessoas e circunstâncias, é fato imperioso, para quem já se identifica com os objetivos maiores da vida, ajustar-se psíquica e espiritualmente, para assegurar-se da postura correta e adequada que todo acontecimento sugere e espera de cada um de nós.

"E NÃO VENDO NINGUÉM MAIS DO QUE A MULHER," – As mais variadas experiências podem nos levar a aproximar ou a distanciar de Jesus. Escribas e fariseus estavam com a Justiça. A mulher, sentindo o peso da Lei mosaica, procurava o conforto da caridade e da misericórdia personalizadas no Mestre. O exemplo dela nos concita à humildade e à decisão de confiarmos n'Aquele que pode nos despertar para uma nova condição. Estamos sempre arregimentando novas orientações quanto ao posicionamento indicado pelos episódios que fatalmente nos visitam, proporcionando-nos fatores de crescimento e segurança.

O registro em estudo mostra Jesus canalizando os recursos de que era portador para aquela mulher. Nada obstante o ambiente conflitante e desafiador, direcionava Ele, com acerto, o seu potencial para o ponto central do problema, abrindo ao nosso entendimento segura estratégia na seleção de caminhos para cooperação eficiente e necessidade de concentração, a fim de acertar nas decisões.

"DISSE-LHE: MULHER," – A maneira mais honrosa de tratar o elemento feminino na ocasião. Assim, Ele se dirigiu à sua mãe: "Disse-lhe Jesus: Mulher..." (Jo. 2:4). Não devemos fazer distinções. O mesmo tratamento que dispensamos aos nossos familiares, precisamos estendê-lo aos estranhos. Todos somos iguais perante Deus.

"ONDE ESTÃO AQUELES TEUS ACUSADORES?" – A pergunta convida à reflexão. Os acusadores tinham se afastado. Os internos, representados pelas vozes da consciência, haviam-se calado? Não sabemos. Só ela poderia responder.

"NINGUÉM TE CONDENOU?" – Inquirindo a mulher, punha-a mais consciente diante de si mesma. Sem a intervenção do Mestre, outra seria a situação. Ante a presença de Jesus, tudo pode modificar-se, redirecionar-se.

205

REENCAMINHAMENTO DE VIDA

Jo. 8:11

"E ela disse: Ninguém, Senhor. E disse-lhe Jesus: Nem eu também te condeno; vai-te, e não peques mais."

"E ELA DISSE: NINGUÉM, SENHOR." – Ninguém. Nem escribas e fariseus. Falando Senhor, evidencia o respeito pelo Mestre.

À luz da Boa-Nova, pessoas, situações e coisas, na faixa exterior, vão cedendo lugar à manifestação, simples e plena, dos valores da consciência, onde se localiza o tribunal apto ao julgamento de todas as ações, ao tempo em que indica Aquele que consubstancia a reabilitação e o perdão: o Senhor.

"E DISSE-LHE JESUS: NEM EU TAMBÉM TE CONDENO;" – Jesus não veio para condenar, mas para estabelecer no mundo o exercício do Amor e da misericórdia entre os homens, com vistas a dinamizar o progresso de todos e do próprio planeta.

Ele, que conhece o coração dos homens e o que se passa no âmago de cada um, não condenou. Isso representa vigorosa lição para nós. Se desconhecemos os fatos desde o princípio, e nem temos condições de nos aprofundar na intimidade de seus fundamentos ou de suas causas, quando esses aconteceram, por que não adotar a prática do "não julgueis"?...

"VAI-TE," – Diante d'Aquele que nos assegura a reabilitação e o perdão, o "vai-te" ganha amplitude e sintetiza todo um processo de resgate e renovação. Desde então, a adesão fiel às lutas cotidianas e ao trabalho que se traduz em benefício próprio e dos circunstantes passa a ser a dinâmica de reformulação de hábitos, com a valorização da vida, em cada fato e circunstância.

"E NÃO PEQUES MAIS." – A experiência fora preciosa. E deveria tirar dela a oportunidade de viver com acerto, sem conspurcar o coração. Que a lembrança daquele acontecimento, ao invés de desanimá-la, a incentivasse para uma vida digna, com a mente em paz e o coração tranquilo. Não pecar mais é palmilhar a rota da própria felicidade, palmilhá-la, a fim de alcançá-la.

A recomendação permanece viva e atuante nos corações que emergem dos séculos difíceis, na busca de novas dimensões da existência.

Em meio aos dignificantes propósitos de crescimento, visitados que somos pelas claridades da Boa-Nova, gritam ainda, com intensidade e amplas ressonâncias, os reflexos de experiências cristalizadas em nossa intimidade. Valendo-nos dos resultados de frustrações, sofrimentos e desilusões que ainda nos visitam, torna-se necessária a adoção do trinômio imperativo a iluminar o caminho da renovação: "olhai, vigiai e orai" (Mc. 13:33).

206

FÉ EM NOVA DIMENSÃO

Jo. 14:1

"Nao se turbe o vosso coração; credes em Deus, crede também em mim."

"NÃO SE TURBE O VOSSO CORAÇÃO;" – O verbo é turbar, que significa turvar, perturbar, alterar, transtornar, inquietar, preocupar, afligir. O coração é o órgão do corpo físico que serve de termômetro no campo das emoções. Reage de acordo com as disposições do espírito. Por incrível que pareça, "nós compreendemos com o coração" (Mt. 13:14 e 15). Enquanto um assunto está apenas na área intelectual, podemos ter dúvidas, desfigurá-lo, esquecê-lo. Quando o sentimos, a partir de então podemos até nem ter condições de transmiti-lo, mas ele já se incorporou à nossa bagagem, ao nosso tesouro.

Coração é sentimento. Sendo bom, dará essa qualidade a tudo; sendo mau, o fato será o mesmo, negativamente.

"Não se turbe o vosso coração" é o imperativo apontado por Jesus para que não deixemos que o nosso ânimo diante das lutas se quebrante. Se a situação, as circunstâncias não se mostram favoráveis, uma razão há para tanto. E, se a causa menos feliz de ontem gerou a aflição de agora, a serenidade e a ação no Bem hoje nos assegurarão, sem dúvida, melhor posicionamento em faixas que Jesus, como Mestre, pede e vem propondo aos nossos corações, no decorrer dos tempos.

No Evangelho, o imposto era de uma didracma, ou seja, duas dracmas (Mt. 17:24 a 27); o óbulo da viúva foi de duas pequenas moedas (Lc. 21:2); o bom samaritano deu ao hospedeiro duas moedas para custear, de início, a hospedagem e o tratamento da vítima (Lc. 10:35). A incidência do "dois" demonstra que tudo tem dois aspectos:

o material e o espiritual; o visível e o invisível; o objetivo e o subjetivo; o tangível e a vibração correspondente. O primeiro é por nós facilmente detectado. O segundo, às vezes, foge à nossa percepção, embora seja o mais importante.

Em nossas atitudes, palavras e pensamentos, exteriorizamos a expressão objetiva, prática, que canaliza sempre a vibração que emana do sentimento na direção da pessoa, situação ou objeto em foco.

Diz o Evangelho "...do que há em abundância no coração, disso fala a boca" (Mt. 12:34). Em toda ação fazemos circular a cota de sentimento bom ou mau, positivo ou negativo, que flui do nosso coração. Seja emprestando uma importância, fazendo um favor, doando um pão. Em todos esses atos carreamos a dose de vibrações que transcende ao fato puro e simples, fortalecendo ou deprimindo, alimentando ou exaurindo aqueles que, direta ou indiretamente se vinculam a tais ocorrências.

"CREDES EM DEUS, CREDE TAMBÉM EM MIM." – Notáveis os tempos dos verbos nesta lição. "Credes "– presente, admitindo que todos aceitamos a Deus, confiamos nele. Ora, se isso é o nosso sentimento, "crede também", no imperativo, mostra que, por extensão, em consequência mesmo da fé que temos em Deus, necessitamos acreditar em Jesus – Seu enviado, o Mestre por excelência, o Caminho a Verdade, e a Vida, implementando a operacionalização da crença, num sistema de evolução consciente. Jesus é a maior revelação de Deus junto de nós.

A confiança em Deus se torna dinâmica, atuante, renovadora, no momento em que depositamos fé no Cristo, pela aplicação, em nossa vida prática, dos postulados que nos legou, capazes de nos aproximar da Divindade; consoante a Sua afirmativa: "ninguém vem ao Pai, senão por mim"(Jo. 14:6).

207

MORADAS

Jo. 14:2

"Na casa de meu Pai há muitas moradas; se não fosse assim, eu vo-lo teria dito; vou preparar-vos lugar."

"NA CASA DE MEU PAI HÁ MUITAS MORADAS;" – O Universo é a casa do Pai, que a cada dia mais se amplia aos nossos olhos: à medida que o homem consegue aparelhos mais aperfeiçoados, vai penetrando o micro e o macrocosmo. Verifica que não há vácuo, vazio, nem limites...

Quando Jesus fala "Meu Pai", está se reportando ao Criador, na extensão do Seu entendimento. Por outro lado, vemos que a idéia de Deus vem se modificando, aprimorando-se através dos tempos.

Nesse versículo, evidencia-se de modo muito claro a Pluralidade dos Mundos Habitados, um dos princípios do Espiritismo.

Milhões de orbes que vemos no céu constituem moradas para espíritos. A Terra é dos mais insignificantes. Mundo de expiações e provas, em vias de passar a mundo de regeneração. Contemplando um mapa, vemos assinaladas nele várias cidades, mais ou menos importantes. Há ainda vilas, aldeias, fazendas, sítios que nem aparecem no mapa. Todos refletindo, de princípio, a condição dos seus habitantes.

Da mesma forma que podemos viver por muito tempo numa localidade, mudar para outra e mesmo retornar à cidade de origem, os espíritos estão sujeitos à mesma sistemática quanto aos mundos em que evoluem.

Estamos informados, por exemplo, acerca dos espíritos exilados de um dos orbes de Capela que, há milênios atrás, para aqui vieram. Seu mundo passava por uma transição semelhante à que vivemos hoje, em que um regime de provas e expiações se encaminhava à fase de regeneração. Em decorrência de suas dificuldades em adotar um sistema de vida moralmente adequado ao progresso que seu orbe alcançara, vieram para a Terra com a finalidade de se reeducarem, e, ao mesmo tempo colaborariam com os grupos ainda primitivos que aqui empreendiam o seu desenvolvimento. Emmanuel – (A Caminho da Luz, capítulo 3).

Algumas civilizações do passado que conheceram o apogeu, como o Egito, constituem registro indelével da presença desses seres em nosso planeta.

Muitos deles retornaram ao plano de origem após atenderem aos compromissos que, em razão de seus erros, foram constrangidos a assumir com vistas à sua recuperação espiritual. Outros, entretanto, aqui ainda permanecem, na busca de definição para os seus espíritos recalcitrantes perante a Lei Divina.

As moradas podem também ser representadas por planos que se expressam por vibrações e não propriamente por lugar.

Assim sendo, consoante o estado ou a província mental em que situamos as ações e as aspirações interiores, é que moldaremos o ambiente ou a "morada" evolutiva a que nos ligaremos no plano exterior.

Sob este prisma, a "Casa do Pai" é o íntimo de cada qual, e, as "moradas", os estados de alma que alimentamos, consoante os nossos desejos e aspirações pessoais.

É a partir dos reflexos que delineamos o ambiente a que nos ligamos no plano exterior. Corpos, lares, cidades, países, planetas... a que estamos ajustados nos campos do aprendizado, são, em verdade, componentes a refletirem, no plano externo, o que efetivamente cultivamos na vida mental.

"SE NÃO FOSSE ASSIM, EU VO-LO TERIA DITO;" – É a sinceridade do Nazareno. Mais uma vez, somos levados a compreender que tudo quanto há de importante para o nosso espírito imortal encontramos na Boa-Nova.

"VOU PREPARAR-VOS LUGAR." – O pensamento de Jesus influi permanentemente sobre o mundo e as criaturas, para que essas possam ir se despertando paulatinamente, de tal modo que o cristão venha a se sentir tranquilo no meio delas, identificado com o que possa lhe assegurar a paz e alegria interiores. Jesus, como Mestre e Senhor, está sempre à frente, estruturando recursos necessários à nossa caminhada incessante.

208

TRANSFORMAÇÃO

Jo. 14:3

"E, se eu for, e vos preparar lugar, virei outra vez, e vos levarei para mim mesmo, para que, onde eu estiver, estejais vós também."

"E, SE EU FOR, E VOS PREPARAR LUGAR," – "Se eu for" – Na ausência do Mestre, o discípulo tem que se desdobrar em vigilância, pois virão as oportunidades de trabalho e de testemunho, pedindo exemplificação do que aprendeu. O "e vos preparar lugar" dá a entender o surgimento, segundo a Vontade do Alto, de ocorrências didáticas, que venham a contribuir para o crescimento e fortalecimento do discípulo. Tudo isso, não só em matéria de novas aprendizados, como também na elaboração de circunstâncias que permitam àqueles que o seguem prestar sua cota de participação na Obra Divina.

"VIREI OUTRA VEZ," – Futuro. No íntimo, porém, de cada um. E de modo glorioso, porque, então, reconheceremos o seu valor. Jesus não virá novamente materializar-se no mundo, porque já trouxe integralmente a Sua mensagem. Agora será no coração. E estamos a caminho disso, através de nossa transformação.

Em sua primeira vinda, Ele encarnou-se entre nós, deixando-nos gravado o roteiro do Amor. Ajustando-nos à Sua mensagem de luz, pela aplicação no dia-a-dia, vemo-lo ressurgir em nossa intimidade no piso de nossa luta reeducativa e na prática do Bem a que temos buscado nos afeiçoar. Sob o ponto de vista da coletividade humana, percebemo-lo hoje, nas trilhas da Doutrina Espírita, indicando-nos a caridade como instrumento da definitiva libertação, e expressa, para aqueles que têm podido compreendê-lo em sua essência, o Cristianismo, em sua pureza e simplicidade dos primeiros tempos.

"E VOS LEVAREI PARA MIM MESMO," – Não no sentido de posse, mas de integração. Uma vez acorrida a adesão à Sua mensagem, estaremos mais identificados com o Mestre. Inicialmente, houve Seu empenho de estar conosco, chegando mesmo a tomar um corpo físico na Terra; depois, a nossa disposição em estar com Ele; para, finalmente, Ele nos levar para Si mesmo, por causa dessa identificação.

Então, nossos sentimentos, pensamentos, palavras e ações serão semelhantes aos d'Ele, na consolidação da sábia afirmativa contida no Evangelho: "Para que todos sejam um, como tu, ó Pai, o és em mim, e eu em ti; que também eles sejam um em nós..." (Jo.17:21).

"PARA QUE, ONDE EU ESTIVER, ESTEJAIS VÓS TAMBÉM." – Questão ainda de afinidade. O "estiver" e o "estejais" se prendem a planos vibratórios.

Como Jesus só se afina com o que é bom, com o que convém ao Espírito eterno, cônscio de suas responsabilidades, estando com Ele, teremos optado pelo melhor.

Busquemos dar à vida uma direção tal que possamos afirmar que, em qualquer tempo, condição e situação, estaremos com Jesus e, só assim, teremos o Céu no coração.

209

TEMPLO E ORAÇÃO

At. 3:1

"E Pedro e João subiam juntos ao templo à hora da oração, a nona."

"E PEDRO E JOÃO SUBIAM JUNTOS" – "Pedro" apóstolo; o mais velho dentre os doze; fonte do Evangelho de Marcos que, por isso, passou a ser conhecido como "Recordações de Pedro". Escreveu duas Epístolas ou Cartas. Segundo registra a tradição, foi crucificado de cabeça para baixo, para não desencarnar de modo semelhante ao de Jesus, por julgar-se indigno disso.

João, também apóstolo, o mais novo deles. Filho de Zebedeu, irmão do apóstolo Tiago. Autor do quarto Evangelho, de três Epístolas e do "Apocalipse" ou "Revelação". Os dois "subiam juntos", ou seja, iam para um lugar mais alto, para o templo. No cumprimento das recomendações de Jesus, prosseguiam na proposta de realização. É bem a união da experiência com o vigor, na sustentação do trabalho objetivado.

Ainda hoje, cada qual é concitado a reunir os valores já arregimentados com as possibilidades de ação na subida redentora em que o templo das aspirações superiores é a meta, e, os obstáculos e desafios do caminho, os meios sacrificiais da escalada.

"AO TEMPLO" – Templo, local de reunião, de oração, normalmente situado em posição de evidência, mais elevada. Escalando a subida para alcancá-lo, a criatura demonstra as suas reais propostas. É o chamamento, hoje, à elevação das vibrações. A subida se faz pelo estudo, no constante preparo para as atividades de ordem espiritual, e na vivência dos ideais de amor que já podemos visualizar.

Detectamos o templo de pedra onde circulam os padrões religiosos, o templo do lar, criado para as mais significativas tarefas da educação; o templo do corpo, que nos é oferecido como morada do Espírito; o templo da mente, com suas antenas captadoras de preciosas revelações; no aguardo, todos eles, de valorização, pela verdadeira adoração a Deus, através da ação edificante.

"À HORA DA ORAÇÃO, A NONA." – Tudo tem o seu tempo. À medida que a evolução se faz, o horário a que temos de nos ajustar, na pauta da necessária disciplina, pode ceder lugar às condições e necessidades vigentes no mundo íntimo. Nessa hora, o relógio que demarca nosso movimento, e ao qual quase sempre nos escravizamos, passa a ser instrumento a nosso serviço, facilitando-nos a administração das atividades a cada minuto.

A oração, prece de sentimento, a traduzir-se em pensamentos, palavras e ações, poderá estar rigidamente vinculada a horas determinadas, nas linhas de nosso aprendizado, mas certamente, um dia, será veiculada espontaneamente, segundo as circunstâncias, sem as amarras do tempo prefixado, consoante o ensino de Jesus: "Assim o Filho do Homem até do sábado é Senhor." (Mc. 2:28). Segundo a divisão do tempo àquela época, a hora "nona" equivalia a 15 horas. A terceira: 9 horas. E a sexta: meio dia. No templo havia um sacrifício pela manhã e outro às 15 horas. Sujeitando-se ao impositivo de adoração vigente, Pedro e João dão testemunho de humildade e, adequando-se, sem escandalizar, à norma reinante, recebem não apenas o ensejo de comunhão com o Pai, pelas vias da oração, mas também de dinamização da mensagem do Mestre, pela oração prática, proporcionando a um companheiro em provação a bênção do movimento.

210
AJUSTAMENTO

At. 3:2

"E era trazido um varão que desde o ventre de sua mãe era coxo, o qual todos os dias punham à porta do templo, chamada Formosa, para pedir esmola aos que entravam."

"E ERA TRAZIDO UM VARÃO QUE" – O "varão" é considerado homem digno de respeito. No decorrer dos tempos, evidenciava a força, a virilidade, a capacidade de comando, de direcionamento. No registro em pauta, diante do impositivo da Lei de Cooperação e Auxílio, as diferenças cedem lugar à realidade de interdependência entre os seres. Perante Deus, todos somos iguais. Se, no campo das iniciativas e do trabalho, sem distinção de sexo ou posição, qualquer um pode colaborar, da mesma forma, não existe ninguém que possa prescindir de ajuda nos meandros da evolução. É o caso deste "varão" que é "trazido" à porta do templo.

"DESDE O VENTRE DE SUA MÃE ERA COXO," – Mal congênito. Nascendo com um problema dessa ordem, fica evidente que a criatura traz a prova gerada no pretérito, quase sempre, por desmandas acionados por sua escolha pouco feliz. No entanto, este mesmo livre arbítrio, nas faixas do testemunho, pode solicitar experiências que visem o seu ajustamento às linhas de virtudes mais difíceis de serem conquistadas, ou ainda cooperar realmente com o Bem, na expansão do Amor.

Seja qual for a meta a ser alcançada, pelas vias do sofrimento, contaremos sempre com a cooperação de muitos, a começar com a abnegação de alguém que, no plano da reencarnação abençoada, como "mãe", nos acolhe.

De todas as atribuições conferidas à mulher, a de ser mãe é a mais dignificante. Co-participadora da criação. O amor que a menina tem pela boneca já revela tal finalidade. Para ser boa mãe, tem de ser boa filha, boa esposa e amiga. Necessário dispor-se a viver os sacrifícios, as belezas, a glória da maternidade.

A primeira escola é o lar.

A primeira e mais importante mestra, a mãe.

A tarefa da educação: informar, formar, reformar.

À sombra de um heroi, há o incentivo de uma mãe.

À sombra de um pecador, as suas lágrimas.

Quantas se esquecem da sua função de mãe?

Dão mais importância aos chamamentos menos felizes da sociedade, concentrando-se em divertimentos e prazeres.

A mulher que se entrega e persevera no Bem faz verdadeiros "milagres".

O instinto maternal que lhe é peculiar envolve e cativa os circunstantes.

Há quem diga que tudo quanto o homem faz é tendo em vista a mulher (para crescer aos seus olhos).

Partindo deste princípio, notamos a influência da mulher nos destinos do mundo e das criaturas. É o ocorrido com aquele "coxo", cuja deficiência contava com a participação, para seu reajuste, de um coração que o acolhera no plano físico. Nos dias que correm, vários, reconhecendo sua instabilidade e dificuldade de locomoção no plano do Espírito, se apresentam como "coxos" da vontade que impede seu avanço; do trabalho que os prendem na sombra do comodismo; do pensamento que os mantêm sob a crosta das cristalizações; do progresso que os retêm nas engrenagens da paralisia...

"O QUAL TODOS OS DIAS PUNHAM À PORTA DO TEMPLO" – "Todos os dias" é o corolário de cada dia, e cada dia é um novo dia, como cada minuto é um novo minuto. Tudo isso trazendo novas esperanças, novas oportunidades, com infinitas possibilidades de renovação.

A caridade atuante, mas anônima, aí se manifesta na ação de companheiros que o "punham", diariamente, à porta do templo. A essência do amor foi dinamizada em bases cristãs, de vez que não chegou até nós quem era o coxo e quem foram os benfeitores que para ali o conduziam.

Pelo Evangelho, todos somos convocados a auxiliar e, como deficientes e ainda inadaptados aos voos mais ostensivos do Espírito, todos nós temos colhido dos Benfeitores os mais notórios valores de encorajamento e sustentação para a jornada. Os passos decisivos, entretanto, não podem ser dados por eles. A cada qual incumbe movimentar, com o denodo, os instrumentos da libertação. É o que a passagem de Atos, em exame, nos esclarece. Quantas vezes temos sido localizados, como o coxo, junto d'Aquele que é a porta?

Por que, ainda, não nos decidimos a transpor essa porta? Até que isso ocorra, continuará a vibrar em nosso íntimo a promessa de Jesus: "Se alguém entrar por mim, salvar-se-á, e entrará, e sairá, e achará pastagens" (Jo. 10:9).

"CHAMADA FORMOSA," – Se horrendas são as portas que se abrem para a perdição, "Formosa" é a porta que dá acesso ao templo. Reflete este, sem dúvida, a construção física ou espiritual projetada com dedicação e sensibilidade na representação, não só da beleza e paz que irradiam do próprio Criador, mas também das mais caras aspirações dos que laboraram na sua edificação. E a porta, como ponto de convergência para acesso nesse edifício de redenção, estará, necessariamente, revestida das preciosidades que permitam sejam avaliados os tesouros do interior do templo, reservados a todos que se disponham às atividades mais significativas do Espírito Imortal. Tudo isso está consubstanciado no acervo de relatos de fatos e descrições revestidos de Amor, que nos chegam através de Missionários, Benfeitores do Plano Maior, que, dando notícias das riquezas do Espírito, nos convocam a transpor os pórticos que nos darão acesso a novo plano de vida.

Devemos ter em conta, ainda, que, onde há Espiritualidade, existe arte, sem comprometer a simplicidade. Nosso templo interior, se trabalharmos com afinco as suas portas: olhos, ouvidos, tato, olfato, gosto, estaremos selecionando o que efetivamente nos atinge.

"PARA PEDIR" – Tudo tem uma razão. O ato de pedir integra o mecanismo da vida. Qual é o móvel da nossa atuação? Se justo, devemos prosseguir; se injusto, sempre é tempo de parar e nos corrigir.

O coxo era trazido, mas deveria pedir. Encarnados e desencarnados sempre nos ajudam, porém, o principal, só a nós cabe fazer. É preciso saber como, quando, o que e a quem pedir, ou seja, com simplicidade, no momento oportuno, e o que é justo. Aquele que pede reconhece a condição de carente, elegendo a humildade indispensável.

A todo instante, pedintes nos suplicam alguma coisa. Várias são as reações que apresentamos, consoante a sensibilidade e os padrões que alimentamos na pauta dos conceitos pessoais ou das convenções ambientes.

No entanto, cada fato deste é sempre um momento de movimentação das fibras da alma, levando-nos, no mínimo, a refletir quanto à dinâmica do relacionamento humano e espiritual.

A esmola, razão da presença do coxo na porta do Templo, pode ter em seu bojo algo que deprime o pedinte, mas é por ela que podemos partir para um patamar mais fraterno e cristão, no plano da beneficência e da caridade.

Da parte de quem pede, é a aspiração de receber o mínimo. De quem suplica, oportunidade de sair de si próprio, seja no direcionamento do olhar ou de suas vibrações. Podem elas portar negação, indiferença, desdém... Entretanto, outros movimentos podem se instaurar na alma, a atingir até mesmo os lances mais efusivos do respeito e da cooperação, tangendo, às vezes, as raias dos mais amplos transportes de sensibilidade e Amor, como ocorreu com Pedro e João naquele momento inesquecível para todos eles, cooperadores e necessitado.

"ESMOLA" – É mais fácil dar coisas materiais. Dar o que ainda possa ser útil, dar do que nos sobra e do que não nos faz falta. Necessitamos ter cuidado com a maneira de dar. Uma palavra, um gesto, pode lançar fel à nossa dádiva. Dar também com o coração.

Também se pode dar uma atitude, um sorriso, uma vibração. Se todos somos necessitados, também todos estamos em condições de doar... Melhor, quando ajudamos, fazermos com que a pessoa sinta que nos está sendo útil.

Mesmo deixando de atender naquilo que nos é pedido, devemos fazê-lo de tal modo que esse alguém receba alguma coisa, em termos de atenção, de orientação, já que Jesus nos recomenda: "dar a quem te pedir" (Mt. 5:42), o que necessariamente não significa dar "o que" pedir.

Dar a vida: gastar energias em serviço nobre, sem expectativa de remuneração.

"Mas, quando tu deres esmola, não saiba a tua mão esquerda o que faz a tua direita" (Mt. 6:3).

Quando se dá a esmola, se movimenta o lado direito, o lado atuante da criatura. Se ela o relembra, se o enumera, se o difunde, está acionando, consciente ou inconscientemente, o lado esquerdo, sugerindo a necessidade ou o interesse de receber a nível pessoal, seja em forma de gratidão ou reconhecimento.

Em realidade, distribuindo bens e utilidades, estamos sendo apenas filantropos, como simples intermediários de coisas que não nos pertencem.

"AOS QUE ENTRAVAM" – Para uma entrevista com pessoa de projeção, o homem se prepara física e psicologicamente. Se comparecermos a uma reunião e ela não nos oferecer resultados, pode ser pelo fato de não nos termos preparado convenientemente.

O coxo apelava, normalmente, aos que entravam. Concedia a todos o ensejo de avaliarem acerca do que propunha. Quando há responsabilidade, quem entra num templo deve estar devidamente preparado, predisposto. No mundo, os homens se identificam com o que é humano. No templo, com o que é espiritual. Ao passarmos, conscientemente, de uma posição para outra, de um estado para outro, somos analisados quanto aos nossos reais propósitos. Se "nenhum problema pode ser resolvido no seu próprio nível", a busca das soluções estará sempre sujeita à identificação de novos recursos ou de novas estratégias, fato que caracteriza o crescimento consciente. Oferecendo à vida componentes renovados, retribui ela com amplitude, consoante a Lei de Retorno de que nos fala Jesus.

211

SÚPLICAS

At. 3:3

"O qual, vendo a Pedro e a João, que iam entrando no templo, pediu que lhe dessem uma esmola."

"O QUAL, VENDO A PEDRO E A JOÃO," – Se, de um lado, o coxo era instrumento de avaliação das disposições de quem entrava, ele, por sua vez, como filho do mesmo Pai, receberia agora a feliz oportunidade de movimentar-se. Para tanto, partiu dele a cota de interesse, de atenção, já que, "vendo a Pedro e a João", fazia-se sintonizado com os novos padrões da misericórdia do Plano Maior.

"QUE IAM ENTRANDO NO TEMPLO," – Movimento permanente no sentido de espiritualizar a vida. Mantendo a mente no firme propósito de aprender e de servir, sem perda da rota de interiorização, com vistas ao templo do coração, tornamo-nos não apenas ponto de referência, de sustentação por parte das Esferas Superiores. Podemos ser, também, intérpretes dessas mesmas bençãos, em favor dos que se acham marginalizados ou à porta, sem condições de retomada, por si mesmos, do caminho a trilhar ou da transposição dos pórticos de uma nova vida.

"PEDIU QUE LHE DESSEM UMA ESMOLA." – Deus ajuda o homem através do próprio homem. Pedir é reconhecer-se necessitado, como já vimos. Todos podemos doar. E, igualmente, não existe quem não peça ou não venha a pedir. Seja pela carência resultante do mau uso dos bens no passado, seja pela necessidade de conquista da humildade, ou mesmo em nome da intercessão. Feliz, no entanto, aquele que, pedindo, faz dessa atitude a alavanca de efetiva libertação. Feliz, também, será a criatura ao reconhecer que há mais alegria em dar do que em receber, e ainda que, não raro, dando, estamos restituindo.

212

INTERAÇÃO

At. 3:4

"E Pedro, com João, fitando os olhos nele, disse: olha para nós."

"E PEDRO, COM JOÃO, FITANDO OS OLHOS NELE," – Fitar é voltar a atenção acurada a alguém. Por isso, envolve um interesse maior. Do mesmo modo que Deus sempre nos vê, carreando-nos recursos em nome de seu Amor, a nós, candidatos à cooperação com o Cristo, incumbe direcionar os recursos da visão, discernindo quanto às reais necessidades daqueles que se colocam em nossa faixa de observação.

Assim fazendo, ainda que pareçamos aos outros indiferentes aos seus pedidos, estaremos ciosos de suas necessidades. Ao contrário, se nos falta esse cuidado, seremos desatentos ou ineficientes no cumprimento do trabalho que o Criador espera de cada um de nós.

Os olhos são a janela da alma. Eles falam do que vai dentro de nós e expressam alegria, tristeza, pessimismo...

Segundo o sentimento, são eles os captadores das impressões boas ou más, positivas ou negativas das pessoas, das coisas, dos fatos que nos rodeiam...

Por isso, ver bem ou mal influi em nossas reações, sedimentando ou alterando os padrões interiores, que acabam por se refletir no exterior.

"DISSE: OLHA" – A atitude de olhar é meio de canalizar elementos para a cura. Muitos querem ser curados, mas são dispersivos. Saem de médico em médico, de médium em médium, experimentam todos os remédios. É a mentalização que estabelece a ligação. Por isso,

Pedro e João induzem o coxo a se posicionar para que pudesse ser beneficiado.

"PARA NÓS,"– Objetivo. No caso, para Pedro e João e mais ninguém. Devemos olhar para frente e para o Alto e com um só objetivo.

Muitos, alternativamente, olham para o céu e para a terra... O importante é fazer o que nos é solicitado na Terra, fitando o Céu.

213

ESPERANÇA

At. 3:5

"E olhou para eles, esperando receber deles alguma coisa."

"E OLHOU PARA ELES," – Ao mesmo tempo em que é o paciente, o coxo torna-se, de certo modo, o agente. Por isso se afirma que o doente é quem deve curar-se, transformando-se, de paciente, em agente da própria cura. Sintonia e absorção de recursos. "Olhou para eles": Pedro e João. Se estivesse olhando para outras pessoas ou coisas, teria cortado a corrente vibratória que circulava em seu favor. Como deficientes, também caminhando com dificuldade, quando predispostos à afirmação, somos convocados a olhar firmemente e sintonizar as faixas que canalizam as bênçãos do Plano Maior, onde se acham os prepostos do Cristo a nos concitarem à tomada de posição, no rumo da libertação.

"ESPERANDO RECEBER DELES" – Estado receptivo. Tudo leva tempo para concretizar-se, daí a necessidade da perseverança. Deixamos de receber, quando não nos colocamos adequadamente receptivos e não sabemos esperar.

No plano da convivência e da relação entre os seres, temos recebido de muitos. Da mesma forma, não são poucos os que aguardam algo de nós. Se aspiramos o interesse de quem nos pode servir, como tem sido a nossa postura relativamente àqueles a quem podemos auxiliar?

Chega, no entanto, o momento em que nos conscientizamos de que a Lei de Cooperação vige no Universo inteiro. E, se já assimilamos a verdade "fora da caridade não há salvação", estaremos cônscios de que só possuímos, efetivamente, o que distribuímos na extensão do Bem.

"ALGUMA COISA." – O coxo, enfermo, não pedia especificamente a cura. Pedia alguma coisa. Quando suplicamos em nosso favor ou de alguém, não devemos relacionar. Quase sempre a doença, que vemos como um mal, é um bem, colaborando no processo de reequilíbrio do Espírito imortal. Como nossa visão é estreita, muitas vezes pedimos para nós e para os outros o que não convém. No "alguma coisa" está a vontade do Pai. Ele está sempre nos ajudando, no que é útil e necessário. Muitos pedem conforto e facilidades, nos quais se comprometem, revivendo erros do pretérito.

214

DÁDIVA MAIOR

At. 3:6

"E disse Pedro: não tenho prata nem ouro; mas, o que tenho, isso te dou. Em nome de Jesus Cristo, o Nazareno, levanta-te e anda."

"E DISSE PEDRO:" – Se estivermos atentos, notaremos que sempre há uma resposta para os pedidos que formulamos, seja oculta ou ostensivamente. Por intermédio de Pedro, o Alto responde ao paralítico com um conteúdo muito além dos anseios do pedinte. Também não se pode desconsiderar, no exame do texto, o fato de o paralítico depositar em sua súplica, sem palavras, mas de profundos brados vibratórios, o melhor de suas esperanças em algo receber. Aliás, são várias as respostas que recolhemos no encaminhamento das experiências. Como nem sempre satisfazem de imediato aos nossos anseios, como no caso desse paciente, deixamos de percebê-las ou preferimos ignorá-las. Deus não nos esquece. Importante saber avaliar cada acontecimento, já que em muitos estão as manifestações da bondade e da misericórdia d'Ele, nem sempre por nós identificadas.

"NÃO TENHO PRATA NEM OURO;" – Nada possuímos do que está fora de nós. O que temos, de fato, vem conosco e conosco retorna ao mundo espiritual.

Tudo de que desfrutamos no mundo é empréstimo: bens, posição, família, o próprio corpo físico. Como mordomos, precisamos levar sempre em consideração a lei do uso. Qualquer abuso é compromisso.

Testemos se somos donos ou escravos do que temporariamente nos foi confiado: se temos coragem de dar, de dispor, somos "donos"; ao contrário, se apegados, somos escravos.

"Prata e ouro" são bens materiais.

Eles, contudo, apesar do papel que desempenham no processo de aprendizado dos seres na vida física, não solucionariam o problema fundamental do coxo. Prova de que os bens materiais não são tudo. Farto de coisas terrenas, o homem pode continuar na condição de necessitado. Devemos limitar as nossas necessidades, pois muitas delas não são reais, mas produto exclusivo da ganância, do egoísmo...

"MAS, O QUE TENHO, ISSO TE DOU." – A riqueza espiritual, em forma de experiência, compreensão, conhecimento, fé, é inalienável, intransferível. Podemos dar os seus reflexos, suas consequências. Ninguém pode transferir sua paciência para outrem, mas, no cultivo dessa virtude, pode induzir e motivar alguém a conquistá-la também, mediante a aplicação de seu próprio esforço.

"Assim resplandeça a vossa luz diante dos homens, para que vejam as vossas boas obras e glorifiquem a vosso Pai, que está nos Céus." (Mt. 5:16). Pedro dava do produto da fé que tinha no coração.

"EM NOME" – Tudo é feito em nome, sob a proteção, com a autoridade de alguém. Somos intermediários. A consciência disso é verdadeiro antídoto contra a vaidade.

"Não que sejamos capazes, por nós, de pensar alguma coisa, como de nós mesmos; mas a nossa capacidade vem de Deus." (II Cor. 3:5).

Quem somos nós para fazermos alguma coisa em nosso próprio nome? "E Deus, pelas mãos de Paulo, fazia maravilhas extraordinárias." (At. 19:11).

"DE JESUS CRISTO," – Identificação da origem das bênçãos. Conscientes da responsabilidade da tarefa, devemos também conhecer a fonte da orientação; dos recursos. A identificação de Deus ou de Jesus, Seu enviado, é proveitosa, para quem, sendo ajudado, deseja ser útil.

Os demais, encarnados ou desencarnados, ainda que objeto de nossa confiança, devem ceder lugar, em nossas evocações, ao Pai e Àquele que é a Luz do Mundo.

"O NAZARENO," – Elemento para reforçar mais a identificação de Jesus. Embora nascido na Judéia, Belém, província da Palestina, por ter morado muito tempo e apresentar-se como gente de Nazaré, cidade da Galiléia, Jesus era tido como nazareno.

"LEVANTA-TE" – Precisamos nos levantar, mas espiritualmente falando, ou seja, passando a pensar nas coisas eternas, no que é edificante e que possa ajudar na nossa renovação. O sentido horizontal, quase sempre, é o da preguiça. O vertical é o de quem acorda e se ergue. Se estamos acomodados, sempre é tempo de nos levantar, pois, só assim, nos posicionamos para uma visão mais clara, mais acurada.

"E ANDA." – Não basta levantar. É preciso andar. Caminhar, prosseguir. Movimento e realização. Andando, evitam-se ou enfrentam-se obstáculos, saindo deles com a vitória e a sabedoria. Se fracassamos, restam a experiência e o tempo, com a oportunidade de renovar a lição...

Não é só movimentar por movimentar. Imperioso observar se a nossa atividade está apresentando resultados. Se os resultados são apenas no plano físico, sem ressonância espiritual, nisso há uma prova de que ainda não nos despertamos para o que é essencial.

Não se pode dispensar o movimento em forma de ação edificante que ensina, corrige, constrói e redime.

ÍNDICE GERAL[8]

Abnegação – 52
Abraão – 9, 169
Ação e Reação – 101, 187
Açoite – 52
Acolhimento – 51
Acomodação – 117
Adúltera – 197
Adúltero – 199
Afinidade – 105
Agir – 156
Agonia – 176
Agora – 10, 146
Ajoelhar-se – 173
Aleijado – 86
Alimento – 32, 136
Alívio – 59
Alma – 159
Alqueire – 154
Altar – 21, 22
Altruísmo – 15, 168
Ambiente psíquico – 63
Amigo espiritual – 113
Amor – 105, 145
Amor – 11, 79, 92, 142, 170, 184
Amor – 125
Amor ao inimigo – 26
Amor ao próximo – 23
Amor de Jesus – 158
Amor fraterno – 69
Amparo espiritual – 176
André Luiz – 113

Anjo – 65, 103
Anonimato – 84
Anormalidade – 86
Aparição – 175
Apego – 48, 86
Apocalipse – 103
Apóstolo dos Gentios – 181
Apóstolos de Jesus – 65, 209
Aprender – 60
Aprimoramento – 114
Aprisco – 179
Arca do tesouro – 153
Areia – 46
Arrancar – 87
Arrependimento – 2, 8, 89
Árvore – 10, 151
Ascendente espiritual – 54
Atividade – 214
Autodomínio – 70
Autoexame – 137, 138
Autopunição – 129
Autoridade – 92
Aves – 33
Banquete – 167
Bartimeu – 117, 118
Batismo – 6, 7, 11
Belém – 118
Bem – 146
Bem – 73, 75, 79, 108, 124, 170, 184
Bem material – 214

Bem-aventurado – 13, 146, 147
Bendito – 106
Benfeitor – 50
Benfeitores espirituais – 107, 210
Boa-Nova – 56, 58, 128, 157, 205
Bodas de Caná – 65, 166
Bode – 104
Bom senso – 74, 83, 128
Bom-ânimo – 120
Bondade Divina – 61, 182
Bons espíritos – 132
Cálice – 141, 174
Calvário – 144
Caminho apertado – 43
Caminho da Luz, A – 207
Caminho do Senhor – 3
Caminho, Verdade e Vida, cap. 171
Campo – 134
Candeia – 154
Cansado – 59
Capela – 207
Caráter – 90
Caridade – 14, 17, 109, 110, 113, 170, 210, 213
Carma – 101
Casa – 44, 47, 126, 207
Causa e Efeito – 10, 13, 16, 38, 41, 77, 82, 86, 92, 102, 105, 143, 148, 153, 156

[8] N.E.: Os números remetem ao capítulo.

Cautela – 52
Cegueira – 44, 117, 122
Ceia – 130, 140
Ceifeiros – 75
Celeiro – 12
Cenáculo – 133
Centro Espírita – 113
Centurião – 103
Céu – 25, 28, 29, 56, 80, 90
Chaves do Reino – 82
Choro – 14
Chuva – 45, 47
Cidade – 134
Cobertura – 154
Cobrança – 95
Codificação Espírita – 193
Combate – 45
Comer – 136
Comodismo – 60
Compaixão – 92, 94, 100
Compromisso – 203
Comunicação – 147
Condenação – 205
Condição pessoal – 157
Confissão – 6
Conhecimento – 25, 62
Conquista – 159
Consanguinidade – 69
Consciência – 47, 72, 147, 150, 199
Conservo – 95, 98
Consolação – 14, 97, 149
Consolador – 118, 196
Contenda – 83
Cooperação – 68, 111
Coração – 18, 31, 206
Cordeiro pascal – 130
Coríntios II, 3:5 – 214
Corpo – 32, 76, 140, 156
Corrente mental – 47

Covil de ladrões – 126
Coxo – 210, 211, 213
Credor – 90, 95
Crença – 182, 183
Crescimento – 34
Criança – 87, 84, 114
Crise – 203
Cristianismo – 44
Cristo – 12, 48, 104, 119, 147, 158, 180, 184
Cruz – 157
Cuidado – 32
Culpa – 85
Débito – 57
Denário – 91
Depressão – 113
Desapego 168
Descanso – 60
Desculpismo – 167
Desencarnação – 147, 156
Desequilíbrio – 149
Deserto – 1
Desinteresse – 180
Deslumbramento – 191
Desprezo – 88
Destino – 70, 99
Determinação – 164
Deus – 56, 58, 69, 160, 182, 206
Devedor – 90, 91
Dever – 174, 178
Dignidade – 50
Dinheiro – 129
Diretrizes – 169
Discernimento – 52, 122, 164
Discípulo – 76, 171
Discrição – 49, 84
Discriminação – 48
Dissensão – 54

Dívida – 92, 95
Divina Misericórdia – 128
Divindade – 18, 35
Doação – 168
Dor-expiação – 85
Doutrina Espírita – 6, 42, 55, 130, 188
Dualidade – 75
Edificação – 44
Egoísmo – 86
Elias – 4, 77
Emmanuel – 42, 43, 113, 121
Enfermo – 111
Entendimento – 82
Entrar na vida – 86
Entrevista – 210
Envolvimento trevoso – 63
Epístola – 79
Equilíbrio – 156
Equilíbrio da Criação – 75
Erraticidade – 62
Erro alheio – 91
Escândalo – 84, 85, 86, 87
Escola espírita – 144
Escrever – 200
Escriba – 197
Esmola – 210
Espada – 53
Esperança – 41
Espiritismo – 11, 14, 15, 38, 52, 81, 113, 208
Espírito da Verdade – 56, 85, 103
Espírito evoluído – 62, 85
Espírito imundo – 62
Espírito-espinheiro – 152
Espiritualização – 40
Essencialidade – 35
Estatura – 34

Estender a mão – 68
Estrangeiro – 107, 110
Eterno – 76
Evangelho – 38, 104, 113, 148
Evangelho, Segundo o Espiritismo – 7
Evolução – 9, 33, 34, 37, 183
Expiação – 147, 150
Face de Deus – 87
Fala – 56, 129, 157
Família – 21, 24, 40, 54, 55, 65, 67, 73
Família de Jesus – 66, 67
Fardo – 61
Fariseu – 7, 185, 197
Fartura – 16
Fé – 18, 40, 84, 123, 196
Felicidade – 87, 148
Ferrugem – 29, 30
Figueira – 152, 164
Filho – 58, 76, 89, 92, 118, 139
Filosofia de vida – 40
Fogo do Inferno – 87
Fome – 107, 146
Fraqueza – 129
Fraternidade – 116
Fruto – 151
Galardão – 148
Gamaliel – 197
Generosidade – 93
Gentios – 39
Geração má – 64
Glória – 184
Graça – 184
Grande Religião – 126
Haliel – 144
Harmonia – 52
Hipervalorização – 156

Homem – 45, 48, 123, 153
Hospitalidade – 48, 107
Humanidade – 47, 139, 181
Humberto de Campos – 128
Humildade – 60, 72, 144, 200
Humilhação – 203
Idolatria – 132
Ignorância – 194
Igreja – 81
Ilusão – 128, 156
Imortalidade – 143
Imperfeição – 70
Inconformação – 98
Indignação – 100, 114
Inferno – 28, 81, 90, 101
Infidelidade – 138
Influência espiritual – 128
Inibição – 86, 87
Inimigo – 23, 24, 27, 55, 73, 84
Injúria – 147
Injusto – 25
Inquietação – 38, 41
Insensatez – 46, 127
Instinto maternal – 210
Interação – 55
Interdependência – 133
Interesse material – 12
Intolerância – 97, 202
Intuição – 80
Intuito – 113
Invigilância – 63, 136
Irmãos de Jesus – 65
Isabel – 65
Isaías – 3, 126
Israelita – 39
Izabel – 1

Jacó – 113
Jeremias – 77
Jericó – 117, 161
Jerusalém – 124
Jesus – 18, 44, 53, 76, 78, 114, 134
Joana D'Arc – 129, 139
João Batista – 2, 4, 1, 10, 11, 77, 103, 130, 197
João evangelista – 18, 19, 65, 79, 128
Joio – 70, 71, 72
José [pai de Jesus] – 118
Judas – 128, 139
Jugo – 60, 61
Julgamento – 199
Justiça – 16, 97, 105, 155, 198
Justo – 25, 109, 201
Ladrão – 30
Lamentação – 150
Lázaro – 120
Lei da mudança – 30, 147
Lei de retorno – 74, 102
Lei Divina – 24
Lei maior – 198
Lembrança – 51
Libertação – 86, 160, 196, 203
Limitação – 82
Livre-arbítrio – 31, 41, 50, 69, 77, 104, 189, 190, 192
Lugar árido – 62
Luz – 179
Luz – 25
Mágoa – 51
Mal – 41, 73
Maldade – 147
Maltrapilho – 110
Mansuetude – 15, 60
Mãos – 86

Marcos – 79
Maria – 166
Maria de Nazaré – 65
Matar – 127
Materialismo – 46, 192
Mateus – 3, 84
Matias – 128
Mau – 75, 147
Mecanismo mental – 112
Mediunidade – 77, 154
Mendicância – 117
Menino – 113, 115
Mentalidade cristã – 107
Mente – 70, 155
Mentira – 136
Messias – 79
Mestre – 122
Misantropo – 27
Misericórdia – 9, 17, 37, 100, 106, 113, 132, 155, 174, 183
Missionário – 210
Mó de azenha – 84
Moisaísmo – 204
Moisés – 7, 197
Monte das Oliveiras – 144, 171
Morada – 207
Mudança – 127
Mulher – 69, 92, 197, 204, 210
Multidão – 65, 117, 127, 163
Mundo – 106
Murmúrio – 167
Nação – 104
Nascer – 77, 106, 189, 190, 192
Natureza – 36
Nazareno – 214
Necessitado – 112

Nicodemos – 77, 185, 186, 188, 192, 194, 197
Nudez – 108, 110
Obediência – 134
Objetivação – 172
Observação – 112
Obsessão – 63, 64
Ociosidade – 60, 63, 64
Ódio – 24
Oferenda – 21, 22
Olhar – 87, 117, 212
Oprimido – 59
Oração – 24, 56, 85, 129, 130, 172, 176, 205, 209
Orgulho – 56
Orientação – 175
Ouvir – 49, 129
Ovelha – 104
Paciência – 202
Pacificação – 19, 60
Padrão moral – 48
Pai – 80
Pai Nosso – 25, 68
Paixão – 159
Pão – 130, 140
Parábola – 96
Parente – 55
Parreira – 152
Páscoa – 124, 130, 134, 135
Passe – 113
Pastor – 179
Paternidade Divina – 25
Paulo de Tarso – 34, 114, 155, 157, 170
Paz – 15, 50, 53, 100
Pecado – 44, 92, 205
Pedra – 81
Pensamento – 147, 206
Pequenino – 56, 107

Perdão – 17, 25, 94, 95, 102, 200
Perdição – 42
Perfeição – 28, 86
Perispírito – 18
Pérolas – 83
Perseguidor – 24
Perseverança – 53, 119
Personalidade – 11
Petição – 210
Pilatos – 56
Planeta – 46, 181, 202
Plano espiritual – 66
Plano Maior – 150, 159, 213
Plano mental – 165
Pobre – 13, 145, 149
Porta – 42, 43, 210
Posse – 29, 156
Prece – 177
Pregação – 5
Preocupação – 32
Primeiro mandamento – 21
Primeiro milagre – 65
Prisioneiro – 111
Profeta – 77, 104, 139, 148
Progresso – 46, 62, 120
Proselitismo – 7
Provérbio – 36
Providência Divina – 28
Próximo – 160
Publicano – 26, 162
Punição – 201, 102
Purificação – 124
Rabi – 186
Raça de víboras – 7
Reagir – 156
Reconciliação – 22
Redenção – 195

Reencarnação – 11, 22, 43, 62, 80, 86, 99, 106, 147, 187, 188, 189, 191, 202

Regeneração – 103, 87

Reino de Deus – 2, 20, 40, 82, 90, 106, 114, 115, 143, 145, 158, 187, 189

Rejeição – 147

Relacionamento – 48, 49, 51

Religião – 125

Remorso – 75

Renovação – 37, 177

Renúncia – 53, 157

Resgate – 92

Responsabilidade – 25, 43, 86, 157, 173

Retorno de Jesus – 208

Reverência – 93

Rio – 45, 57

Riqueza – 149, 159, 214

Sabedoria – 35, 37, 39, 56, 91, 154

Sacrifício – 79, 124

Saduceu – 7

Sal da Terra – 13

Salmos – 144

Salomão – 36, 124

Salvação – 89, 169, 170, 210

Sangue – 142, 176

Santo – 154

Saudação – 27, 49, 117

Saúde – 150

Saulo de Tarso – 197

Sede – 107

Seguidor – 117, 123, 157

Semeadura – 33, 71, 72

Sensatez – 46

Sentimento – 31, 119, 195

Separação – 104

Servo – 90, 94, 96

Simão Pedro – 17, 65, 79, 80, 81, 128

Simplicidade – 193, 194

Sinagoga – 52

Sintonia – 49

Sodoma – 147

Sofrimento – 71, 75, 86, 104, 174, 210

Solidão – 92

Suicídio – 84

Súplica – 210

Tabor – 144

Talento – 91

Templo – 124, 209

Tempo – 99, 209

Tentação – 172, 178, 200

Terceira Revelação – 33, 168

Terra – 20, 56, 57, 103, 130, 207

Tesouro – 29, 30, 31

Testemunho – 79, 98

Tiago – 128, 65, 79, 178

Tibério César – 76

Tibiríades – 64

Tolerância – 96

Trabalho – 11, 35, 52, 86, 156

Tradição – 127

Traição – 136, 139

Transitoriedade – 29, 76

Treva – 129, 180

Tristeza – 136, 137, 176

Túmulo – 199

Última ceia – 143

Unigênito – 184

Universo – 207

Útero – 6

Valor material – 162

Varão – 210

Vaso – 125

Velador – 154

Velho Testamento – 4, 126

Vendilhões do Templo – 124

Vento – 45, 192

Verbo – 184

Verdade – 115, 127, 155, 184, 187, 188

Vestimenta – 35, 38

Vício – 113

Vida – 31, 32, 44, 56, 158, 200

Vigilância – 45, 85, 132, 139

Vigília – 70, 129

Virtude – 30

Visão – 165

Visita – 108, 111

Zacarias – 1

Zaqueu – 65, 162, 163, 164, 166, 167

ÍNDICE DOS TEXTOS BÍBLICOS COMENTADOS NESTA OBRA

Mt. 3:1– Cap. 1	Mt. 6:27 – Cap.34	Mt.12:48 – Cap.67
Mt. 3:2 – Cap.2	Mt. 6:28 – Cap.35	Mt.12:49 – Cap.68
Mt. 3:3– Cap.3	Mt. 6:29 – Cap.36	Mt.12:50 – Cap.69
Mt. 3:4 – Cap.4	Mt. 6:30 – Cap.37	Mt.13:25 – Cap.70
Mt. 3:5 – Cap.5	Mt. 6:31 – Cap.38	Mt.13:26 – Cap.71
Mt. 3:6 – Cap.6	Mt. 6:32 – Cap.39	Mt.13:27 – Cap.72
Mt. 3:7 – Cap.7	Mt. 6:33 – Cap.40	Mt.13 28 – Cap.73
Mt. 3:8 – Cap.8	Mt. 6:34 – Cap.41	Mt.13:29 – Cap.74
Mt. 3:9 – Cap.9	Mt. 7:13 – Cap.42	Mt. 13:30 – Cap.75
Mt. 3:10 – Cap.10	Mt. 7:14 – Cap.43	Mt. 16:13 – Cap.76
Mt. 3:11 – Cap.11	Mt. 7:24 – Cap.44	Mt. 16:14 – Cap.77
Mt. 3:12 – Cap.12	Mt. 7:25 – Cap.45	Mt. 16:15 – Cap.78
Mt. 5:3 – Cap.13	Mt. 7:26 – Cap.46	Mt. 16:16 – Cap.79
Mt. 5:4 – Cap.14	Mt. 7:27 – Cap.47	Mt. 16:17 – Cap.80
Mt. 5:5 – Cap.15	Mt.10:11– Cap.48	Mt. 16:18 – Cap.81
Mt. 5:6 – Cap.16	Mt.10:12 – Cap.49	Mt. 16:19 – Cap.82
Mt. 5:7 – Cap.17	Mt.10:13 – Cap.50	Mt. 16:20 – Cap.83
Mt: 5:8 – Cap.18	Mt.10:14 – Cap.51	Mt. 18:6 – Cap.84
Mt. 5:9 – Cap.19	Mt.10:17 – Cap.52	Mt. 18:7 – Cap.85
Mt. 5:10 – Cap.20	Mt.10:34 – Cap.53	Mt. 18:8 – Cap.86
Mt. 5:23 – Cap. 21	Mt.10:35 – Cap.54	Mt. 18:9 – Cap.87
Mt. 5:24 – Cap.22	Mt.10:36 – Cap.55	Mt. 18:1O – Cap.88
Mt. 5:43 – Cap.23	Mt.11:25 – Cap.56	Mt. 18:11 – Cap.89
Mt. 5:44 – Cap.24	Mt.11:26 – Cap.57	Mt. 18:23 – Cap.90
Mt. 5:45 – Cap.25	Mt.11:27 – Cap.58	Mt. 18:24 – Cap.91
Mt. 5:46 – Cap.26	Mt.11.:28 – Cap.59	Mt. 18:25 – Cap.92
Mt. 5:47 – Cap.27	Mt.11:29 – Cap.60	Mt. 18:26 – Cap.93
Mt. 5:48 – Cap.28	Mt.11:30 – Gap.61	Mt. 18:27 – Cap.94
Mt. 6:19 – Cap.29	Mt.12:43 – Cap.62	Mt. 18:28 – Cap.95
Mt. 6:20 – Cap.30	Mt.12:44 – Cap.63	Mt. 18:29 – Cap.96
Mt. 6:21 – Cap.31	Mt.12:45 – Cap.64	Mt. 18:30 – Cap.97
Mt. 6:25 – Cap.32	Mt.12:46 – Cap.65	Mt. 18:31 – Cap.98
Mt. 6:26 – Cap.33	Mt.12:47 – Cap.66	Mt. 18:32 – Cap.99

Mt. 18:33 – Cap.100	Mc. 14:22 – Cap.140	Jo.1:10 – Cap.180
Mt. 18:34 – Cap.101	Mc. 14:23 – Cap.141	Jo.1:11 – Cap.181
Mt. 18:35 – Cap.102	Mc. 14:24 – Cap.142	Jo.1:12 – Cap.182
Mt. 25:31 – Cap.103	Mc. 14:25 – Cap.143	Jo.1:13 – Cap.183
Mt. 25:32 – Cap.104	Mc. 14:26 – Cap.144	Jo.1:14 – Cap.184
Mt. 25:33 – Cap.105	Lc. 6:20 – Cap.145	Jo. 3:1 – Cap.185
Mt. 25:34 – Cap.106	Lc. 6:21 – Cap.146	Jo. 3:2 – Cap.186
Mt. 25:35 – Cap.107	Lc. 6:22 – Cap.147	Jo. 3:3 – Cap.187
Mt. 25:36 – Cap.108	Lc. 6:23 – Cap.148	Jo. 3:4 – Cap.188
Mt. 25:37 – Cap.109	Lc. 6:24 – Cap.149	Jo. 3:5 – Cap.189
Mt. 25:38 – Cap.110	Lc. 6:25 – Cap.150	Jo. 3:6 – Cap.190
Mt. 25:39 – Cap.111	Lc. 6:43 – Cap.151	Jo. 3:7 – Cap.191
Mt. 25:40 – Cap.112	Lc. 6:44 – Cap.152	Jo. 3:8 – Cap.192
Mc.10:13 – Cap.113	Lc. 6:45 – Cap.153	Jo. 3:9 – Cap.193
Mc.10:14 – Cap.114	Lc. 8:16 – Cap.154	Jo. 3:10 – Cap.194
Mc. 10:15 – Cap.115	Lc. 8:17 – Cap.155	Jo. 3:11 – Cap.195
Mc. 10:16 – Cap.116	Lc. 8:18 – Cap.156	Jo. 3:12 – Cap.196
Mc. 10:46 – Cap.117	Lc. 9:23 – Cap.157	Jo. 8:3 – Cap.197
Mc. 10:47 – Cap.118	Lc. 9:24 – Cap.158	Jo. 8:4 – Cap.198
Mc. 10:48 – Cap.119	Lc. 9:25 – Cap.159	Jo. 8:5 – Cap.199
Mc. 10:49 – Cap.120	Lc.13:22 – Cap.160	Jo. 8:6 – Cap.200
Mc. 10:50 – Cap.121	Lc. 19:1– Cap.161	Jo. 8:7 – Cap.201
Mc. 10:51– Cap.122	Lc. 19:2 – Cap.162	Jo. 8:8 – Cap.202
Mc. 10:52 – Cap.123	Lc. 19:3 – Cap.163	Jo. 8:9 – Cap.203
Mc. 11:15 – Cap.124	Lc. 19:4 – Cap.164	Jo. 8:10 – Cap.204
Mc. 11:16 – Cap.125	Lc. 19:5 – Cap.165	Jo. 8:11 – Cap.205
Mc. 11:17 – Cap.126	Lc. 19:6 – Cap.166	Jo. 14:1 – Cap.206
Mc. 11:18 – Cap.127	Lc. 19:7 – Cap.167	Jo. 14:2 – Cap.207
Mc. 14:10 – Cap.128	Lc. 19:8 – Cap.168	Jo. 14:3 – Cap.208
Mc. 14:11 – Cap.129	Lc. 19:9 – Cap.169	At. 3:1 – Cap.209
Mc. 14:12 – Cap.130	Lc.19:10 – Cap.170	At. 3:2 – Cap.210
Mc. 14:13 – Cap.131	Lc. 22:39 – Cap.171	At. 3:3 – Cap.211
Mc. 14:14 – Cap.132	Lc. 22:40 – Cap.172	At. 3:4 – Cap.212
Mc. 14:15 – Cap.133	Lc. 22:41 – Cap.173	At. 3:5 – Cap.213
Mc. 14:16 – Cap.134	Lc. 22:42 – Cap.174	At. 3:6 – Cap.214
Mc. 14:17 – Cap.135	Lc. 22:43 – Cap.175	
Mc. 14:18 – Cap.136	Lc. 22:44 – Cap.176	
Mc. 14:19 – Cap.137	Lc. 22:45 – Cap.177	
Mc. 14:20 – Cap.138	Lc. 22:46 – Cap.178	
Mc. 14:21 – Cap.139	Jo. 1:9 – Cap.179	

ÍNDICE DOS TEXTOS BÍBLICOS CITADOS NESTA OBRA

Novo Testamento

Mt. 3:9	Mt. 11:5	Mc. 8:37
Mt. 4:16	Mt. 11:11	Mc. 10:29 e 30
Mt. 5:4	Mt. 11:13 e 14	Mc.11:14
Mt. 5:5	Mt. 11:23 e 24	Mc.12:41
Mt. 5:5	Mt. 12:34	Mc. 13:33
Mt. 5:16	Mt. 13:14e15	Lc. 1:28
Mt. 5:16	Mt. 16:24	Lc. 1:36
Mt. 5:26	Mt. 16:27	Lc. 1:36
Mt. 5:42	Mt. 17:24a27	Lc. 1:38
Mt. 5:42	Mt. 17:9	Lc. 6:39
Mt. 5:48	Mt. 18:20	Lc. 9:54
Mt. 6:3	Mt. 18:28	Lc.10:4
Mt. 6:9	Mt. 21:12a 16	Lc.10:27
Mt. 6:12	Mt. 22:37 a 39	Lc.10:35
Mt. 6:24	Mt. 23:2 e 3	Lc.11:9
Mt. 6:33	Mt. 23:2 e 3	Lc.11:35
Mt. 7:6	Mt. 23:13	Lc.11:35
Mt. 7:6	Mt. 24:14	Lc.17:20
Mt. 7:7 e 8	Mt. 24:20	Lc.17:20 e 21
Mt. 8:8 e 9	Mt. 25:29	Lc.19:11 a 27
Mt. 8:27	Mt. 25:35	Lc.19:45 a 48
Mt. 10:5	Mt. 26:52	Lc. 21:2
Mt. 10:10	Mt. 26:69 a 75	Lc.23:34
Mt. 10:12 e 13	Mt. 27:18	Jo. 1:1
Mt. 10:22	Mc. 1:22	Jo.1:1
Mt. 10:32	Mc. 2:28	Jo. 2:4
Mt. 10:28	Mc. 4:21	Jo. 2:4
Mt. 10:36	Mc. 6:3	Jo. 2:5
Mt. 10:36	Mc. 6:3	Jo. 2:5

Jo. 2:13 a 22	Jo. 10:16	Fil. :13
Jo. 2:21	Jo. 11:39	Fil. 4:22
Jo. 3:4	Jo. 12:6	Col. 1:17 e 18
Jo. 3:10	Jo. 13:13	At. 7:58
Jo. 3:30	Jo. 14:6	I Tim. 5:1 e 2
Jo. 3:30	Jo. 14:6	At.19:11
Jo. 3:34	Jo. 14:6	I Tim.6:10
Jo. 4:14	Jo. 14:13	Rom. 3:10
Jo.4:24	Jo. 15:1 e 2	Tiago 1:12
Jo. 6:38	Jo. 17:15	Rom. 14:17
Jo. 8:12	Jo. 17:17	Tiago 1:14
Jo. 8:12	Jo. 17:21	Rom. 14:17
Jo. 8:15	Jo. 19:26 e 27	I Cor. 3:6
Jo.·8:31 e 32	At.1:12	I Cor. 5:7
Jo. 8:31 e 32	At. 1:15 a 26	I Cor. 5:7 e 8
Jo. 8:32	II Cor. 3:5	I Cor. 8:2
Jo. 8:34	II Cor. 3:16	I Cor. 14:20
Jo. 9:41	II Cor. 5:17	I Pe.1:18 e 19
Jo. 10:9	Gal. 2:20	I Pe. 2:2
Jo. 10:9	Gal. 2:20	I Pe. 4:8
Jo. 10:1	Gal. 4:7	I Pe. 4:8
Jo. 10:14	Ef. 4:27	Jo. 4:8 127
Jo. 10:16	Ef. 6:10 e 11	

Velho Testamento

Gên. 48:5 a 20	Lev. 23:5	Ecl. 4:9 a 12
Ex.12:1 a 10	Lev. 23:5 e 6	Is. 30:29
Ex. 12:4	Lev. 24:14	Is. 40:3
Ex.12:5	Deut. 16:1 a 3	Is. 56:7
Ex. 12:8	I Sam. 15:2	Jer. 23:5
Ex.12:14 e 15	I Reis cap. 1 a 11	
Ex. 12:18	II Reis 1 a 7 e 8	
Ex. 12:46	Sal. 23:1	
Ex. 13:3 a 10	Sal. 42:4	
Ex.13:15	Sal. 94:2	
Lev. 2:11	Sal. 113 Todo	
Lev. 20:10	Sal. 118 Todo	

O LIVRO ESPÍRITA

Cada livro edificante é porta libertadora.

O livro espírita, entretanto, emancipa a alma nos fundamentos da vida.

O livro científico livra da incultura; o livro espírita livra da crueldade, para que os louros intelectuais não se desregrem na delinquência.

O livro filosófico livra do preconceito; o livro espírita livra da divagação delirante, a fim de que a elucidação não se converta em palavras inúteis.

O livro piedoso livra do desespero; o livro espírita livra da superstição, para que a fé não se abastarde em fanatismo.

O livro jurídico livra da injustiça; o livro espírita livra da parcialidade, a fim de que o direito não se faça instrumento da opressão.

O livro técnico livra da insipiência; o livro espírita livra da vaidade, para que a especialização não seja manejada em prejuízo dos outros.

O livro de agricultura livra do primitivismo; o livro espírita livra da ambição desvairada, a fim de que o trabalho da gleba não se envileça.

O livro de regras sociais livra da rudeza de trato; o livro espírita livra da irresponsabilidade que, muitas vezes, transfigura o lar em atormentado reduto de sofrimento.

O livro de consolo livra da aflição; o livro espírita livra do êxtase inerte, para que o reconforto não se acomode em preguiça.

O livro de informações livra do atraso; o livro espírita livra do tempo perdido, a fim de que a hora vazia não nos arraste à queda em dívidas escabrosas.

Amparemos o livro respeitável, que é luz de hoje; no entanto, auxiliemos e divulguemos, quanto nos seja possível, o livro espírita, que é luz de hoje, amanhã e sempre.

O livro nobre livra da ignorância, mas o livro espírita livra da ignorância e livra do mal.

Emmanuel[1]

---

[1] Página recebida pelo médium Francisco Cândido Xavier, em reunião pública da Comunhão Espírita Cristã, na noite de 25 de fevereiro de 1963, em Uberaba (MG), e transcrita em *Reformador*, abr. 1963, p. 9.

www.febeditora.com.br
@febeditoraoficial
@febeditora

Conselho Editorial:
Carlos Roberto Campetti
Cirne Ferreira de Araújo
Evandro Noleto Bezerra
Geraldo Campetti Sobrinho – Coord. Editorial
Jorge Godinho Barreto Nery – Presidente
Maria de Lourdes Pereira de Oliveira
Miriam Lúcia Herrera Masotti Dusi

Produção Editorial:
Elizabete de Jesus Moreira
Luciana Vecchi Martins Cunha

Revisão:
Sheila da Costa Oliveira

Projeto Gráfico, capa e diagramação:
Luciano Carneiro Holanda

Normalização Técnica:
Biblioteca de Obras Raras e Documentos Patrimoniais do Livro

Esta edição foi impressa pela Editora Vozes Ltda., Petrópolis, RJ, com tiragem de 3 mil exemplares, todos em formato fechado de 155x230 mm e com mancha de 113x190 mm. Os papéis utilizados foram o Off white slim 65 g/m² para o miolo e o Cartão 250 g/m² para a capa. O texto principal foi composto em Adobe Garamond Pro 12/15 e os títulos em Trajan Pro 21/30. Impresso no Brasil. *Presita en Brazilo.*